Das Fiskusvorrecht
im deutschen Insolvenzrecht

AF733452

Europäische Hochschulschriften

European University Studies
Publications Universitaires Européennes

Reihe II **Rechtswissenschaft**

Series II Law

Série II Droit

Band/Volume **5628**

Andrea Nachtmann

Das Fiskusvorrecht im deutschen Insolvenzrecht

Eine Untersuchung der aktuellen Entwicklung, des aktuellen Stands und der Verfassungsmäßigkeit des Fiskusvorrechts im geltenden Insolvenzrecht

PL ACADEMIC RESEARCH

Bibliografische Information der Deutschen Nationalbibliothek
Die Deutsche Nationalbibliothek verzeichnet diese Publikation in der Deutschen Nationalbibliografie; detaillierte bibliografische Daten sind im Internet über http://dnb.d-nb.de abrufbar.

Zugl.: Passau, Univ., Diss., 2014

D 739
ISSN 0531-7312
ISBN 978-3-631-65334-0 (Print)
E-ISBN 978-3-653-04515-4 (E-Book)
DOI 10.3726/ 978-3-653-04515-4

© Peter Lang GmbH
Internationaler Verlag der Wissenschaften
Frankfurt am Main 2014
Alle Rechte vorbehalten.
PL Academic Research ist ein Imprint der Peter Lang GmbH.
Peter Lang – Frankfurt am Main · Bern · Bruxelles · New York · Oxford · Warszawa · Wien

Das Werk einschließlich aller seiner Teile ist urheberrechtlich geschützt.
Jede Verwertung außerhalb der engen Grenzen des Urheberrechtsgesetzes ist ohne Zustimmung des Verlages unzulässig und strafbar.
Das gilt insbesondere für Vervielfältigungen, Übersetzungen, Mikroverfilmungen und die Einspeicherung und Verarbeitung in elektronischen Systemen.

Diese Publikation wurde begutachtet.

www.peterlang.com

Vorwort

„Und wie lange brauchst du noch für deine Doktorarbeit?“ Dieser Frage wird sich wohl jeder Doktorand im Laufe der Erstellung seiner Arbeit mehrfach stellen müssen. Ich darf diese Frage nun damit beantworten, dass die Aufgabe der Dissertation abgeschlossen ist.

Die Juristische Fakultät der Universität Passau hat diese Arbeit im Wintersemester 2013/2014 als Dissertation angenommen.

An dieser Stelle gilt es daher nun Dank zu sagen.

Mein Dank geht zunächst an meinen Betreuer Herrn Prof. Dr. Klaus Reischl für die stete Unterstützung des gesamten Dissertationsvorhabens insbesondere der gemeinsamen Themensuche, sowie für die wertvollen Anregungen, die dieser Arbeit großen Gewinn brachten, und natürlich für die Erstellung des Erstgutachtens.

Weiter möchte ich mich bei Herrn Prof. Dr. Wolfgang Hau für die zügige Erstellung des Zweitgutachtens bedanken.

Ein großes Dankeschön geht an Frau Staatsanwältin Ursula Binder, die innerhalb kürzester Zeit die gesamte Arbeit durchgearbeitet und damit ebenfalls wesentlich zum Gelingen der Arbeit beigetragen hat.

Weiterer Dank geht an meinen Freund Michael für sein Verständnis und seine Unterstützung sowie an meine Freunde für die stets aufmunternden Worte.

Abschließend möchte ich mich bei meinen Eltern und bei meinen Großeltern bedanken, die mich auch bei diesem Vorhaben wieder in jeglicher Hinsicht bestärkt und unterstützt haben, wodurch sie diese Arbeit letztlich erst ermöglichten.

Rechtsprechung und Literatur wurden bis Februar 2014 berücksichtigt und eingearbeitet.

Andrea Nachtmann

Inhaltsverzeichnis

Abkürzungsverzeichnis 17

Literaturverzeichnis 21

§ 1 Einleitung 31
I. Problemaufriss 31
II. Gang der Arbeit 32
III. Eingrenzung und Klarstellung des Untersuchungsgegenstandes 33

Erster Abschnitt: Maßgebliche Überlegungen – Grundbausteine dieser Arbeit 35

§ 2 Das Verhältnis von Insolvenzrecht und Steuerrecht 35

§ 3 Der Gläubigergleichbehandlungsgrundsatz 39
I. Keine absolute Gleichbehandlung 40
II. Inhalt des Gläubigergleichbehandlungsgrundsatzes 40
1. Das Chancengleichheitsprinzip 41
2. Gleichbehandlung der Gläubiger im Rahmen der Verteilung 43
3. Zusammenfassende Betrachtung des Inhalts des Gleich behandlungsgrundsatzes 44
III. Warum gilt der Grundsatz in dieser Form im deutschen Insolvenzrecht? 45
1. Römisches Recht 45
2. § 1 S. 1 InsO 46
3. Notwendigkeit der Geltung aus Gründen des Verfahrenszweckes 46
a) Das Einzelzwangsvollstreckungsverfahren und der Prioritätsgrundsatz 47
b) Das Insolvenzverfahren und der Gläubigergleichbehandlungsgrundsatz 48
c) Ergebnis 50
IV. Dogmatische Konzeption 50
1. Die Theorie der Ausgleichshaftung nach Häsemeyer 51
2. Das Verteilungsprinzip als Billigkeitsgrundsatz (gefolgert aus Art. 3 Abs. 1 GG) 53
3. Die Ansicht von Bauer 55
4. Die Ansicht von Weidmüller 56

5. Bewertung 56
a) Behandlung als Verteilungsprinzip nach den Grundsätzen von Art. 3 Abs. 1 GG 56
b) Die Ansichten von Häsemeyer und Bauer 57
c) Die Ansicht von Weidmüller 58
d) Bedeutung des Verfassungsrechts 59
6. Stellungnahme 59
V. Ergebnis 61

Zweiter Abschnitt: Der Weg vom Fiskusvorrecht der KO über die fiskusvorrechtsfreie Zeit der InsO hin zu den Bemühungen um die erneute Wiedereinführung des Vorrechts 63

§ 4 Die (Fiskus-) Vorrechte der Konkursordnung 63
I. Allgemeines zu § 61 KO 63
II. Das Fiskusvorrecht 66
III. Auswirkungen der Vorrechte 67
IV. Aufnahme der Vorrechte in die KO 70
1. Die Entstehung der KO 70
2. Die Entwicklung der Vorrechtsordnung der KO 71
3. Die Begründung der Aufnahme der Vorrechte 71
4. Insbesondere: Das Fiskusvorrecht 73
a) Historischer Ursprung 73
b) Die Aufnahme in die KO 75
5. Ergebnis 76
V. Zusammenfassende Betrachtung 78

§ 5 Das Fiskusvorrecht in der Insolvenzrechtsreform 79
I. Der Beginn der Diskussion über die Reform der KO und insbesondere der Abschaffung des Fiskusvorrechts 79
II. Von der Konkursordnung zur Insolvenzordnung 79
1. Wesentliche Punkte und Gang der Reform der KO 80
2. Bewertung der Insolvenzrechtsreform 82
III. Die Behandlung des Fiskusvorrechts in der Insolvenzrechtsreform 82
1. Die Behandlung durch die Insolvenzrechtskommission 82
2. Der Diskussions- und der Referentenentwurf des Bundesministeriums der Justiz 84

3. Der Regierungsentwurf ... 84
4. Vom Regierungsentwurf hin zum Gesetz ... 84
IV. Zusammenfassung ... 85

§ 6 Entwicklungen und Maßnahmen des Gesetzgebers zur Wiedereinführung des Fiskusvorrechts seit Inkrafttreten der InsO bis zum Haushaltsbegleitgesetz 2011 ... 86
I. Steuerrechtliche Vorschriften ... 86
1. §§ 48 – 48d EStG ... 86
2. § 13b Abs. 2 Nr. 4, Abs. 5 UStG ... 87
3. § 13c UStG ... 87
4. Zusammenfassung/Bewertung dieser steuerrechtlichen Vorschriften ... 88
II. Der Entwurf eines Gesetzes zum Pfändungsschutz der Altersvorsorge und zur Anpassung des Rechts der Insolvenzanfechtung, 2005 ... 89
1. Hintergrund ... 89
2. Inhalt und Auswirkungen dieses Gesetzesentwurfs ... 90
3. Das Scheitern dieses Gesetzesentwurfs ... 92
III. Die „anfechtungsfreundliche“ Rechtsprechung des BGH ... 92
IV. § 28e Abs. 1 S. 2 SGB IV ... 95
V. Der Regierungsentwurf des Jahressteuergesetzes 2007 ... 97
VI. Der Haushaltsentwurf 2011 der Bundesregierung ... 97
VII. Zusammenfassung ... 98

Dritter Abschnitt: Das Fiskusvorrecht von heute ... 101

§ 7 Das Haushaltsbegleitgesetz 2011 ... 101
I. § 55 Abs. 4 InsO ... 101
1. Inhalt und Folgen dieser Regelung ... 102
a) Rechtsfolgen des § 55 Abs. 4 InsO ... 102
aa) Erhebliche Belastung der Insolvenzmasse ... 102
bb) Vermehrte Anzahl von Masseunzulänglichkeitsverfahren ... 103
cc) Auswirkungen auf das Insolvenzplanverfahren ... 104
b) Tatbestandsvoraussetzungen für den Eintritt der Fiktion ... 105
aa) Verbindlichkeiten aus dem Steuerschuldverhältnis ... 105
bb) Art des vorläufigen Insolvenzverwalters ... 106

(1) Die zweite Tatbestandsvariante 106
(2) Die erste Tatbestandsvariante 106
(3) Zusammenfassende Betrachtung dieser beiden Tatbestandsvarianten 108
cc) Begründung von Steuerverbindlichkeiten durch den vorläufigen Insolvenzverwalter.. 109
(1) Die Art des Grundgeschäfts.. 109
(a) Problemaufriss.. 109
(b) Auslegung der Vorschrift 110
(c) Ergebnis... 112
(d) Die Ansicht des BMF 112
(2) Aktives Handeln des vorläufigen schwachen Insolvenzverwalters 113
(3) Die Erteilung der Zustimmung................................. 113
(4) Zeitpunkt der Begründung von Steuerforderungen..... 114
dd) Zusammenfassende Betrachtung 115
c) Auswirkungen auf die Regelungen der Anfechtung 115
aa) Anfechtungsgegenstand 115
(1) Erfüllung einer Steuerverbindlichkeit 115
(2) Anfechtung des Grundgeschäftes 116
(3) Anfechtung des Werthaltigmachens der Steuerforderung 117
(4) Zwischenergebnis 117
bb) Anfechtbarkeit von Rechtshandlungen des vorläufigen Insolvenzverwalters oder von Rechtshandlungen mit seiner Zustimmung............... 118
cc) Anfechtbarkeit auch bei der Begründung von fiktiven Masseverbindlichkeiten? 119
(1) Vergleich zur Anfechtung von Rechtshandlungen des starken vorläufigen Insolvenzverwalters, die gem § 55 Abs. 2 InsO Masseverbindlichkeiten begründen 119
(2) Aufrechterhaltung dieser Ansicht auch für § 55 Abs. 4 InsO? 121
(a) Nicht-Anfechtbarkeit aufgrund Vertrauensschutzes? 121
(b) Gesetzeslage.. 122

(3) Ergebnis 122
dd) Die Sichtweise des BMF 122
ee) Zusammenfassende Betrachtung 123
d) Weitere Anwendungsprobleme des § 55 Abs. 4 InsO 124
aa) Probleme bei der Steuererklärung und Steuerabführung 124
bb) Haftung des Verwalters 124
cc) Auswirkung auf die Rechtsprechung zur Aufrechnung 125
dd) § 55 Abs. 4 InsO in der vorläufigen Eigenverwaltung und im Schutzschirmverfahren 126
2. Qualifikation als Fiskusvorrecht 127
3. Vergleich zum Fiskusvorrecht der Konkursordnung 128
4. Reaktionsmöglichkeiten auf diese Vorschrift in der Praxis 128
a) Die Art des Insolvenzverwalters 129
aa) Einsetzung eines Gutachters 129
bb) Der vorläufige schwache Insolvenzverwalter ohne Zustimmungsvorbehalt 130
b) Die nicht erteilte, aber auch nicht verweigerte Zustimmung 131
c) Verbindlichkeit contra Verfügung 132
d) „Flucht in die Masseunzulänglichkeit“ nach Eröffnung des Insolvenzverfahrens? 133
aa) Folgen der Masseunzulänglichkeitsanzeige 133
bb) Behandlung neu entstehender Umsatzsteuer nach Anzeige der Masseunzulänglichkeit 134
cc) Auswirkung auf die Anfechtungsmöglichkeit 136
dd) Zusammenfassende Betrachtung 137
e) Ergebnis 137
5. Zusammenfassende Bewertung des § 55 Abs. 4 InsO 138
II. § 14 InsO 138
1. Hintergrund dieser Erweiterung des § 14 InsO 139
2. Rechtsfolgen dieser neuen Regelungen 140
a) § 14 Abs. 1 S. 2 und 3 InsO 140
aa) Inhalt 140
bb) Sinnhaftigkeit des § 14 Abs. 1 S. 2 InsO 142
b) § 14 Abs. 3 InsO 143
aa) Inhalt 143

bb) Sinnhaftigkeit dieser Regelung 143
3. Qualifikation als Fiskusvorrecht? 145
4. Zusammenfassende Betrachtung 146
III. Der nicht eingeführte § 96 Abs. 3 InsO 147
1. Inhalt und Folgen dieser Regelung 147
2. Qualifikation als Fiskusvorrecht 148
3. Zusammenfassende Betrachtung 149
IV. Ergebnis 149

§ 8 Erweiterung des Fiskusvorrechts durch den BFH, insbesondere mit Urteilvom 09.12.2010 150
I. Das Urteil des BFH vom 09.12.2010 151
1. Einführung in die Problematik des Urteils 151
a) Allgemeines zur Behandlung der Umsatzsteuer in der Insolvenz 151
b) Sachverhalt und Ergebnis des Urteils vom 09.12.2010 152
c) Urteil des BFH zur Istbesteuerung 153
2. Die Argumentation des BFH 154
a) Erste Berichtigung nach § 17 Abs. 2 Nr. 1 S. 1UStG 154
b) Zweite Berichtigung nach § 17 Abs. 2 Nr. 1 S. 2 UStG 155
c) Weitere Prämissen des Urteils 155
3. Beurteilung dieser Betrachtungsweise 156
a) Erste Berichtigung nach § 17 Abs. 2 Nr. 1 S. 1 i. V. m. Abs. 1 S. 1 UStG 156
aa) Verständnis des Begriffes der Uneinbringlichkeit 156
bb) Aufspaltung in drei Unternehmensteile 158
cc) Uneinbringlichkeit im vorinsolvenzrechtlichen Unternehmensteil 159
b) Zweite Berichtigung nach § 17 UStG 161
c) Zu den weiteren Prämissen 161
aa) Entgeltvereinnahmung als Tatbestandsvoraussetzung 161
bb) Nötiger Gleichlauf von Soll- und Istbesteuerung 162
cc) Kein Widerspruch zur Rechtsprechung des VII. Senats des BFH 163
dd) Zusammenfassende Betrachtung 164
4. Folgen dieser Rechtsprechung, Fiskusvorrecht 165
5. Ergebnis 166

II. Umfang der Erweiterung und Verhältnis zu 55 Abs. 4 InsO 167
1. Die relevanten Fälle 168
2. § 55 Abs. 4 InsO und das Urteil des BFH vom 09.12.2010 169
a) Die Ansicht des BMF 169
b) Überprüfung der Ansicht des BMF 169
c) Verhältnis § 55 Abs. 4 InsO – BFH-Urteil vom 09.12.2010 171
d) Ergebnis 171
3. Auswirkungen auf andere Fälle 171
a) Die weiteren vom BMF behandelten Konstellationen 172
b) Sonstige Konstellationen 174
4. Ergebnis 178
III. Weitere neue Rechtsprechung des BFH 179
1. Umsatzsteuer bei der freihändigen Verwertung von Sicherungsgut durch den Insolvenzverwalter 179
2. Anwendung der Aufrechnungs- und Anfechtungsregelungen bei der Umsatzsteuer 180
3. Zusammenfassende Betrachtung 182
IV. Ergebnis 182

Vierter Abschnitt: Rechtmäßigkeit des Fiskusvorrechts 183

§ 9 Vereinbarkeit des neuen Fiskusvorrechts mit den geltenden Grundsätzen der InsO und dem GG 183
I. Unzulässigkeit des Fiskusvorrechts wegen Unvereinbarkeit mit den Grundsätzen des deutschen Insolvenzrechts 183
1. Verstoß gegen den Gläubigergleichbehandlungsgrundsatz 184
a) Eingriff des § 55 Abs. 4 InsO in den Grundsatz der Gläubigergleichbehandlung 184
aa) Vergleichsmaßstab 185
bb) Ungleichbehandlung 185
cc) Ergebnis 186
b) Anforderungen an die Rechtfertigung 186
c) Ergebnis 188
2. Unvereinbarkeit des Fiskusvorrechts mit den weiteren Grundgedanken der InsO 188

II. Verstoß gegen das Grundgesetz 189
1. Rechtsstaatsprinzip (Art. 20 Abs. 3 GG) 189
a) Verstoß gegen das Rechtsstaatsprinzip in Form des Vertrauensschutzes 190
b) Verstoß gegen das allgemeine Rechtsstaatsprinzip 191
c) Zusammenfassende Betrachtung 192
2. Art. 14 GG 192
a) Prüfungsmaßstab 193
b) Schutzbereich 194
c) Eingriffsrelevante Maßnahme 195
d) Anforderungen an die verfassungsrechtliche Rechtfertigung 196
e) Ergebnis 197
III. Zusammenfassende Betrachtung 198

§ 10 Verfassungsrechtliche Rechtfertigung der Wiedereinführung des Fiskusvorrechts durch die vorgebrachten Gründe? 198
I. Das „Hauptargument“: Die finanziellen Einbußen des Staates 199
1. Die Gründe für die Steuerausfälle 201
a) Der Wegfall des § 61 Abs. 1 Nr. 2 KO 201
b) Die regelmäßige Einsetzung von schwachen vorläufigen Insolvenzverwaltern 202
c) Die Rechtsprechung des BGH zur Anfechtung 202
2. Erheblichkeit der Steuerausfälle? 203
a) Erhöhter Verwaltungsaufwand 203
b) Geringere Insolvenzquoten für die Insolvenzgläubiger 204
aa) Für den Staat als Insolvenzgläubiger 204
bb) Auswirkungen der geringeren Quote für die übrigen Insolvenzgläubiger 205
c) Schlechtere Sanierungsmöglichkeiten und fehlende Steuereinnahmen 205
d) Erhöhte Ausgaben im Sozialbereich 206
e) Die Bedeutung der finanziellen Einbußen im Vergleich zu anderen Gläubigergruppen 206
f) Zusammenfassende Betrachtung 207
3. Ergebnis 208
II. Die Stellung des Fiskus als „Zwangsgläubiger“ 208
1. Keine vergleichbare Stellung zu den anderen Gläubigern 209

2. Die Wahllosigkeit des Fiskus ... 210
3. Die fehlenden Sicherungsmöglichkeiten ... 211
4. Ergebnis ... 212
III. Die Rolle des Insolvenzverwalters ... 213
IV. Gleichstellung zu anderen bevorzugten Gläubigern ... 214
V. Weitere Argumente ... 215
1. Die anfechtungsfreundliche Rechtsprechung des BGH ... 215
2. Die Stundungspraxis der Finanzämter ... 216
3. Gewährung von Schutz für Eigentum, Wirtschafts- und Rechtsverkehr als „Gegenleistung“ ... 217
4. Ergebnis ... 218
VI. Zusammenfassende Betrachtung der vorgebrachten Gründe ... 218
VII. Das Grundproblem: Selbstverständnis zur Privilegierung ... 220
VIII. Ergebnis ... 221

Fünfter Abschnitt: Abschließende Beurteilung ... 223
I. Zusammenfassung der bisherigen Ergebnisse ... 223
II. Ausblick ... 223

Abkürzungsverzeichnis

1. Ber. InsRKomm	Erster Bericht der Kommission für Insolvenzrecht von 1985
a.A.	andere(r) Ansicht
aaO	am angegeben Ort
Abb.	Abbildung
Abs.	Absatz
AG	Amtsgericht
Anm.	Anmerkung
AO	Abgabenordnung
AO-StB	Der AO-Steuerberater (Zs.)
ArGe	Arbeitsgemeinschaft
Art.	Artikel
BB	Der Betriebsberater (Zs.)
Begr zu DiskE	Begründung zum Diskussionsentwurf zum Gesetz zur Reform des Insolvenzrechts von 1988
Begr zu RefE	Begründung zum Referentenentwurf zum Gesetz zur Reform des Insolvenzrechts von 1989
Beschl.	Beschluss
BFH	Bundesfinanzhof
BFHE	Entscheidungssammlung des BFH
BGB	Bürgerliches Gesetzbuch
BGBl.	Bundesgesetzblatt
BGH	Bundesgerichtshof
BGHZ	Entscheidungssammlung des BGH in Zivilsachen
BMF	Bundesministerium der Finanzen
BRD	Bundesrepublik Deutschland
BR-Drucks.	Bundesrat-Drucksache
BStBl.	Bundessteuerblatt
BT-Drucks.	Bundestag-Drucksache

BVerfG	Bundesverfassungsgericht
BVerfGE	Entscheidungssammlung des BVerfG
bzgl.	bezüglich
bzw.	beziehungsweise
ca.	circa
d. h.	das heißt
DAV	Deutscher Anwaltverein
DB	Der Betrieb (Zs.)
DDR	Deutsche Demokratische Republik
DiskE	Diskussionsentwurf
DStR	Deutsches Steuerrecht (Zs.)
DZWIR	Deutsche Zeitschrift für Wirtschafts- und Insolvenzrecht (Zs.)
EGInsO	Einführungsgesetz zur Insolvenzordnung
Einl	Einleitung
EStG	Einkommenssteuergesetz
EWiR	Entscheidungen zum Wirtschaftsrecht (Zs.)
f.	folgende(r)
FD-InsR	Fachdienst Insolvenzrecht
ff.	fortfolgende
FG	Finanzgericht
Fn	Fußnote
FS	Festschrift
gem.	gemäß
Gemeinschuldordnung	Entwurf einer Deutschen Gemeinschuldordnung und Motive zu dem Entwurf einer Deutschen Gemeinschuldordnung I. Band, Berlin 1873
GG	Grundgesetz
HBeglG 2011	Haushaltsbegleitgesetz 2011
Hdb	Handbuch
hM	herrschende Meinung
Hrsg.	Herausgeber

i. d. S.	in diesem Sinne
i. R. v.	im Rahmen von
i. S. v.	im Sinne von
i. V. m.	in Verbindung mit
InsO	Insolvenzordnung
InVo	Insolvenz und Vollstreckung (Zs.)
KO	Konkursordnung
KSI	Krisen-, Sanierungs- und Insolvenzberatung (Zs.)
KTS	Konkurs-, Treuhand- und Schiedsgerichtswesen (Zs.)
m. E.	meines Erachtens
Mio.	Million
Mrd.	Milliarde
NJW	Neue Juristische Wochenschau (Zs.)
NJW-RR	NJW-Rechtsprechungsreport Zivilrecht (Zs.)
Nr.	Nummer
NWB	Neue Wirtschafts-Briefe (Zs.)
NZG	Neue Zeitschrift für Gesellschaftsrecht (Zs.)
NZI	Neue Zeitschrift für das Recht der Insolvenz und Sanierung (Zs.)
NZS	Neue Zeitschrift für Sozialrecht (Zs.)
RegE	Regierungsentwurf
RFH	Reichsfinanzhof
RFHE	Entscheidungssammlung des RFH
RG	Reichsgericht
RGZ	Entscheidungssammlung des RG in Zivilsachen
Rn	Randnummer
s.	siehe
SGB IV	Sozialgesetzbuch – Viertes Buch
StuB	Steuern und Bilanzen (Zs.)
UR	Umsatzsteuerrundschau (Zs.)
Urt.	Urteil
UStG	Umsatzsteuergesetz

v.	vom
vgl.	vergleiche
z. B.	zum Beispiel
Ziff.	Ziffer
ZInsO	Zeitschrift für das gesamte Insolvenzrecht (Zs.)
ZIP	Zeitschrift für Wirtschaftsrecht (Zs.)
ZPO	Zivilprozessordnung
Zs.	Zeitschrift

Literaturverzeichnis

Abenheimer, Arno: Anmerkung zum Urteil des BFH vom 09.12.2010, FD-InsR 2011, 317525.

Andres, Dirk/Leithaus, Rolf: Insolvenzordnung, 2. Auflage, München 2011.

Arbeitsgemeinschaft Insolvenzrecht und Sanierung des DAV: Kritische Bewertung durch die Arbeitsgemeinschaft Insolvenzrecht und Sanierung des Deutschen Anwaltvereins zur BFH-Entscheidung v. 9.12.2010, ZInsO 2011, 1449.

Balz, Manfred/Landfermann, Hans-Georg: Die neuen Insolvenzgesetze, Düsseldorf 1995.

Bauer, Joachim: Ungleichbehandlung der Gläubiger im geltenden Insolvenzrecht, Berlin 2007.

Bauer, Joachim: Ungleichbehandlung der Gläubiger im geltenden Insolvenzrecht, DZWIR 2007, 188.

Bauer, Joachim: Die schleichende Wiedereinführung von Insolvenzvorrechten zugunsten des Fiskus und der Sozialkassen schreitet voran – § 28e Abs. 1 Satz 2 SGB IV n.F. als jüngstes Beispiel für Verstöße gegen den Gläubigergleichbehandlungsgrundsatz, ZInsO 2008, 119.

Bauer, Joachim: Unzulässigkeit der Wiedereinführung eines Fiskusvorrechts im Insolvenzverfahren, ZInsO 2010, 1432.

Bauer, Joachim: Insolvenzgläubiger als Einnahmequelle des Fiskus und der Sozialversicherungen, ZInsO 2010, 1917.

Baur, Fritz/Stürner, Rolf: Zwangsvollstreckungs-, Konkurs- und Vergleichsrecht, Band II Insolvenzrecht, 12. Auflage 1989, Heidelberg.

Beck, Rainer: Ertragssteuerliches Fiskusprivileg im vorläufigen Insolvenzverfahren – mögliche Auswirkungen des neuen § 55 Abs. 4 InsO, ZIP 2011, 551.

Berger, Christian: Haftungsrechtliche Verteilungsprinzipien an der Schnittstelle von Einzelzwangsvollstreckung und Insolvenz, ZZP 2008, 407.

Bisle, Michael: Anmerkung zum Urteil des BFH vom 09.12.2010, GWR 2011, 248.

Bisle, Michael: Fiskusprivileg "light": Der neue § 55 Abs. 4 InsO, GWR 2011, 352.

Blank, Michael: Der Coup im Bundestag: Die Neuregelung des § 28e Abs. 1 Satz 2 SGB IV n.F. (ab 1.1.2008), ZInsO 2008, 1.

Bräuer, Gregor: Ausschluss der Insolvenzanfechtung durch § 28e Abs. 1 Satz 2 SGB IV n.F.?, ZInsO 2008, 169.

Bräuer, Gregor: § 28e Abs. 1 Satz 2 SGB IV – ein Nekrolog, ZInsO 2009, 2286.

Braun, Eberhard (Hrsg.): Insolvenzordnung, 5. Auflage, München 2012.

Bunjes, Johann (Hrsg.): Umsatzsteuergesetz, 11. Auflage, München 2012.

Commandeur, Anja: Umsatzsteuer als Masseverbindlichkeit bei Vereinnahmung von Forderungen aus der Zeit vor Insolvenzeröffnung, NZG 2011, 618.

Debus, Stefan/Schartl, Oliver: Masseschonende Handhabung des § 55 Abs. 4 InsO bei der Umsatzsteuer, ZIP 2013, 350.

Degenhart, Christoph: Staatsrecht I Staatsorganisationsrecht, 28. Auflage, Heidelberg 2012.

Depré, Peter/Lambert, Antje: Steuerliche Aspekte der vorläufigen Insolvenzverwaltung, KSI 2012, 114.

Dernburg, Heinrich: Das Pfandrecht nach den Grundsätzen des heutigen römischen Rechts, Erster Band, Leipzig 1860.

Dobler, Thomas: Was nun? Handlungsmöglichkeiten beim Umgang mit dem Urteil des BFH v. 9.12.2010 – V R 22/10, ZInsO 2011, 823, ZInsO 2011, 1098.

Dobler, Thomas: Der BFH als Finanzierungshindernis?, ZInsO 2011, 1775.

Dobler, Thomas: Masseverbindlichkeit aus Forderungseinzug – Sorgt das BMF-Schreiben vom 9.12.2011 für Klarheit?, ZInsO 2012, 208.

Dreier, Horst (Hrsg.): Grundgesetz-Kommentar, Band 1, 2. Auflage, Tübingen 2004.

Endemann, Wilhelm: Das Deutsche Konkursverfahren, Leipzig 1889.

Fischer, Michael: Verbindlichkeiten des Insolvenzschuldners aus dem Steuerschuldverhältnis, DB 2012, 885.

Frind, Frank: Zwischenruf: Änderung des § 14 InsO – Freibrief für den verschleppten oder unbegründeten Gläubigerantrag, ZInsO 2010, 2183.

Frotscher, Gerrit: Besteuerung bei Insolvenz, 8. Auflage 2014.

Füßmann, Helga: Die Auswirkungen des reformierten Insolvenzanfechtungsrechts auf das Prinzip der Gläubigergleichbehandlung, Aachen 2001.

Gassert-Schumacher, Heike: Privilegien in der Insolvenz, Frankfurt a. M. 2002.

Gottwald, Peter (Hrsg.): Insolvenzrechts-Handbuch, 4. Auflage, München 2010.

Gundlach, Ulf/Rautmann, Heiko: Änderungen der Insolvenzordnung durch das Haushaltsbegleitgesetz 2011, DStR 2011, 82.

Hahn, Carl: Die gesammten Materialien zu den Reichs-Justizgesetzen, 4. Band, Materialen zur Konkursordnung, Berlin 1881.

Häsemeyer, Ludwig: Die Gleichbehandlung der Konkursgläubiger, KTS 1982, 507.

Häsemeyer, Ludwig: Insolvenzrecht, 4. Auflage, Köln 2007.

Heinze, Harald: Umsatzsteuern aus dem Forderungseinzug des Insolvenzverwalters, DZWIR 2011, 276.

Heinze, Harald: Umsatzsteuern aus schwacher vorläufiger Verwaltung als Masseverbindlichkeiten nach § 55 Abs. 4 InsO, ZInsO 2011, 603.

Heinze, Harald: Umsatzsteuern, ihre Entstehung und Aufrechnung im Insolvenzverfahren – Besprechung der BFH-Urteile vom 25.07.2012 – VII R 29/11 und VII R 44/10, DZWIR 2013, 45.
Hellmann, Friedrich: Lehrbuch des deutschen Konkursrechts, Berlin 1907.
Hellmann, Friedrich: Deutsches Reichskonkursrecht, 2. Auflage, o.O. [ca. 1910].
Henckel, Wolfram/Gerhardt, Walter (Hrsg.): Jaeger, Insolvenzordnung, Großkommentar,
Erster Band (§§ 1–55), Berlin 2004.
Vierter Band (§§ 129–147), Berlin 2008.
Sechster Band (§§ 174–216), Berlin 2010.
Henckel, Wolfram: Masselosigkeit und Masseschulden, in: Uhlenbruck, Wilhelm/ Klasmeyer, Bernd/Kübler, Bruno (Hrsg), Einhundert Jahre Konkursordnung 1877–1977, Festschrift des Arbeitskreises Insolvenz- und Schiedsgerichtswesen e.V. Köln zum einhundertjährigen Bestehen der Konkursordnung vom 10. Februar 1877, Köln 1977.
Hermreck, Christina: Der Gläubigergleichbehandlungsgrundsatz im deutschen und polnischen Insolvenzrecht, Diss. Hamburg 2006.
Hess, Harald: Kommentar zur Konkursordnung, 4. Auflage, Neuwied 1993.
Heydt, Maria von der: Vermögenszuweisungsfiktion des § 28e Abs. 1 Satz 2 SGB IV n.F., Gläubigerbenachteiligung und Insolvenzanfechtung, ZInsO 2008, 179.
Hölzle, Gerrit: Konkurrenz von Steuerrecht und Insolvenzrecht – oder: Ist Steuern zahlen sittenwidrig? Zum Versuch einer dogmatischen Grundlegung, BB 2012, 1571.
Jaeger, Ernst: Konkursrecht, Berlin 1924.
Jarass, Hans/Pieroth, Bodo: Grundgesetz für die Bundesrepublik Deutschland – Kommentar, 12. Auflage, München 2012.
Jungclaus, Martin/Keller, Christoph: Die Änderungen der InsO durch das Haushaltsbegleitgesetz 2011, NZI 2010, 808.
Kahlert, Günter: „Wiedereinführung" des Fiskusvorrechts im Insolvenzverfahren? – Die Fiskusvorrechte sind schon lange da!, ZIP 2010, 1274.
Kahlert, Günter: Anmerkung zum Urteil des BFH vom 02.11.2010 – VII R 6/10, ZIP 2011, 185.
Kahlert, Günter: Fiktive Masseverbindlichkeiten im Insolvenzverfahren: Wie funktioniert § 55 Abs. 4 InsO?, ZIP 2011, 401.
Kahlert, Günter: Der V. Senat als Schöpfer von Fiskusvorrechten im Umsatzsteuerrecht, DStR 2011, 921.
Kahlert, Günter: Zur Dogmatik der Umsatzsteuer im Insolvenzverfahren, DStR 2011, 1973.

Kahlert, Günter: Steuerzahlungspflicht im Eröffnungsverfahren der Eigenverwaltung?, ZIP 2012, 2089.

Kahlert, Günter/Rühland, Bernd: Sanierungs- und Insolvenzsteuerrecht, 2. Auflage, Köln 2011.

Kahlert, Günter/Schmidt, Arne: Umsatzsteuerinsolvenzrecht im Lichte des BMF-Schreibens vom 9.12.2011, DB 2012, 197.

Kilger, Joachim/Schmidt, Karsten: Insolvenzgesetze KO/VglO/GesO, 17. Auflage, München 1997.

Kilger, Joachim: Der Konkurs des Konkurses, KTS 1975, 142.

Kirchhof, Hans-Peter/Lwowski, Hans-Jürgen/Stürner, Rolf (Hrsg.): Münchner Kommentar zur Insolvenzordnung.
Band 1 (§§ 1–102), 3. Auflage, München 2013;
Band 2 (§§ 103–269), 3. Auflage, München 2013;
Band 3 (§§ 270–335), München 2003.

Klaas, Wilhelm/Zimmer, Frank Thomas: Zeitpunkt der Anzeige der Masseunzulänglichkeit als taugliches Qualitätsmerkmal des Insolvenzverwalters?, ZInsO 2011, 666.

Klinck, Fabian: Die Grundlagen der besonderen Insolvenzanfechtung – Gläubiger- und Vertrauensschutz im Übergang vom Prioritäts- zum Gleichbehandlungsgrundsatz, Berlin 2011.

Klusmeier, Stefan: Der Umsatzsteuer-Anspruch im Insolvenzfall, ZInsO 2011, 1340.

Knospe, Armin/Gellrich, Barbara: Notwendiger Korrekturbedarf im Recht der Insolvenzanfechtung aus systematischer Sicht der Gesetzlichen Sozialversicherung, NZS 2006, 303.

Kreft, Gerhart (Hrsg.): Insolvenzordnung – Heidelberger Kommentar, 6. Auflage, Heidelberg 2011.

Kreft, Gerhart: Zur Untergrabung der Insolvenzrechtsreform auf leisen Sohlen – Gedanken zu § 28e Abs. 1 Satz 2 SGB IV und zum Stil der Gesetzgebung in Deutschland, in: Festschrift für Sigmar-Jürgen Samwer zum 70. Geburtstag, S. 261, München 2008.

Kroth, Harald: „Steuerrecht versus Insolvenzrecht“ oder: „(Wider) die Auferstehung des Fiskalprivilegs“?, NZI 2004, 345.

Kuhn, Georg/Uhlenbruck, Wilhelm: Konkursordnung, 11. Auflage, München 1994.

Lechner, Florian/Johann, Ulrich: Qualifiziert die umsatzsteuerliche Leistungserbringung als Rechtshandlung i.S. der insolvenzrechtlichen Anfechtungsvorschriften?, DB 2011, 1131.

Leithaus, Rolf: Anmerkungen zum Regierungsentwurf eines Gesetzes zum Pfändungsschutz der Altersvorsorge und zur Anpassung des Rechts der Insolvenzanfechtung, NZI 2005, 436.

Lent, Friedrich/Weber, Friedrich (Hrsg): Jaeger, Konkursordnung, Großkommentar, Erster Band (§§ 1–70), 8. Auflage, Berlin 1958.

Lepa, Brita: Insolvenzordnung und Verfassungsrecht – Eine Untersuchung der Verfassungsmäßigkeit der InsO und der Einwirkung verfassungsrechtlicher Wertungen auf die Anwendung dieses Gesetzes, Berlin 2002.

Mangoldt, Hermann von/Klein, Friedrich/Starck, Christian: Kommentar zum Grundgesetz,
Erster Band (Art. 1–19), 6. Auflage, München 2010.
Zweiter Band (Art. 20–82), 6. Auflage, München 2010.
Dritter Band (Art. 83–146), 6. Auflage, München 2010.

Marchal, Hendrik: Aufrechnung Umsatzsteuerforderungen in der Insolvenz – Auswirkungen der Urteile des BFH vom 25.07.2012, BB 2013, 33.

Marotzke, Wolfgang: Masseschuldbegründung im Eröffnungsverfahren – zum Reformvorschlag der Bundesregierung, ZIP 2005, 2144.

Marotzke, Wolfgang: Sinn und Unsinn einer insolvenzrechtlichen Privilegierung des Fiskus, ZInsO 2010, 2163.

Marotzke, Wolfgang: Kostenfreie Weiterverfolgung eines von Gläubigerseite gestellten Insolvenzantrags trotz Wegfalls der zugrundeliegenden Forderung? Zu § 14 Abs. 1 Satz 2 und 3, Abs. 3 InsO und zu § 23 Abs. 1 Satz 4 GKG, ZInsO 2011, 841.

Meier, Jan Philipp: Privilegien des Fiskus und der Sozialversicherungsträger in der Unternehmerinsolvenz, Frankfurt am Main 2010.

Meier, Jan-Philipp: Die Wiedereinführung von Insolvenzvorrechten durch das Hauptportal – § 28e Abs. 1 Satz 2 SGB IV, die Ziele des Koalitionsvertrages und das Sparpaket der Bundesregierung, ZInsO 2010, 1121.

Mitlehner, Stephan: Kurzkommentar zum Urteil des BFH vom 09.12.2010, EWiR 2011, 323.

Nawroth, Mario: Der neue § 55 Abs. 4 InsO – die Gedanken sind frei…, ZInsO 2011, 107.

Obermüller, Manfred: Das ESUG und seine Auswirkungen auf das Bankgeschäft, ZInsO 2011, 1809.

Onusseit, Dietmar: Was lange währt… wird nur manchmal gut – Überlegungen zu zwei neueren Entwicklungen im Umsatzsteuerrecht bei Insolvenz, ZInsO 2009, 1740.

Onusseit, Dietmar: Das Urteil des BFH vom 9.12.2010 – V R 22/10, DZWIR 2011, 239, Kritik und Folgen, DZWIR 2011, 353.

Onusseit, Dietmar: Zur Neuregelung des § 55 Abs. 4 InsO, ZInsO 2011, 641.
Palandt: Bürgerliches Gesetzbuch - Kommentar, 72. Auflage, München 2013.
Pape, Gerhard/Uhlenbruck, Wilhelm/Voigt-Salus, Joachim: Insolvenzrecht, 2. Auflage, München 2010.
Pape, Gerhard/Uhlenbruck, Wilhelm: 30 Jahre Insolvenzrechtsreform für die Katz?, ZIP 2005, 417.
Pape, Gerhard: Erleichterung der Sanierung von Unternehmen durch Insolvenzverfahren bei gleichzeitiger Abschaffung der Gläubigergleichbehandlung?, ZInsO 2010, 2155.
Pieroth, Bodo/Schlink, Bernhard: Staatsrecht II Grundrechte, 28. Auflage, Heidelberg 2012.
Pluta, Maximilian: Insolvenzaufrechnung und der Grundsatz der par conditio creditorum, Bielefeld 2009.
Reischl, Klaus: Insolvenzrecht, 2. Auflage, Heidelberg 2011.
Rennert-Bergenthal, Corinne/Dähling, Ute: Die Handhabung des § 55 Abs. 4 InsO in der Praxis, ZInsO 2011, 1922.
Roth, Jan: Anfechtbarkeit von Umsatzsteuerforderungen gem. § 55 Abs. 4 InsO, ZInsO 2011, 1779.
Roth, Jan: Insolvenzsteuerrecht, Köln 2011.
Sämisch, Henning: Zur Verfassungsmäßigkeit der Änderungswünsche der Finanzverwaltung/Sozialversicherungsträger zum Insolvenzanfechtungsrecht, InVo 2005, 346.
Schacht, Jennifer: Vorrechte öffentlicher und fiskalischer Forderungen im Insolvenzverfahren, ZInsO 2011, 1048.
Schacht, Jennifer: Erneute Stärkung der Fiskusvorrechte im Insolvenzverfahren durch den BFH? – Anmerkung zu BFH, Urt. v. 9.12.2010 – V R 22/10, ZInsO 2010, 823, ZInsO 2011, 1787.
Schmidt, Andreas (Hrsg.): Hamburger Kommentar zum Insolvenzrecht, 4. Auflage, Köln 2012.
Schmidt, Karsten: Möglichkeiten der Sanierung von Unternehmen durch Maßnahmen im Unternehmens-, Arbeits-, Sozial und Insolvenzrecht, Gutachten für den 54. Deutschen Juristentag, München 1982.
Schmittmann, Jens: Umsatzsteuer im Insolvenzeröffnungsverfahren, Anmerkung zu AG Düsseldorf, Beschl. v. 8.2.2011 – 503 IN 20/11, ZInsO 2011, 439.
Schmittmann, Jens: Umsatzsteuer aus Einzug von Altforderungen nach Insolveneröffnung, ZIP 2011, 1125.
Schmittmann, Jens: Die verpasste Chance zur Kodifizierung eines Insolvenzsteuerrechts, StuB 2012, 109.

Schmittmann, Jens: Das Bundesfinanzministerium, der V. Senat des BFH und die Umsatzsteuer in der Insolvenz, ZIP 2012, 249.

Schneider, Werner/Hörmann, Martin: Die Änderungswünsche der Finanzverwaltung zum Insolvenzanfechtungsrecht – oder: die Wiedereinführung des „Windhund"-Prinzips, ZInsO 2005, 133.

Schwarz, Helmut: Anmerkung zum Urteil des BFH vom 09.12.2010, NZI 2011, 613 .

Serick, Rolf: Zur Entstehung der Konkursordnung, in: Uhlenbruck, Wilhelm/Klasmeyer, Bernd/Kübler, Bruno (Hrsg), Einhundert Jahre Konkursordnung 1877–1977, Festschrift des Arbeitskreises Insolvenz- und Schiedsgerichtswesen e.V. Köln zum einhundertjährigen Bestehen der Konkursordnung vom 10. Februar 1877, Köln 1977.

Sinz, Ralf/Oppermann, Stefan: § 55 Abs. 4 InsO und seine Anwendungsprobleme in der Praxis, DB 2011, 2185.

Smid, Stefan: Praxishandbuch Insolvenzrecht, 5. Auflage, Berlin 2007.

Smid, Stefan: Große Reform oder Beseitigung der Insolvenzordnung durch ein neues Konkursverfahren?, DZWIR 2010, 397.

Smid, Stefan: Kurze kritische Anmerkungen zu den Änderungen der Insolvenzordnung durch Art. 3 und 4 Haushaltsbegleitgesetz 2011, DZWIR 2011, 133.

Stadie, Holger: Umsatzsteuergesetz Kommentar, 2. Auflage, Köln 2012.

Stapper, Florian: Finaler Todesschuss durch den behandelnden Arzt oder das Fiskusprivileg im Insolvenzrecht, ZInsO 2010, 1880.

Sterzinger, Christian: Fiskusprivileg im Insolvenzverfahren, BB 2011, 1367.

Sterzinger, Christian: Umsatzsteuer im Insolvenzverfahren, NZI 2012, 63.

Stiller, Jörn: Das Ende von § 28e I 2 SGB IV bei der Insolvenzanfechtung von Arbeitnehmeranteilen am Gesamtsozialversicherungsbeitrag, NZI 2010, 250.

Thieme, Jürgen: Zur Entstehung der Konkursordnung, in: Uhlenbruck, Wilhelm/Klasmeyer, Bernd/Kübler, Bruno (Hrsg), Einhundert Jahre Konkursordnung 1877–1977, Festschrift des Arbeitskreises Insolvenz- und Schiedsgerichtswesen e.V. Köln zum einhundertjährigen Bestehen der Konkursordnung vom 10. Februar 1877, Köln 1977.

Tipke, Klaus/Kruse, Wilhelm (Hrsg.): Kommentar zur Abgabenordnung und Finanzgerichtsordnung, 126. Ergänzungslieferung, Köln 2011.

Trottner, Uwe: Wiedereinführung des Fiskusprivilegs? § 55 Abs. 4 InsO in der Fassung des HBeglG 2011, NWB 2011, 309.

Uhländer, Christoph: Aktuelle Entwicklungen im Insolvenzsteuerrecht, AO-StB 2010, 81.

Uhländer, Christoph: Steuern als Masseverbindlichkeiten i.S.d. § 55 Abs. 4 InsO – Überblick zur Neuregelung ab dem 1.1.2011, AO-StB 2011, 84.

Uhlenbruck, Wilhelm: Zur Krise des Insolvenzrechts, NJW 1975, 897.

Uhlenbruck, Wilhelm: Einhundert Jahre Konkursordnung, in: Uhlenbruck, Wilhelm/Klasmeyer, Bernd/Kübler, Bruno (Hrsg), Einhundert Jahre Konkursordnung 1877–1977, Festschrift des Arbeitskreises Insolvenz- und Schiedsgerichtswesen e.V. Köln zum einhundertjährigen Bestehen der Konkursordnung vom 10. Februar 1877, Köln 1977.

Uhlenbruck, Wilhelm: Wiedereinführung der Vorrechte durch die Hintertür?, ZInsO 2005, 505.

Uhlenbruck, Wilhelm/Hirte, Heribert/Vallender, Heinz (Hrsg.): Insolvenzordnung, 13. Auflage, München 2010.

Urban, Norbert: Insolvenzanfechtung von Steuern – Zur beabsichtigten Wiedereinführung des Fiskusvorrechts, NZI 2010, 888.

Vallender, Heinz/Undritz, Sven-Holger (Hrsg.): Praxis des Insolvenzrechts, Köln 2012.

Wäger, Christoph: Insolvenz und Umsatzsteuer, DStR 2011, 1925.

Wagner, Heiko: Ausgewählte Reformvorhaben im Regierungsentwurf einer Insolvenzordnung, DStR 1992, 650.

Wagner, Johann/Köhler, Stefan: Der BFH stärkt den Fiskus als Umsatzsteuergläubiger (BB-Kommentar), BB 2011, 1511.

Wagner, Wilfried (Hrsg.): Sölch/Ringleb, Umsatzsteuergesetz, 67. Ergänzungslieferung, München 2012.

Waza, Thomas/Uhländer, Christoph/Schmittmann, Jens: Insolvenzen und Steuern, 9. Auflage, Herne 2012.

Weber, Klaus (Hrsg): Creifelds, Rechtswörterbuch, 20. Auflage 2011.

Weerth, Jan de: Anmerkung zum Urteil des BFH vom 29.01.2009, NZI 2009, 449.

Weerth, Jan de: Kurzkommentar zum Urteil des BFH vom 02.11.2010 – VII R 6/10, EWiR 2011, 87.

Weerth, Jan de: Umsatzsteuer als Masseverbindlichkeit bei Entgeltvereinnahmung durch Insolvenzverwalter und Sicherungszession, ZInsO 2011, 853.

Wegener, Burghard: BGH entzaubert § 28e I 2 SGB IV, NZI 2009, 884.

Weidmüller, Juliane: Die Rückschlagsperre als Instrument zur gemeinschaftlichen Haftungsverwirklichung – Eine Analyse im Spannungsfeld zwischen Einzel- und Gesamtvollstreckung, Baden-Baden 2012.

Weiland, Stefan: Par conditio creditorum – Der insolvenzrechtliche Gleichbehandlungsgrundsatz und seine Durchbrechungen zugunsten öffentlich-rechtlicher Gläubiger, Frankfurt a. M. 2010.

Weiland, Stefan: Wi(e)der die Privilegierung der öffentlich-rechtlichen Gläubiger, DZWIR 2011, 224.

Welbers, Hartwig: Vollstreckungsrechtliches Prioritätsprinzip und verfassungsrechtlicher Gleichheitssatz, Diss. Bonn 1991.
Welte, Thomas/Friedrich-Vache, Heidi: Masseverbindlichkeit bei Entgeltvereinnahmung für vorinsolvenzlich ausgeführte Leistungen: Chancen und Risiken der geänderten Rechtsprechung des BFH, ZIP 2011, 1595.
Werres, Rüdiger: Alles für die Katz'? – oder: Wie Politiker wieder einmal die InsO abschaffen wollen, ZInsO 2010, 2055.
Werres, Rüdiger: Anmerkung zum Beschluss des FG Berlin-Brandenburg vom 18.03.2013, NZI 2013, 606.
Widmann, Werner: Anmerkung zum Urteil des BFH vom 09.12.2010, UR 2011, 555.
Wilmowski, Gustav von: Deutsche Reichs-Konkursordnung, 6. Auflage, Berlin 1906
Wimmer, Klaus (Hrsg.): Frankfurter Kommentar zu Insolvenzordnung, 6. Auflage, Köln 2011.
Wimmer, Klaus (Hrsg.): Frankfurter Kommentar zu Insolvenzordnung, 7. Auflage, Köln 2013.
Wiórek, Piotr Marcin: Das Prinzip der Gläubigergleichbehandlung im Europäischen Insolvenzrecht, Baden-Baden 2005.
Zeuner, Mark: Die Anfechtung in der Insolvenz, 2. Auflage, München 2007.
Zimmer, Thomas: Haushaltsbegleitgesetz 2011 (§ 55 Abs. 4 InsO n.F.) – erste Anwendungsprobleme, ZInsO 2010, 2299.
Zimmer, Thomas: Keine Haftung der Gesellschafter für Masseverbindlichkeiten in der Insolvenz der Personengesellschaft einschließlich § 55 Abs. 4 InsO?, ZInsO 2011, 1081.

§ 1 Einleitung

I. Problemaufriss

*„**Fiskus** ist die Bezeichnung des Staates, soweit er nicht hoheitlich, d. h. im Über/ Unterordnungsverhältnis tätig wird, sondern als juristische Person am Privatrechtsverkehr teilnimmt“*[1].

Wie sich bereits aus dem Titel erkennen lässt, geht es in dieser Arbeit um die Teilhabe des Staates im Insolvenzverfahren. Da der Staat im Insolvenzverfahren seine (Steuer-) Forderungen wie jeder andere Gläubiger geltend machen muss, z. B. durch Anmeldung zur Tabelle oder durch Vorabbefriedigung bei Vorliegen einer Masseverbindlichkeit, handelt er in diesem Fall nicht hoheitlich und kann deshalb als Fiskus bezeichnet werden.

*„**Privileg** (lat. privilegium) ist das einer Person, einer Gruppe usw. eingeräumte Vorrecht“*[2].

Damit ist auch der zweite Bestandteil des für diese Arbeit maßgeblichen Begriffes geklärt.

Das Fiskusvorrecht hat eine lange Tradition im deutschen Konkurs- bzw. Insolvenzrechtssystem. Während der gesamten Geltungsdauer der KO war es wesentlicher Bestandteil derselben. Zu finden war es insbesondere in § 61 Abs. 1 Nr. 2 KO. Das Fiskusvorrecht war über 100 Jahre ein maßgebliches Institut im deutschen Konkurssystem, wobei es schon bei Schaffung der KO keinen triftigen, unumgänglichen Grund für die Aufnahme des Fiskusvorrechts gab und der damalige Gesetzgeber selbst nicht von der Aufnahme überzeugt schien. Zusammen mit anderen Faktoren hatte das Fiskusvorrecht ab den 1970er Jahren die Funktionsfähigkeit der KO erheblich beeinträchtigt. Diskussionen über die Abschaffung wurden laut. Ein wesentlicher Leitsatz im ersten Bericht der Kommission für Insolvenzrecht, die den Grundstock für die heutige InsO legte, war deshalb: „*Das Vorrecht des Fiskus für öffentliche Abgaben nach* § 61 Abs. 1 Nr. 2 KO wird gestrichen“[3]. Mit Ablösung der KO durch die InsO am 01.01.1999 wurde das Fiskusvorrecht zunächst auch völlig abgeschafft. Trotz der Erfahrungen aus der KO stand die Diskussion um die Wiedereinführung der Fiskusvorrechte aber nicht still,

1 *Creifelds*, Rechtswörterbuch, **Fiskus**.
2 *Creifelds*, Rechtswörterbuch, **Privileg**.
3 1. Ber InsRKomm, S. 68.

sondern hat vielmehr schon fast unmittelbar nach der Einführung der InsO wieder begonnen. Ergebnis dieser über zehn Jahre andauernden Diskussion ist aktuell, dass durch das Haushaltsbegleitgesetz 2011 (HBeglG 2011) mit Wirkung zum 01.01.2011 Regelungen in die InsO aufgenommen wurden, die den Fiskusvorrechten der KO bei Betrachtung der Gesetzesformulierung nicht ähnlich sind, aber im Ergebnis dieselben, wenn nicht sogar weitergehende Auswirkungen haben. Diese gilt es darzustellen und auf deren Verfassungsmäßigkeit zu beurteilen.

Daneben hat aber nicht nur der Gesetzgeber die Wiedereinführung vorangetrieben. Auch die Rechtsprechung, allen voran der V. Senat des Bundesfinanzhofes, hat teilweise die Stellung des Fiskus im Insolvenzverfahren erheblich gestärkt. Dadurch ergeben sich weitere Anwendungsprobleme.

Um das Ergebnis dieser Arbeit vorauszuschicken: Folge dieser Entwicklung ist, dass im geltenden Insolvenzrecht das Fiskusvorrecht wieder enthalten ist. Für den Fiskus selbst ist das von Vorteil. Er steht damit in gewissem Umfang nicht mehr den bloßen Insolvenzgläubigern gleich. Aber was bedeutet dies für die InsO und die anderen Gläubiger? Ist ein solches Fiskusvorrecht mit der InsO und mit höherrangigem Recht vereinbar? Dies gilt es näher zu betrachten.

Die Erörterung des Umfangs des Fiskusvorrechts, der Folgen für die InsO und vor allem der Vereinbarkeit mit dem geltenden Insolvenzrechtssystem ist deshalb Ziel dieser Arbeit. Dazu sind auch die Entwicklung und die Diskussion über das Fiskusvorrecht im Laufe der deutschen Insolvenzrechtsgeschichte von Bedeutung, da diese wesentlich zum Verständnis beitragen.

II. Gang der Arbeit

Das erste Kapitel behandelt die historische Entwicklung des Fiskusvorrechts bis zum Inkrafttreten des HBeglG 2011. Dabei wird zunächst versucht zu klären, welchen historischen Hintergrund das Fiskusvorrecht hat, weshalb es in die KO aufgenommen wurde und welche Auswirkungen es auf die KO hatte (§ 2). Anschließend wird auf die Entwicklung des Fiskusvorrechts in der Insolvenzrechtsreform eingegangen (§ 3). Ergebnis dieser Insolvenzrechtsreform war die Abschaffung des Fiskusvorrechts mit Inkrafttreten der InsO am 01.01.1999. Dennoch stand die Diskussion um das Fiskusvorrecht nicht still. Bereits kurze Zeit später verbreiteten sich erste Stimmen und forderten die Wiedereinführung. Der Gesetzgeber hat daraufhin mehrfach versucht, das Fiskusvorrecht wiedereinzuführen. Wie, auf welchen Wegen und mit welchen Begründungen dies geschah, gilt es anschließend darzustellen (§ 4).

Im zweiten Kapitel soll schließlich das aktuelle Fiskusvorrecht hinsichtlich der Wirkungen und des Umfangs beurteilt werden. Im Mittelpunkt steht das HBeglG 2011 (§ 5). Vor allem § 55 Abs. 4 InsO spielt dabei eine bedeutende Rolle. Es werden die Rechtsfolgen, die Tatbestandsvoraussetzungen und die weiteren aufgeworfenen Anwendungsprobleme des § 55 Abs. 4 InsO untersucht und geklärt, ob durch diese Regelung ein Fiskusvorrecht geschaffen wurde. Selbiges wird auch hinsichtlich der Änderungen des § 14 InsO und des nicht eingeführten § 96 Abs. 3 InsO geprüft. Wie bereits angesprochen, hat auch der BFH seinen Teil zur Entwicklung und Förderung des Fiskusvorrechts beigetragen. Diese Rechtsprechung des BFH – genauer gesagt die des V. Senats – gilt es im Anschluss auf ihre Richtigkeit und Wirkungen zu überprüfen und mit der gesetzlichen Regelung des § 55 Abs. 4 InsO zu verzahnen (§ 6). Dabei wird im Wesentlichen nur auf die Umsatzsteuer eingegangen.

Wie schon vorausgeschickt wurde, haben der Gesetzgeber und der BFH ein neues Fiskusvorrecht im Insolvenzrecht geschaffen. Der Frage, ob ein solches Fiskusvorrecht gegen die Grundsätze der InsO – allen voran den Gläubigergleichbehandlungsgrundsatz – und/oder auch gegen höherrangiges Recht verstößt, widmet sich das dritte Kapitel. Dabei umfasst die Prüfung zunächst die Frage, ob ein Verstoß gegen die InsO oder das GG bejaht werden kann (§ 7). Anschließend wird auf die Rechtfertigungsgründe eingegangen. Es wird versucht, alle Rechtfertigungsgründe, die im Laufe der Zeit aufgeworfen wurden, daraufhin zu untersuchen, ob sie die Wiedereinführung des Fiskusvorrechts rechtfertigen können (§ 8).

III. Eingrenzung und Klarstellung des Untersuchungsgegenstandes

Oben wurde bereits mehrfach von der KO gesprochen. Damit ist die KO der BRD gemeint. Das Insolvenzrecht der DDR, die Gesamtvollstreckungsordnung, wird in dieser Arbeit nicht behandelt. Auf dem Gebiet der BRD galt neben der KO die Vergleichsordnung, die das Vergleichsverfahren regelte. Auch auf diese wird nicht eingegangen, was daraus folgt, dass die KO die für die Gläubigerstellung wesentlichen Vorschriften enthielt.

Der Schwerpunkt dieser Arbeit liegt auf der Untersuchung des alten und des neuen Fiskusvorrechts im Regelinsolvenzverfahren. Der weitere große öffentlich-rechtliche Gläubiger in Form der Sozialversicherungsträger muss überwiegend außer Acht gelassen werden. Nur soweit sich dazu Änderungen/Entwicklungen ergeben haben, wird auf die Sozialversicherungsträger Bezug genommen. In der aktuellen Gesetzgebung wurden die Sozialversicherungsträger nicht berücksichtigt. Ihnen steht derzeit kein Vorrecht zu. Im Zentrum der Abhandlung steht somit der Fiskus in Gestalt des Finanzamtes. Dabei werden im Wesentlichen die Auswirkungen auf die Umsatzsteuer betrachtet. Dies liegt daran, dass die Umsatzsteuer regelmäßig die größte Belastung für die Insolvenzmasse bildet[4] und dass dort die Rechtsprechung die weitestgehenden Änderungen vorgenommen hat.

4 Nach *Roth,* Insolvenzsteuerrecht, Rn 4.323 liegt der Anteil der Umsatzsteuer am Gesamtsteueraufkommen der BRD bei über 30 %.

Erster Abschnitt: Maßgebliche Überlegungen – Grundlagen dieser Arbeit

Wie im Verlauf der Ausführungen festzustellen sein wird, sind für diese Arbeit zwei dogmatische Problemkreise von erheblicher Bedeutung. Da diese das Grundverständnis bilden und für die gesamte Arbeit von Bedeutung sind, sollen diese beiden Punkte bereits vorab behandelt werden. Sie bilden letztlich die Grundlagen der nachfolgenden Bearbeitung. Erster Punkt ist dabei das Verhältnis von Insolvenzrecht und Steuerrecht. Zweiter Punkt ist der Gläubigergleichbehandlungsgrundsatz.

§ 2 Das Verhältnis von Insolvenzrecht und Steuerrecht

Im deutschen Rechtssystem sind das Insolvenzrecht und das Steuerrecht gesetzlich festgeschrieben. Ein gesetzlich geregelte Insolvenzsteuerrecht gibt es nicht, obwohl die Behandlung von Steuern in der Insolvenz ein wichtiges Thema sowohl für die Insolvenzverwalter als auch für die Finanzämter darstellt. Es fehlt an einer Verzahnung dieser beiden Rechtsgebiete. In nur wenigen Regelungen wird das jeweils andere Rechtsgebiet erwähnt.[5] Einzige Regelungen, die dabei näher auf das Verhältnis der beiden Rechtsgebiete eingehen, sind § 155 InsO und § 251 Abs. 2 S. 1 AO. Nach § 155 Abs. 1 InsO bleiben die handels- und steuerrechtlichen Pflichten des Schuldners zur Buchführung und zur Rechnungslegung unberührt, wobei hinsichtlich der Insolvenzmasse diese Aufgaben der Insolvenzverwalter zu erfüllen hat. Auch im Rahmen einer Insolvenz muss daher die Buchführung und Rechnungslegung, die das Handels- und Steuerrecht vorsehen, fortgeführt werden. § 251 Abs. 2 S. 1 AO legt zusätzlich fest, dass im Rahmen der Vollstreckung von (steuerrechtlichen) Verwaltungsakten die Vorschriften der InsO unberührt bleiben. Demnach sollte sich die Geltendmachung aller Steuerforderungen gegen den Insolvenzschuldner nach den Regelungen der InsO vollziehen. Gegenüber dem Steuerverfahrensrecht, genauer gesagt dem Vollstreckungsverfahren, sind damit die Regelungen der

5 §§ 55 Abs. 4, 155 Abs. 1, 170, 171, 185 InsO; §§ 26b S. 3, 75 Abs. 2, 171 Abs. 13, 231 Abs. 1 und 2, 251 Abs. 2 und 3, 282 Abs. 2 AO; § 32b Abs. 1 Nr. 1a EStG; § 11 Abs. 7 KStG; § 11 Abs. 2 S. 2 GrStG; §§ 4 Abs. 2, 16 Abs. 2 Gew-StDV.

InsO ausdrücklich vorrangig.[6] Wie verhält es sich aber hinsichtlich der restlichen Regelungen?

Der RFH hat bereits 1926 die Formel „*Konkursrecht geht vor Steuerrecht*" geprägt.[7] Dass dieser Grundsatz auch heute noch für das Insolvenzrecht gilt, wird – soweit ersichtlich – nicht angezweifelt.[8] Allerdings gehen die Ansichten hinsichtlich des Geltungsumfangs auseinander. Die Vertreter des Insolvenzrechtes räumen diesem Grundsatz naturgemäß umfassende Geltung ein. Aus steuerrechtlicher Sicht wird dies differenzierter gesehen. Es wird vertreten, dieser Grundsatz beinhalte lediglich den Regelungsinhalt des § 251 Abs. 2 S. 1 AO.[9] Der V. Senat des BFH geht sogar eigene Wege.[10] Damit ist es im deutschen Insolvenzrecht zwischenzeitlich entscheidend, welches Gericht angerufen wird. Wird ein insolvenzsteuerrechtliches Problem (z. B. im Rahmen der Anfechtung) auf dem ordentlichen Rechtsweg und damit letztlich durch den IX. Senat des BGH entschieden, ist davon auszugehen, dass das Insolvenzrecht ausreichend zur Geltung gegenüber dem Steuerrecht gebracht wird. Muss hingegen der finanzgerichtliche Rechtsweg beschritten werden, wird regelmäßig Gegenteiliges der Fall sein, wobei auch die Rechtsprechung innerhalb des BFH dazu variiert.[11] Teilweise setzt sich der BFH über die Rechtsprechung des IX. Senats des BGH hinweg, obwohl dieser originär für das Insolvenzrecht zuständig ist. Anzumerken ist dabei, dass der Schwerpunkt der Tätigkeit des IX. Senats des BGH im Insolvenzrecht liegt[12] und er als einer von wenigen mit der Höchstbesetzung von neun Richtern besetzt ist.[13] Allein dies zeigt schon die Bedeutung des Insolvenzrechts.

Wie weit geht nun aber dieser Grundsatz des Vorrangs des Insolvenzrechts? Stellt ein Schuldner Insolvenzantrag, verändert sich nicht nur die Stellung des

---

6 *Loose,* in: Tipke/Kruse, AO, § 251 Rn 5; *Waza/Uhländer/Schmittmann,* Insolvenzen und Steuern, Rn 463.

7 RFH v. 25.10.1926 – GrS 1/26, RFHE 19, 355.

8 *Waza/Uhländer/Schmittmann,* Insolvenzen und Steuern, Rn 463; *Loose,* in: Tipke/Kruse, AO, § 251 Rn 5; *Schmittmann,* StuB 2012, 109.

9 *Waza/Uhländer/Schmittmann,* Insolvenzen und Steuern, Rn 463; BFH Urt. v. 17.12.1998 – VIII R 47/98, BStBl. II 1999, 423, 424.

10 S. dazu § 6.

11 Eine Darstellung einiger Entscheidungen, die gerade diesen Konflikt betreffen, findet sich bei *Waza/Uhländer/Schmittmann,* Insolvenzen und Steuern, Rn 467 ff.

12 Vgl. Geschäftsverteilungsplan des BGH unter http://www.bundesgerichtshof.de/DE/BGH/Geschaeftsverteilung/Geschaeftsverteilung2013/Zivilsenate2013/zivilsenate2013_node.html (Stand: 21.10.2013).

13 Besetzung des IX. Zivilsenats des BGH abrufbar unter http://www.bundesgerichtshof.de/DE/Richter/BesetzungSenate/Zivilsenate/zivilSenate_node.html (Stand: 21.10.2013).

Schuldners, sondern auch der Gläubiger. Mit der Eröffnung des Insolvenzverfahrens haben sich sowohl der Schuldner als auch die Gläubiger auf eine neue Rechtslage einzustellen. Die ursprünglichen zwischen den Beteiligten Regelungen sind nicht mehr in vollem Umfang anwendbar. Die InsO regelt dazu die Verhältnisse neu. Der Schuldner wird in seiner Verfügungsmacht völlig eingeschränkt. Für ihn handelt nun ein Insolvenzverwalter. Auch die Gläubiger können nicht mehr wie vor der Eröffnung handeln (§§ 103 ff. InsO). Ihre vor der Eröffnung entstandenen Forderungen können sie ebenfalls nicht mehr durchsetzen. Die InsO gibt den Beteiligten somit eine völlig neue Rechtslage vor, an der sich alle zu richten haben. Kommt die InsO zur Anwendung, überlagern damit deren Vorschriften aber auch alle anderen (einfachgesetzlichen) Rechtsgebiete. Wäre dies nicht der Fall, könnten die Regelungen der InsO nicht zur Wirkung kommen. Sie schränkt damit andere Rechtsgebiete teilweise ein. Dies gilt auch hinsichtlich des Steuerrechts. Da das Insolvenzrecht ein besonderes, eigenständiges Verfahren zur Verfügung stellt, muss sich danach auch das Steuerverfahren richten. Das Insolvenzrecht ist letztlich lex specialis zu allen Rechtsgebieten und damit auch zum Steuerrecht.[14] Dies wird mit § 251 Abs. 2 S. 1 AO bzgl. des Vollstreckungsverfahrens gesetzlich geregelt. Entgegen mancher Ansichten[15] muss dies aber auch für die weiteren Bereiche des Steuerrechts gelten. Das Insolvenzrecht beinhaltet ebenfalls materielle Regelungen. Das Insolvenzrecht stellt einen erheblichen Eingriff in die Privatautonomie und in die Grundrechte dar.[16] Auch diesen Regelungen und den gesamten Wertungen der InsO muss deshalb ausreichend Rechnung getragen werden. Dies geschieht aber nicht, wenn nur auf die Überlagerung des Steuerverfahrensrechts abgestellt wird. Dass das materielle Steuerrecht dadurch verdrängt wird, folgt daraus jedoch nicht. Dieses bleibt in vollem Umfang anwendbar, da das Insolvenzrecht nicht die Aufgabe hat, zu klären, wann z. B. Steuerforderungen entstehen. Allerdings haben die Anwender des materiellen Steuerrechts stets die Wertungen und Regelungen des Insolvenzrechts zu beachten. Kommt es zu Konfliktsituationen, also zu Folgen, die mit dem Insolvenzrecht nicht vereinbar sind, müssen beide Rechtsgebiete in Ausgleich gebracht werden. Im Zweifel ist dem Insolvenzrecht der Vorrang einzuräumen, um die insolvenzrechtlichen Wertungen zur Geltung

14 *Kahlert/Rühland,* Insolvenzsteuerrecht, Rn 7.151 ff; Verhältnis zum Privatrecht, s. *Häsemeyer,* Insolvenzrecht, Rn 1.05.

15 *Waza/Uhländer/Schmittmann,* Insolvenzen und Steuern, Rn 463; BFH Urt. v. 17.12.1998 – VIII R 47/98, BStBl. II 1999, 423, 424.

16 S. dazu § 9.

zu bringen.[17] Ansonsten könnte der Zweck der InsO nicht erreicht und umgangen werden, obwohl – wie gerade dargestellt – die Regelungen der InsO die weiteren einfachgesetzlichen Regelungen überlagern.

Damit schließt sich die nächste Frage an, deren Antwort ebenfalls der Grundlage dieser Arbeit dient: Um welche besonderen insolvenzrechtlichen Wertungen handelt es sich? Die InsO beinhaltet zwei Grundgedanken, die für die folgenden Ausführungen wesentlich sein werden: den Gläubigergleichbehandlungsgrundsatz[18] und den Sanierungsgedanken.[19] Der Sanierungsgedanke war in der KO kaum ausgeprägt. Die KO war auf die Liquidation ausgerichtet. Auch dies wurde durch die InsO geändert. Die Sanierung trat als gleichrangiges Ziel des Insolvenzverfahrens neben die Liquidation.[20] Durch das Gesetz zur weiteren Erleichterung der Sanierung von Unternehmen (ESUG)[21] wurde der Sanierungsgedanke in der InsO nochmals verstärkt und weiter ausgebaut. Die Gleichbehandlung aller Gläubiger war hingegen bereits in der KO angelegt, wurde aber durch die Vorrechtsordnung eingeschränkt. Durch die Abschaffung der Vorrechte versuchte der Gesetzgeber der InsO diesen Missstand zu beseitigen und insbesondere mehr Verteilungsgerechtigkeit zu schaffen.[22] Bereits nach diesen kurzen Ausführungen sieht man, dass ein wesentlicher Zusammenhang von Vorrechten und der Gläubigergleichbehandlung besteht, weshalb sogleich näher auf diesen Grundsatz eingegangen wird.

Zusammengefasst ist zum Verhältnis von Insolvenzrecht und Steuerrecht festzustellen, dass stets versucht werden muss, Insolvenzrecht und Steuerrecht in Konfliktsituationen in einen gerechten Ausgleich zu bringen. Ist dies nicht möglich, ist dem Insolvenzrecht der Vorrang einzuräumen, um die insolvenzrechtlichen Wertungen bestmöglich zur Geltung zu bringen.

---

17 S. zu dieser Problematik *Roth,* Insolvenzsteuerrecht, Rn 1.1 ff; *Hölzle,* BB 2012, 1571; im Ergebnis so auch *Pape/Uhlenbruck/Voigt-Salus,* Insolvenzrecht, Kap. 44, Rn 1; *Loose,* in: Tipke/Kruse, AO, § 251 Rn 6; *Frotscher,* Besteuerung bei Insolvenz, S. 17 ff.

18 *Roth,* Insolvenzsteuerrecht, Rn 1.5; *Hölzle,* BB 2012, 1571.

19 *Reischl,* Insolvenzrecht, Rn 3; *Hölzle,* BB 2012, 1571, 1575.

20 RegE zur InsO v. 15.04.1992, BT-Drucks. 12/2443, S. 77.

21 Gesetz zur weiteren Erleichterung der Sanierung von Unternehmen (ESUG) v. 27.12.2011, BGBl. I 2011, 2582.

22 RegE zur InsO v. 15.04.1992, BT-Drucks. 12/2443, S. 81.

§ 3 Der Gläubigergleichbehandlungsgrundsatz

„Oberster Grundsatz eines jeden Insolvenzrechts muss die gleichmäßige Befriedigung der Gläubiger sein“[23]. Diese Formel, die auf den Gläubigergleichbehandlungsgrundsatz[24] abzielt – auch als *par conditio creditorum*[25] bezeichnet – ist wesentlicher Grundsatz des deutschen Insolvenzrechts. Als oberstes Gebot und auch Ziel des Insolvenzrechts müssen sich deshalb alle Regelungen des Insolvenzrechts daran messen lassen. Aufgrund der Bedeutsamkeit dieses Grundsatzes sind bereits vorab die Grundlagen für die Behandlung des Gläubigergleichbehandlungsgrundsatzes zu legen, da er sämtliche nachfolgenden Ausführungen durchzieht.

Obwohl die Begriffe der Gläubigergleichbehandlung und der par conditio creditorum heutzutage nahezu in jedem Buch über Insolvenzrecht anzufinden sind, ist die dogmatische Herleitung umstritten. In der Regel wird dies jedoch nicht weitergehend problematisiert.[26] Auch in der Rechtsprechung wurde das – soweit ersichtlich – noch nicht behandelt.[27] Das Bestehen dieses Grundsatzes wird vorausgesetzt; die rechtliche Geltungsgrundlage wird jedoch vernachlässigt.

---

23 *Pape/Uhlenbruck/Voigt-Salus,* Insolvenzrecht, Kap. 12, Rn 10, angelehnt an BGH Urt. v. 29.01.1964 – Ib ZR 197/62, BGHZ 41, 98, 101.

24 Zur historischen Entwicklung dieses Grundsatzes s. beispielhaft *Häsemeyer*, KTS 1982, 507, 511 ff; sowie *Pluta,* Insolvenzaufrechnung, S. 119 ff.

25 Dieser Ausdruck entstammt den Digesten (L.6 § 7 D. quae in fr. cred. (42, 8) Ulp). I. d. R. wird zur Herleitung immer nur der letzte Halbsatz zitiert, wobei natürlich die gesamte Digestenstelle zur besseren Verständlichkeit relevant ist: *„qui vero post bona possessa debitum suum recepit, hunc in portionem vocandum xaequandumque ceteris creditoribus: neque enim debuit praeripere ceteris post bona possessa, cum iam par condicio omnium creditorum facta esset“* (freie Übersetzung: „Wer aber nach der Beschlagnahme des Besitzes seine Schulden (gemeint: das ihm Geschuldete) wieder an sich gezogen hat, (von dem muss man wissen), dass dieser auf seinen Anteil verwiesen werden und den übrigen Gläubigern gleichgestellt werden muss. Er darf nämlich nach der Beschlagnahme des Besitzes den übrigen (nichts) entreißen, weil ja schon die gleiche Bedingung für alle Gläubiger hergestellt worden ist.“), vgl. dazu auch *Wiórek,* Gleichbehandlung im europ. Insolvenzrecht, S. 94; *Häsemeyer*, KTS 1982, 507, 512; *Klinck,* Grundlagen der Insolvenzanfechtung, S. 5.

26 So auch *Weiland,* Par conditio creditorum, S. 12 und 300; *Füßmann,* Auswirkungen des reformierten Insolvenzanfechtungsrechts, S. 37; beispielhaft s. dazu *Hermreck,* Gläubigergleichbehandlungsgrundsatz, S. 1 ff, der eine ganze Dissertation zu diesem Thema verfasst ohne auf die rechtlichen Grundlagen einzugehen.

27 Vgl. z. B. BGH Urt. v. 29.01.1964 – Ib ZR 197/62, BGHZ 41, 98, 99; BVerfG Beschl v. 19.10.1983 – 2 BvR 485/486/80, NJW 1984, 475.

Soweit ersichtlich wird aber nicht in Zweifel gezogen, dass er im deutschen Insolvenzrecht gilt. Selbiges ist für den konkreten Inhalt festzustellen: Dieser wird ebenfalls kaum tiefergehend behandelt. Für das Verständnis des Gläubigergleichbehandlungsgrundsatzes ist aber auch der zweigliedrige Gegenstand von Bedeutung.

I. Keine absolute Gleichbehandlung

Bevor näher der Inhalt und die Herleitung dieses Grundsatzes dargestellt werden, sei eine wichtige Klarstellung vorab getroffen: Der Gläubigergleichbehandlungsgrundsatz verlangt – auch wenn aufgrund der Bezeichnung darauf geschlossen werden könnte – keine absolute Gleichbehandlung aller Gläubiger.[28] Dies zeigt sich schon darin, dass sowohl die InsO, als auch zuvor die KO, die Gläubiger in verschiedene Gläubigergruppen, wie die Aussonderungs- und Absonderungsberechtigten, Massegläubiger, Insolvenzgläubiger und nachrangige Insolvenzgläubiger, einteilt oder Privilegien zugesteht (z. B. Aufrechnung).[29] Eine „klassenlose Insolvenz“ i. S. einer völligen Gleichbehandlung aller Gläubiger gab und gibt es im deutschen Insolvenzrecht nicht.[30] Dies wird vom Gläubigergleichbehandlungsgrundsatz auch nicht gefordert, da aufgrund unterschiedlicher Gläubigerinteressen Differenzierungen gerade nötig sind.[31] Innerhalb dieser verschiedenen Gruppen ist er hingegen von wesentlicher Bedeutung.

II. Inhalt des Gläubigergleichbehandlungsgrundsatzes

Der Inhalt des Gläubigergleichbehandlungsgrundsatzes umfasst nicht nur die Maßgabe, dass alle Gläubiger gleichbehandelt werden müssen. Oft wird als Synonym

---

28 *Bauer,* Ungleichbehandlung der Gläubiger, S. 64; *Stürner*, in: MünchKomm-InsO, Einl Rn 62; *Bauer*, ZInsO 2010, 1917, 1919; *Welbers,* Prioritätsprinzip und Gleichheitssatz, S. 190.

29 *Stürner*, in: MünchKomm-InsO, Einl Rn 62.

30 So z. B. *Weiland,* Par conditio creditorum, S. 299; *Bauer,* Ungleichbehandlung der Gläubiger, S. 127; *Schneider/Hörmann*, ZInsO 2005, 133; *Schmidt,* Gutachten für den 54. DJT, D 51; *Stürner*, in: MünchKomm-InsO, Einl Rn 62, aber so auch schon *Hellmann,* Lehrbuch Konkursrecht, S. 2.

31 *Bauer,* Ungleichbehandlung der Gläubiger, S. 64; *Reischl,* Insolvenzrecht, Rn 40; *Stürner*, in: MünchKomm-InsO, Einl Rn 62.

dafür der *Grundsatz der gleichmäßigen Befriedigung* angeführt.[32] Dies ist zu kurz gefasst.[33] Folgt man der historischen Entwicklung des Gleichbehandlungsgrundsatzes, ergibt sich, dass er zwei Schichten beinhaltet, wobei gerade die zweite Schicht den Grundsatz der gleichmäßigen Befriedigung betrifft: In der ersten Schicht ist ein Ordnungsgrundsatz i. S. d. Wahrung von Chancengleichheit für alle Gläubiger (Chancengleichheitsprinzip) enthalten und erst in der zweiten Schicht – wie gerade schon dargestellt – wird die Gleichbehandlung der Gläubiger im Rahmen der Befriedigung behandelt.[34] Der Grundsatz gleichmäßiger Befriedigung ist also nur Teil des Gleichbehandlungsgrundsatzes, wenn auch, wie später zu zeigen ist, der wesentliche. Letztlich betrifft die erste Schicht dabei das „Ob" und die zweite Schicht das „Wie" der Beteiligung.

1. Das Chancengleichheitsprinzip

Das Chancengleichheitsprinzip ist ein bloßer Ordnungsgrundsatz und betrifft die Wahrung der Chancengleichheit aller Gläubiger.[35] In einem Insolvenzverfahren müssen den Gläubigern des Schuldners die gleichen Möglichkeiten eingeräumt werden. Dies wird zunächst durch die grundsätzliche Beteiligung aller Gläubiger am Insolvenzverfahren gewährleistet, was das insolvenzrechtliche Prinzip der Universalität regelt.[36] Demnach nehmen alle Gläubiger ohne Rücksicht auf Vorrechte oder Privilegien am Insolvenzverfahren teil; eine Befriedigung außerhalb des Insolvenzverfahrens ist nicht mehr möglich.[37] Weitere Sicherung der Chancengleichheit erfolgt dadurch, dass das Prioritätsprinzip der Zwangsvollstreckung

---

32 So z. B. *Baur/Stürner*, Insolvenzrecht, Rn 5.36.

33 So auch *Weiland*, Par conditio creditorum, S. 12.

34 Allgemeine Auffassung der Ansichten in der Literatur, die sich mit dem Gläubigergleichbehandlungsgrundsatz tiefergehend befasst hat, so z. B. *Häsemeyer*, KTS 1982, 507, 509 ff; *Baur/Stürner*, Insolvenzrecht, Rn 5.37; *Weiland*, Par conditio creditorum, S. 11 ff; *Wiórek*, Gleichbehandlung im europ. Insolvenzrecht, S. 75 ff; *Bauer*, Ungleichbehandlung der Gläubiger, S. 65; *Gassert-Schumacher*, Privilegien in der Insolvenz, S. 324; *Pape/Uhlenbruck/Voigt-Salus*, Insolvenzrecht, Kap. 12, Rn 10; *Berger*, ZZP 2008, 407, 413; die Rechtsprechung hat sich damit – soweit ersichtlich – nicht auseinandergesetzt.

35 *Weiland*, Par conditio creditorum, S. 10; *Häsemeyer*, Insolvenzrecht, Rn 2.14; *Wiórek*, Gleichbehandlung im europ. Insolvenzrecht, S. 75 ff.

36 *Bauer*, Ungleichbehandlung der Gläubiger, S. 64; der Grundsatz der Universalität ist damit unmittelbarer Ausfluss des Gleichbehandlungsgrundsatzes, so auch *Stürner*, in: MünchKomm-InsO, Einl Rn 64; *Pluta*, Insolvenzaufrechnung, S. 131.

37 *Stürner*, in: MünchKomm-InsO, Einl Rn 64.

ausgeschlossen wird.[38] Es gilt das insolvenzrechtliche Gesamtvollstreckungsprinzip, wodurch zunächst der Zugriff einzelner Gläubiger auf einzelne Teile des Vermögens des Schuldners verhindert wird.[39] Die Chancengleichheit wird weiter durch ein gesetzlich vorgeschriebenes Verfahren (nämlich gerade das Insolvenzverfahren) gewährleistet sowie durch die Abgabe der Verwaltungs- und Verfügungsbefugnisse an den Insolvenzverwalter, wodurch verhindert wird, dass der Schuldner einzelne Gläubiger bevorzugt.[40] Auch die Anfechtungsregeln sind ein wesentlicher Bestandteil zur Gewährleistung der Chancengleichheit, weil dadurch Benachteiligungen im Zeitraum der materiellen Insolvenz zugunsten der Insolvenzgläubiger berücksichtigt und zur Masse zurückgeholt werden können.[41] Zusammengefasst betrachtet wird durch all diese insolvenzrechtlichen „Maßnahmen" die Privatautonomie sowohl des Schuldners als auch der Gläubiger erheblich eingeschränkt. Gerade dies wahrt die Chancengleichheit aller Gläubiger.[42] Diese Chancengleichheit eröffnet damit eine neue gesetzliche Haftungsordnung.[43] Vor allem aufgrund der Beteiligung aller Gläubiger nach eigenen Regeln stellt das Insolvenzrecht eine eigene Haftungsordnung dar; diese überlagert die Privatautonomie und damit auch alle privatrechtlichen Regelungen und ordnet sie neu.[44] Wesentliche Grundlage dabei ist gerade das Chancengleichheitsprinzip.

Aus historischer Sicht ist dazu anzumerken, dass die Chancengleichheit die ursprüngliche Bedeutung des dem römischen Recht entspringenden Grundsatzes der par conditio creditorum darstellte. Dort besagte dieser Grundsatz nur, dass die Einzelzwangsvollstreckung nicht mehr betrieben werden durfte, sobald der Schuldner zahlungsunfähig war und die Gläubiger in das Vermögen des Schuldners eingewiesen worden sind.[45] Die Verteilungsproblematik – wie sie im Folgenden

---

38 *Weiland,* Par conditio creditorum, S. 14; *Wiórek,* Gleichbehandlung im europ. Insolvenzrecht, S. 76.

39 *Lent,* in: Jaeger, KO, Einl. S. LI.

40 *Wiórek,* Gleichbehandlung im europ. Insolvenzrecht, S. 76; angedeutet bei *Lent,* in: Jaeger, KO, Einl. S. LII.

41 *Reischl,* Insolvenzrecht, Rn 569; *Wiórek,* Gleichbehandlung im europ. Insolvenzrecht, S. 77; *Häsemeyer,* Insolvenzrecht, Rn 2.15; *Hölzle,* BB 2012, 1571; eine umfassende Abhandlung zum Thema Insolvenzanfechtung und Gläubigergleichbehandlungsgrundsatz findet sich bei *Klinck,* Grundlagen der Insolvenzanfechtung.

42 So auch *Weiland,* Par conditio creditorum, S. 14.

43 *Häsemeyer,* Insolvenzrecht, Rn 2.14.

44 *Reischl,* Insolvenzrecht, Rn 7.

45 S. dazu *Häsemeyer*, KTS 1982, 507, 512; *Gassert-Schumacher,* Privilegien in der Insolvenz, S. 324; *Wiórek,* Gleichbehandlung im europ. Insolvenzrecht, S. 94 f; *Klinck,* Grundlagen der Insolvenzanfechtung, S. 3 ff.

dargestellt wird – entwickelte sich erst wesentlich später, nämlich als die Privilegienordnungen das gemeinrechtliche Konkursverfahren, also die unterschiedlichen Verfahrensordnungen der einzelnen deutschen Gebieten seit dem Mittelalter bis zur Einführung der KO als erstes gesamtdeutsches Konkursverfahren, bereits beherrschten.[46] Aus diesem ursprünglichen Verständnis der Gleichbehandlung erklärt sich damit auch, weshalb sich Konkursvorrechte ausbilden konnten, da das Chancengleichheitsprinzip gerade keine gleichmäßige Befriedigung vorsieht.[47]

2. Gleichbehandlung der Gläubiger im Rahmen der Verteilung

Die zweite Schicht des Gleichbehandlungsgrundsatzes betrifft die Gleichbehandlung der Gläubiger im Rahmen der Verteilung. Diese Schicht beinhaltet also das „Wie" der Verteilung.[48] Sollen die Gläubiger alle gleich proportional oder nach unterschiedlichen Anteilen befriedigt werden? Sind einzelne Gläubiger vor anderen Gläubigern zu bevorzugen? Fallen manche sogar ganz aus diesem System heraus und werden außerhalb des Insolvenzverfahrens befriedigt? All diese Fragen sind hier zu beantworten. Es ist leicht zu erkennen, dass überwiegend diese zweite Schicht gemeint ist, wenn vom Gläubigergleichbehandlungsgrundsatz die Rede ist. Die Verteilung ist letztlich das maßgebliche und für die Gläubiger das interessanteste und wichtigste Ergebnis eines Insolvenzverfahrens. Hinzu kommt, dass die Verteilung im Insolvenzverfahren zusätzlich eine i. d. R. endgültige Befriedigungsfunktion für die Gläubiger aufweist.[49] Daraus zeigt sich die Bedeutung dieser Schicht für die Gläubiger.

Aus den gerade aufgeworfenen Fragen ergeben sich zwei Problemkreise innerhalb dieser Schicht. Es ist zu klären, wer in die Verteilung mit einbezogen wird und wie die Verteilung selbst erfolgt. Mit *Häsemeyer* ist deshalb im Rahmen des Verteilungsprinzips eine weitere Unterteilung in zwei Schichten vorzunehmen, die als formelle und materielle Gleichbehandlung bezeichnet werden.[50] Die materielle Gläubigergleichbehandlung meint dabei die differenzierende Gleichbehandlung. Dies betrifft die Beurteilung, ob und wenn ja, welchen Gläubigern Sicherungsrechte, Privilegien oder sonstige Vorrechte gegenüber anderen Gläubigern einzuräumen

46 Zur genaueren Darstellung der damals geltenden Privilegienordnung s. § 4IV.

47 *Häsemeyer*, KTS 1982, 507, 512 ff; *Wiórek*, Gleichbehandlung im europ. Insolvenzrecht, S. 95.

48 S. dazu schon oben § 3II.

49 *Bauer*, Ungleichbehandlung der Gläubiger, S. 65.

50 *Häsemeyer*, Insolvenzrecht, Rn 2.14; *Wiórek*, Gleichbehandlung im europ. Insolvenzrecht, S. 77 ff.

sind.[51] Angewandt auf das deutsche Insolvenzsystem umfasst dies alle Regelungen, die sich auf die Insolvenzmasse auswirken, wie z. B. Aus- und Absonderung, sonstige Vorrechte usw., bis am Ende, nach Berücksichtigung aller dieser Gläubiger, die an die Insolvenzgläubiger zu verteilende Insolvenzmasse übrig bleibt. An diesem Punkt greift dann die formelle Gläubigergleichbehandlung an: Diese beinhaltet, dass alle Gläubigerforderungen mit gleicher prozentualer Quote nach dem Verhältnis ihrer Beiträge befriedigt werden (= proportionale Gläubigerbefriedigung).[52] Es handelt sich folglich um die Verteilungsmethode.[53]

3. Zusammenfassende Betrachtung des Inhalts des Gleichbehandlungsgrundsatzes

Spricht man vom Gläubigergleichbehandlungsgrundsatz, meint man i. d. R. die Gleichbehandlung im Rahmen der Befriedigung und somit die zweite Schicht. Der ersten Schicht der Chancengleichheit wird heutzutage keine allzu große Bedeutung mehr beigemessen.[54] Obwohl im Weiteren überwiegend die zweite Schicht entscheidend sein wird, sollte die Chancengleichheit nicht aus den Augen verloren werden, da beide Schichten in einem Abhängigkeitsverhältnis stehen.

Die Schichten sind zwar insofern unabhängig voneinander, als aus der ersten Schicht keine gleichmäßige, proportionale Befriedigung der Gläubiger in der zweiten Schicht gefolgert werden kann. Dies ergibt sich letztlich aus der historischen Entwicklung der beiden Schichten, da eine solche Befriedigung nie verlangt wurde. Allerdings ist wohl dahingehend ein Abhängigkeitsverhältnis anzunehmen, als dass ohne eine ausreichende Behandlung der Gläubiger innerhalb der ersten Schicht keine ordnungsgemäße Befriedigung in der zweiten Schicht durchgeführt werden kann. Wenn nicht alle Gläubiger in richtiger Weise am Insolvenzverfahren beteiligt werden, ist folglich keine ordnungsgemäße Befriedigung möglich.[55] Man könnte deshalb anstatt von Schichten von „Stufen“ sprechen, da man ohne Beachtung der ersten Stufe nicht zur zweiten Stufe gelangt, die erste Stufe aber auf den Inhalt der zweiten Stufe keinen Einfluss hat.

Selbiges gilt für die beiden Schichten innerhalb des Verteilungsprinzips. Auch die formelle Gleichbehandlung ist erst möglich, wenn geklärt ist, welche Gläubiger

---

51 *Wiórek,* Gleichbehandlung im europ. Insolvenzrecht, S. 78.
52 *Wiórek,* Gleichbehandlung im europ. Insolvenzrecht, S. 79.
53 *Wiórek,* Gleichbehandlung im europ. Insolvenzrecht, S. 79 f.
54 *Bauer,* Ungleichbehandlung der Gläubiger, S. 65.
55 *Weiland,* Par conditio creditorum, S. 15.

unter diese Verteilungsmethode fallen. Letztlich bauen damit alle Schichten aufeinander auf.

Auf das Notwendigste reduziert, stellt sich der Gläubigergleichbehandlungsgrundsatz somit wie folgt dar: Zunächst werden alle Gläubiger herangezogen (bzw. es wird ihnen die Möglichkeit dazu gegeben), bildlich gesprochen in einen Topf geworfen und dadurch am Insolvenzverfahren beteiligt (= Chancengleichheitsprinzip). Aus diesem Topf werden anschließend manche Gläubiger(gruppen) wieder herausgenommen, denen aus bestimmten Gründen besondere Rechte an der Insolvenzmasse zugestanden werden (= materielle Gleichbehandlung). Haben diese bekommen, was ihnen danach zugestanden wird, bleibt (im besten Fall) noch ein Rest an Insolvenzmasse übrig, der dann an die restlichen (im Topf zurückgebliebenen) Gläubiger gleichmäßig verteilt wird (= formelle Gleichbehandlung).

III. Warum gilt der Grundsatz in dieser Form im deutschen Insolvenzrecht?

Die Inhalte des Gläubigergleichbehandlungsgrundsatzes und wie er zu verstehen ist, wurden gerade geklärt. Bisher offen geblieben sind aber zwei wesentliche Fragen: Gilt der Gläubigergleichbehandlungsgrundsatz überhaupt im deutschen Insolvenzrecht und wenn ja, warum? Dies wird getrennt von der dogmatischen Konzeption dieses Grundsatzes geprüft, also der Frage, wie der Gläubigergleichbehandlungsgrundsatz aus rechtlicher Sicht zu behandeln ist. Wenn das deutsche Insolvenzrecht diesen Grundsatz schon nicht beinhaltet, kommt es auf die rechtliche Einordnung auch nicht an. In den Gesetzen der InsO und der KO findet sich der Begriff nämlich in dieser Form nicht. Liest man einige der ersten Lehrbücher zur KO, stellt man fest, dass der Begriff darin ebenfalls nicht verwendet wird.[56] Setzt das Insolvenzrecht also diesen Grundsatz voraus oder handelt es sich um eine bloße Entwicklung der Rechtswissenschaft?

1. Römisches Recht

Auch wenn aus der oft benutzten Formel der par conditio creditorum gefolgert werden könnte, dass der Gläubigergleichbehandlungsgrundsatz dem römischen Recht

56 Z. B. *Hellmann,* Lehrbuch Konkursrecht; *Hellmann,* Reichskonkursrecht; *Wilmowski*, Deutsche Reichkonkursordnung; *Endemann,* Das deutsche Konkursverfahren.

entstammt, ist dies gerade nicht der Fall. Wie oben dargestellt[57], kannte das römische Recht nur die erste Stufe nach dem heutigen Verständnis. Der römische Grundsatz ist somit inhaltlich kürzer gefasst und kann nicht als Geltungsgrundlage für den Gleichbehandlungsgrundsatz des deutschen Insolvenzrechts herangezogen werden.

2. § 1 S. 1 InsO

§ 1 S. 1 InsO weist als Ziel der InsO auf eine „gemeinschaftliche Befriedigung" hin. Deshalb wird diese Regelung oft als Grundlage des Gläubigergleichbehandlungsgrundsatzes angesehen.[58] Daraus kann aber keine Regelung zur Gleichbehandlung bei der Befriedigung gefolgert werden. Diese Formulierung betrifft höchstens die erste Schicht der Chancengleichheit des Gleichbehandlungsgrundsatzes.[59] Zur zweiten Schicht enthält § 1 InsO keinerlei Aussagen, da er nicht das „Wie" der Befriedigung regelt. Zusätzlich ist die Formulierung in § 1 InsO auch insofern unglücklich, als mit Blick auf die Massegläubiger gerade nicht alle Gläubiger gemeinschaftlich befriedigt werden.[60] § 38 InsO definiert den Begriff der Insolvenzgläubiger. In der Vorgängernorm des § 3 Abs. 1 KO war dabei das Wort „gemeinschaftlich" hinsichtlich der Befriedigung der Gläubiger enthalten. Auch wenn man dies nun in § 38 InsO hineinlesen will, folgt daraus aufgrund der gerade zu § 1 InsO dargestellten Gründe keine Regelung des Gleichbehandlungsgrundsatzes. Unmittelbar aus der InsO selbst ergibt sich deshalb keine ausdrückliche positivrechtliche Regelung des Gleichbehandlungsgrundsatzes.[61]

3. Notwendigkeit der Geltung aus Gründen des Verfahrenszweckes

Das Insolvenzverfahren wird als Gesamtvollstreckungsverfahren bezeichnet.[62] Aufgrund der geänderten Zielsetzung der InsO im Gegensatz zur KO – nun steht

---

57 S. oben § 3II.1.

58 So z. B. *Henckel*, in: Jaeger, InsO, § 1 Rn 6 und 38 Rn 1; *Hermreck*, Gläubigergleichbehandlungsgrundsatz, S. 3.

59 So auch *Weiland*, Par conditio creditorum, S. 10.

60 *Henckel*, in: Jaeger, InsO, § 1 Rn 6.

61 *Bauer*, Ungleichbehandlung der Gläubiger, S. 63; zur KO so auch schon *Baur/Stürner*, Insolvenzrecht, Rn 5.36; weitere a.A. dazu dargestellt bei *Weiland*, Par conditio creditorum, S. 10, Fn 7; hinsichtlich des Insolvenzplanverfahrens sprechen §§ 226, 294 InsO zwar von der Gleichbehandlung der Beteiligten bzw. Gläubiger, was jedoch nur speziell für das Insolvenzplanverfahren gilt und daher nicht als Regelung des Gläubigergleichbehandlungsgrundsatzes angesehen werden kann.

62 *Stürner*, in: MünchKomm-InsO, § 1 Rn 1; *Pape*, in: Uhlenbruck, InsO, § 1 Rn 2.

die Sanierung des Schuldners und nicht die Liquidation/Zerschlagung im Vordergrund[63] –, passt dieser Begriff m. E. nicht mehr vollständig. Dies wird auch durch die Einführung des Gesetzes zur erleichterten Sanierung von Unternehmen (ESUG)[64] deutlich, wo die Sanierung durch die Einführung des Schutzschirmverfahrens und der vorläufigen Eigenverwaltung nochmals erheblich aufgewertet wurde.[65] Der Begriff der Vollstreckung wird der Zielsetzung des Verfahrens letztlich nicht gerecht. Unabhängig von der Bezeichnung des Verfahrens ist es aber das entscheidende Kriterium des Insolvenzverfahrens, dass alle Gläubiger des Schuldners in das Verfahren mit einbezogen werden sollen, wenn beim Schuldner ein Insolvenzgrund vorliegt. Das Einzelzwangsvollstreckungsverfahren wird durch dieses Verfahren ersetzt.[66] Es findet nur noch ein einziges Verfahren, nämlich das Insolvenzverfahren, gegen den Schuldner statt. Vor allem aus einem Vergleich zum Einzelzwangsvollstreckungsverfahren zeigt sich die Notwendigkeit der Geltung des Gläubigergleichbehandlungsgrundsatzes im Insolvenzverfahren.

a) Das Einzelzwangsvollstreckungsverfahren und der Prioritätsgrundsatz

Wesentlicher Grundsatz der Einzelzwangsvollstreckung ist der Prioritätsgrundsatz, entsprechend dem Sprichwort: „Wer zuerst kommt, mahlt zuerst"[67]. Der Gläubiger, der seine Forderung am schnellsten durchsetzen kann, wird befriedigt, soweit das Vermögen des Schuldners dafür ausreicht. Die Gläubiger stehen damit nicht nur im Wettbewerb um die Befriedigung ihrer Forderungen, sondern vielmehr in einem Wettrennen gegeneinander. Jeder Gläubiger betreibt das Verfahren dabei für sich alleine.[68] Regelmäßig sind auch nur einzelne Vermögensgegenstände das Ziel der Zwangsvollstreckung.

Das Zwangsvollstreckungsverfahren dient der Durchsetzung eines zuvor im Erkenntnisverfahren erlangten Titels, also eines Anspruchs gegen den Schuldner.[69] Das Prioritätsprinzip ermöglicht dem Gläubiger dabei, seinen Titel möglichst schnell und praktikabel durchzusetzen. Es ist kein gesondertes,

---

63 *Pape,* in: Uhlenbruck, InsO, § 1 Rn 1.

64 Gesetz zur weiteren Erleichterung der Sanierung von Unternehmen v. 27.12.2011, BGBl. I 2011, 2582.

65 *Reischl,* Insolvenzrecht, Rn 3.

66 *Pape/Uhlenbruck/Voigt-Salus,* Insolvenzrecht, Kap. 10 , Rn 4.

67 *Reischl,* Insolvenzrecht, Rn 38; *Welbers,* Prioritätsprinzip und Gleichheitssatz, S. 1; zu den maßgeblichen Regelungen s. *Berger,* ZZP 2008, 407, 408 ff.

68 *Pape/Uhlenbruck/Voigt-Salus,* Insolvenzrecht, Kap. 11, Rn 3.

69 Bzgl. des Zusammenhanges zur Privatautonomie s. *Berger,* ZZP 2008, 407, 411 f.

selbstständiges Verfahren nötig. Rücksicht auf andere Gläubiger muss ebenfalls nicht genommen werden. Auch sind die Ergebnisse der Zwangsvollstreckung regelmäßig absehbar, wenn dem Gläubiger Informationen über seinen Schuldner vorliegen. Das Prioritätsprinzip dient also vorrangig der Verfahrensökonomie sowie der Praktikabilität und der Kalkulierbarkeit des Ergebnisses.[70]

b) Das Insolvenzverfahren und der Gläubigergleichbehandlungsgrundsatz

Im Insolvenzverfahren liegen nun eine andere Situation und eine andere Zielsetzung vor. Der Schuldner kann aus seinem Vermögen nicht mehr alle Gläubiger befriedigen. Er ist zahlungsunfähig, drohend zahlungsunfähig oder überschuldet. Bei unveränderter Fortgeltung des Prioritätsgrundsatzes und des Einzelzwangsvollstreckungsverfahren könnten nur noch wenige bis gar keine Gläubiger ihre Forderungen durchsetzen. Der Schuldner hingegen könnte ungehindert weiterwirtschaften und weitere Gläubiger schädigen. Dies würde in erheblicher Weise den Wirtschaftsverkehr behindern und den sozialen Frieden beeinträchtigen. Ziel des Insolvenzverfahrens ist auch, einen solchen „kranken" Schuldner aus dem Wirtschaftsverkehr herauszuziehen, den sozialen Frieden zu sichern und dadurch die Gläubiger zu schützen.[71] Dies wird erreicht durch eine kontrollierte Abwicklung oder durch eine Sanierung des Schuldners. Das Insolvenzverfahren hat damit eine andere Zielrichtung als das Einzelzwangsvollstreckungsverfahren.

Wie eben festgestellt, sind die Geschädigten des Schuldners seine Gläubiger. Deshalb ist es konsequent, wenn diese für das Insolvenzverfahren herangezogen und beteiligt werden, wo gerade über das gesamte (noch vorhandene) Vermögen des Schuldners entschieden wird. Es geht um deren ausstehenden Forderungen. Das ist aber nur möglich, wenn die deutsche Rechtsordnung das Wettrennen der Gläubiger, das im Einzelzwangsvollstreckungsverfahren herrscht, einstellt. Maßgeblich kann es nicht mehr sein, dass der schnellste Gläubiger alles bekommt, sondern dass alle Gläubiger gemeinsam über den Schuldner und das weitere Vorgehen entscheiden können. Dies dient gerade der Durchsetzung der oben dargestellten Ziele. Im Insolvenzverfahren herrscht das Prinzip der Gläubigerautonomie.[72]

Bisher ist somit festzuhalten, dass mit Eintritt eines Insolvenzgrundes es die Zwecksetzung des Insolvenzverfahrens erfordert, dass (1) alle Gläubiger beteiligt

---

70 *Welbers,* Prioritätsprinzip und Gleichheitssatz, S. 150; zur Bedeutung des Prioritätsprinzips s. auch *Klinck,* Grundlagen der Insolvenzanfechtung, S. 34 ff.

71 *Pape/Uhlenbruck/Voigt-Salus,* Insolvenzrecht, Kap. 10, Rn 6; *Reischl,* Insolvenzrecht, Rn 5 f; *Häsemeyer,* Insolvenzrecht, Rn 2.01.

72 *Pape,* in: Uhlenbruck, InsO, § 1 Rn 3.

werden und dass (2) kein Gläubiger mehr alleine im Rahmen der Einzelzwangsvollstreckung gegen den Gläubiger vorgehen kann. Dies stellt letztlich die erste Schicht des Gläubigergleichbehandlungsgrundsatzes, das Chancengleichheitsprinzip, dar, wie oben schon dargestellt wurde.[73] Der Verfahrenszweck des deutschen Insolvenzrechts bedingt somit diese erste Schicht.

Wie ist es aber nun mit der zweiten Schicht, die regelmäßig als die wichtigere erachtet wird? Alle Gläubiger werden am Verfahren beteiligt. Sie bilden eine Gemeinschaft. Für diese Gemeinschaft werden verschiedene Begriffe gebraucht: So wird die Gemeinschaft der Gläubiger mal als Schicksalsgemeinschaft[74], mal als Interessensgemeinschaft[75] oder auch als Zwangsgemeinschaft[76] bezeichnet. In gewisser Weise ist dabei jede Benennung zutreffend. Alle Gläubiger haben zufällig („Schicksal") denselben Schuldner und verfolgen nun als gemeinsames Ziel die Durchsetzung ihrer Forderungen („Interessen"), was aber letztlich nicht freiwillig erfolgt, sondern nur aufgrund des Insolvenzgrundes beim Schuldner („Zwang"). Wie ist innerhalb dieser Gemeinschaft aber nun das restliche Vermögen des Schuldners aufzuteilen? Aus der Zielsetzung des Insolvenzverfahrens – der Sicherung des sozialen Friedens – bleibt letztlich nur eine Möglichkeit: Das Vermögen muss gleichmäßig an alle Gläubiger verteilt werden. Umgekehrt formuliert, es müssen alle Gläubiger gleichmäßig den Verlust tragen. Wäre dies nicht der Fall, würde die Friedensfunktion nicht erreicht, weil kein Gleichgewicht der Gläubigerinteressen hergestellt werden könnte und die Schutzfunktion ebenfalls nicht gegeben wäre. Weitere Folge wäre, dass sich die Gläubiger wohl auch nicht am Verfahren beteiligen würden. Dies würde wiederum das Prinzip der Gläubigerautonomie zunichtemachen und möglicherweise sogar das Verhältnis der Gläubiger zueinander umkehren, wenn wenige sich beteiligende Gläubiger über das weitere Vorgehen und damit auch über die anderen Gläubiger entscheiden können. Der Grundsatz der gleichmäßigen Verteilung und damit die zweite Schicht des Gläubigergleichbehandlungsgrundsatzes dient im Ergebnis der Sicherung der oben dargestellten Ziele des deutschen Insolvenzrechts. Weshalb nun einigen Gläubigern dabei bessere Befriedigungschancen eingeräumt werden, ist eine andere Frage und an dieser Stelle nicht zu beantworten. Dafür ist von wesentlicher Bedeutung die rechtliche Einordnung des Gläubigergleichbehandlungsgrundsatzes, die anschließend behandelt wird.

---

73 S. oben § 3II.1.

74 *Welbers,* Prioritätsprinzip und Gleichheitssatz, S. 189.

75 *Kuhn/Uhlenbruck,* KO, § 3 Rn 2.

76 *Pluta,* Insolvenzaufrechnung, S. 136; *Weidmüller,* Rückschlagsperre, S. 53.

Ohne die gemeinsame Verlusttragung der Gläubiger kann im Ergebnis das Ziel des Insolvenzverfahrens nicht erreicht werden. Neben den oben genannten Begriffen für die Bezeichnung der Gemeinschaft, die die Gläubiger bilden, ist m. E. daher am treffendsten der Begriff der „proportionalen Verlustgemeinschaft der Gläubiger“[77], um das Verhältnis der Gläubiger zueinander ausreichend zu bezeichnen.

c) Ergebnis

Zusammengefasst ist festzustellen, dass die InsO das Bestehen des Gläubigergleichbehandlungsgrundsatzes voraussetzt, er somit dem deutschen Insolvenzrecht immanent ist.[78] Die konkrete Bezeichnung des Grundsatzes als Gläubigergleichbehandlungsgrundsatz hingegen ist eine Kreation der Rechtswissenschaft, die sich im Laufe der Zeit entwickelt hat. Dieser Grundsatz schafft dabei die Grundlagen zur Wahrung der Verfahrensziele des deutschen Insolvenzrechts. Im Vergleich zum Einzelzwangsvollstreckungsverfahren und des dort geltenden Prioritätsprinzips stellt die Umstellung auf den Gläubigergleichbehandlungsgrundsatz die wesentliche Änderung dar. Festzuhalten ist abschließend allerdings, dass – entgegen des ersten Eindrucks – der Prioritätsgrundsatz nicht völlig verdrängt wird, sondern auch im Insolvenzverfahren an manchen Stellen fort gilt, vor allem im Rahmen der Aus- und der Absonderungsrechte.[79]

IV. Dogmatische Konzeption

Von weiterer wesentlicher Bedeutung ist die rechtliche Behandlung des Gleichbehandlungsgrundsatzes, wobei im Mittelpunkt der Betrachtung vor allem die zweite Schicht, also die Gleichbehandlung der Gläubiger bei der Befriedigung, steht. Insbesondere gilt es auch, die Maßstäbe für die differenzierende Behandlung der Gläubiger im Rahmen der materiellen Gleichbehandlung zu beurteilen.

Schon während der Geltungsdauer der KO haben sich in der Literatur im Wesentlichen zwei Ansichten herausgebildet.[80] Diese versuchen jeweils zu beurteilen, wie

---

77 So auch Reischl, Insolvenzrecht, Rn 38.

78 *Bauer,* Ungleichbehandlung der Gläubiger, S. 63; zur KO so auch schon *Baur/Stürner,* Insolvenzrecht, Rn 5.36; weitere a.A. dazu dargestellt bei *Weiland,* Par conditio creditorum, S. 10, Fn 7.

79 *Klinck,* Grundlagen der Insolvenzanfechtung, S. 38 f.

80 So auch *Weiland,* Par conditio creditorum, S. 1; *Wiórek,* Gleichbehandlung im europ. Insolvenzrecht, S. 80 ff; zur Vollständigkeit sei noch auf die Meinungen von *Berges, Spellenberg* und *Henckel* hingewiesen, die bei der Vergemeinschaftung der

die zweite Schicht im Allgemeinen zu verstehen ist, wo sie also ihren Ursprung findet und wie Ausnahmen von der gleichmäßigen, proportionalen Befriedigung gerechtfertigt werden können. Die Ansichten können mit den folgenden zwei Schlagwörtern bezeichnet werden: Der einen Ansicht nach enthält der Gleichbehandlungsgrundsatz in seiner zweiten Schicht ein bloßes *Verteilungsprinzip*[81], der anderen Ansicht zu Folge – ausgehend von *Häsemeyer* – beinhaltet diese Schicht eine *Ausgleichshaftung* zwischen den Gläubigern.[82]

In seiner Dissertation zur Ungleichbehandlung der Gläubiger im geltenden Insolvenzrecht hat sich *Bauer* ebenfalls mit der Herleitung des Gleichbehandlungsgrundsatzes auseinander gesetzt und einen eigenen Lösungsweg entwickelt.[83] Auch *Weidmüller* hat sich diesem Thema gewidmet.[84] Da es sich hierbei um aktuelle Aufarbeitungen des Themas handelt und gerade unter Geltung der InsO entwickelt wurden, sollen diese Ansichten im Folgenden ebenfalls untersucht werden.[85]

1. Die Theorie der Ausgleichshaftung nach Häsemeyer

Ausgangspunkt für die Ansicht *Häsemeyers* ist das Verhältnis der Insolvenzgläubiger zu einander. Aus diesem Innenverhältnis folgert er eine wechselseitige (Ausgleichs-) Haftung der Insolvenzgläubiger[86] untereinander für ihre Forderungen bzw. für ihre

---

Gläubigerrechte ansetzen, sowie von *Schmidt (Reinhard)* und *Wiringer-Seiler*, die mittels einer fiktiven Zustimmung der Gläubiger arbeiten, zusammengefasst bei *Füßmann,* Auswirkungen des reformierten Insolvenzanfechtungsrechts, S. 38 ff; diese Ansichten werden in der Literatur – soweit ersichtlich - jedoch heute kaum mehr weiter behandelt.

81 *Baur/Stürner,* Insolvenzrecht, Rn 5.36 f; *Wiórek,* Gleichbehandlung im europ. Insolvenzrecht, S. 81; *Weiland,* Par conditio creditorum, S. 13; danach kann diese Ansicht wohl als h.M. bezeichnet werden.

82 *Häsemeyer*, KTS 1982, 507, 515; *Smid,* Praxishandbuch Insolvenzrecht, § 1 Rn. 25; dem auch folgend *Bauer,* Ungleichbehandlung der Gläubiger, S. 71.

83 *Bauer,* Ungleichbehandlung der Gläubiger, S. 63 ff; s. dazu auch *Bauer*, ZInsO 2008, 119, 123 sowie *Bauer*, ZInsO 2010, 1432, 1435.

84 *Weidmüller,* Rückschlagsperre, S. 25 ff.

85 In der ebenfalls jungen Dissertation von *Pluta,* Insolvenzaufrechnung spricht er im Rahmen des Gleichbehandlungsgrundsatzes zwar von einer ökonomischen Theorie, allerdings scheint diese keine Herleitung des Gleichbehandlungsgrundsatzes sondern nur die Rechtfertigung der Insolvenzaufrechnung zu enthalten, weshalb nicht weiter darauf eingegangen wird.

86 Massegläubiger sind von der Ausgleichshaftung nicht umfasst, *Häsemeyer*, KTS 1982, 507, 538 ff; im Folgenden sind deshalb mit dem Begriff „Gläubiger“ stets die Insolvenzgläubiger gemeint.

Verluste.[87] Diese Ausgleichshaftung ergibt sich daraus, dass sich alle Gläubiger „*wechselseitig ihren Einfluß auf die Rechts- und Haftungsverhältnisse des Gemeinschuldners vorhalten*“[88] können. Das Maß ihres Einflusses richtet sich dabei nach der Höhe der jeweiligen Forderung.[89] Das wechselseitige Vorhalten des Einflusses wirkt sich wie folgt aus: Weil jeder Gläubiger aufgrund seiner Forderungen gegen den Schuldner auch Einfluss auf die anderen Gläubiger bzw. auf deren Forderungen ausübt, indem das Vermögen des Schuldners betroffen ist, haftet er mit seiner Forderung für die Befriedigung der Forderungen der anderen Gläubiger aus der Insolvenzmasse.[90] Diese Haftung hat zur Folge, dass die Gläubiger im Innenverhältnis wechselseitig auf ihre Forderungen in gewisser Höhe verzichten müssen, damit alle Gläubiger aus der Insolvenzmasse befriedigt werden können. Jeder Gläubiger soll also mit seiner Forderung für einen ausreichenden Ausgleich der anderen Forderungen haften („Ausgleichshaftung“).[91] Im Ergebnis würden damit alle Gläubiger nach dem Einfluss ihrer Forderungen quotal gleichmäßig befriedigt.

Wie oben bereits angesprochen, gibt es keine klassenlose Insolvenz.[92] Das wird auch von *Häsemeyer* so gesehen, da er Privilegierungen für grundsätzlich möglich hält. Diese Problematik diskutiert er unter dem Schlagwort der *Enthaftung*. Liegt demnach ein besonderer Enthaftungsgrund vor, kann der Gläubiger aus der Ausgleichshaftung entlassen werden.[93] Ein solch besonderer Enthaftungsgrund ist gegeben, wenn besondere Umstände vorliegen, die die Ausgleichshaftung der übrigen Gläubiger zurücktreten lässt. Letztlich sei dies aber nur bei der Erfüllung vor Insolvenzeröffnung der Fall.[94] Insbesondere das Vorrecht der öffentlichen Hand finde danach keinen tauglichen Enthaftungsgrund, da Steuerforderungen keine Gegenleistung enthalten und das Vermögen des Schuldners damit ausschließlich schmälern.[95] Zu erwähnen ist noch, dass *Häsemeyer* am

---

87 *Häsemeyer*, KTS 1982, 507, 515 ff.

88 *Häsemeyer*, KTS 1982, 507, 517.

89 *Häsemeyer*, KTS 1982, 507, 529; *Klinck*, Grundlagen der Insolvenzanfechtung, S. 59.

90 *Häsemeyer*, KTS 1982, 507, 528.

91 *Pluta*, Insolvenzaufrechnung, S. 134; *Häsemeyer*, KTS 1982, 507, 528 f; *Berger*, ZZP 2008, 407, 413.

92 S. oben § 3I.1.

93 *Häsemeyer*, KTS 1982, 507, 529 und 558 ff.

94 *Häsemeyer*, KTS 1982, 507, 559 ff; *Pluta*, Insolvenzaufrechnung, S. 135; *Weiland*, Par conditio creditorum, S. 306.

95 *Häsemeyer*, KTS 1982, 507, 569.

Ende seiner Untersuchung eine detaillierte Enthaftungsordnung entwickelt, die eine Reihenfolge der Befriedigung enthält.[96]

Zusammengefasst in Bezug auf die dogmatische Herleitung des Gleichbehandlungsgrundsatzes entnimmt *Häsemeyer* den Gleichbehandlungsgrundsatz alleine dem Privatrecht, genauer gesagt der privatrechtlichen ausgleichenden Gerechtigkeit.[97] Daraus ergibt sich auch der Maßstab der Enthaftungsgründe: Allein privatrechtliche Gründe können nach dieser Ansicht Privilegierungen rechtfertigen. Sozial-, wirtschafts- oder finanzpolitische Gründe werden nicht zugelassen, da gerade nur auf das Verhältnis der Gläubiger untereinander abgestellt wird.[98]

2. Das Verteilungsprinzip als Billigkeitsgrundsatz (gefolgert aus Art. 3 Abs. 1 GG)

Die wohl überwiegende Ansicht in der Literatur geht einen anderen Weg. Würde man nach der Herleitung des Gläubigergleichbehandlungsgrundsatzes fragen, so dürfte aufgrund des dort enthaltenen Begriffes der Gleichbehandlung zu allererst der in Art. 3 Abs. 1 GG enthaltene Gleichheitsgrundsatz damit verbunden werden. Dies ist auch der Ansatzpunkt der nun darzustellenden Ansicht: Danach ist der Grundsatz der Gleichbehandlung ein bloßer Billigkeitsgrundsatz.[99] Die Gleichbehandlung der Gläubiger folge deshalb aus reinen

---

96 *Häsemeyer*, KTS 1982, 507, 573 f: Demnach sind zuerst die Verfahrenskosten nach der jeweiligen Kostenquote abzuziehen, anschließend sollen vollständig Forderungen aus körperlicher Schädigung getilgt werden, an dritter Stelle werden die Immobiliarsicherheiten behandelt (Auskehr von 80 % der Forderungsbeträge oder des Erlöses, woraus dann aber nicht nur die gesicherten Gläubiger sondern auch die unfreiwilligen Insolvenzgläubiger aus Delikt und Eingriffskondiktion befriedigt werden sollen), an vierter Stelle Lohnforderungen zu 50 % (aber höchstens zu 50 % des Wertes der verbleibenden Konkursmasse) und schließlich alle übrigen Forderungen nach deren Verhältnis der Forderungsbeträge.

97 *Häsemeyer*, Insolvenzrecht, Rn 2.19; *Gassert-Schumacher*, Privilegien in der Insolvenz, S. 326; *Wiórek*, Gleichbehandlung im europ. Insolvenzrecht, S. 82.

98 *Häsemeyer*, KTS 1982, 507, 516; *Häsemeyer*, Insolvenzrecht, Rn 2.19; *Gassert-Schumacher*, Privilegien in der Insolvenz, S. 327.

99 Ausgehend von *Baur/Stürner*, Insolvenzrecht, Rn 5.36; aber auch schon Gemeinschuldordnung, S. 326: „(...) *eine jede Forderung gegen die andere auf die Waage der Billigkeit zu legen* (...)“; *Hellmann*, Reichskonkursrecht, S. 716, sieht die Wurzeln der Idee des „*gemeinschaftlichen Bewerb(s) der Gläubiger um Befriedigung aus dem Schuldnervermögen*“ ebenfalls in der Billigkeitsidee.

Gerechtigkeits- und Billigkeitserwägungen, die sich im Rahmen der Verteilung widerspiegeln („Verteilungsprinzip").[100] Der für den Gleichheitssatz typische Grundwiderspruch sei ebenso beim Gläubigergleichbehandlungsgrundsatz enthalten: Gleiches muss gleich und Ungleiches muss ungleich behandelt werden.[101] Daraus ergebe sich unmittelbar nicht nur ein Gebot zur Gleichbehandlung, sondern außerdem ein Gebot zur Differenzierung zwischen den Gläubigern, was letztlich wiederum zu Privilegierungen einzelner Gläubiger führt.[102] Deshalb wird der Gleichbehandlungsgrundsatz i. V. m. dem Gleichheitssatz des Art. 3 Abs. 1 GG behandelt und als Willkürverbot verstanden.[103] Zur ordnungsgemäßen Beurteilung dieser Differenzierungen kann deshalb auf die zum Willkürverbot des Art. 3 Abs. 1 GG entwickelten Grundsätze zurückgegriffen werden. Dabei sind stets die wesentlichen insolvenzrechtlichen Prinzipien, wie z. B. das Ziel der bestmöglichen Befriedigung der Gläubiger, zu beachten und in die Abwägung mit einzubeziehen.[104] Zusammengefasst handelt es sich nach dieser Ansicht um ein Verteilungsprinzip, das aus Art. 3 Abs. 1 GG abgeleitet wird.

Wesentlicher Unterschied zur Ansicht von *Häsemeyer* ist der Ausgangspunkt der Betrachtungen: *Häsemeyer* stellt auf das Verhältnis zwischen den Insolvenzgläubigern ab, hier hingegen ist der Blick auf das Verhältnis zwischen der Gläubigergesamtheit, der Insolvenzmasse und dem Schuldner gerichtet, weshalb die Verteilung im Vordergrund steht und nicht die Haftung.[105]

---

100 *Weiland,* Par conditio creditorum, S. 303; *Wiórek,* Gleichbehandlung im europ. Insolvenzrecht, S. 80 ff; a.A. wohl *Berger,* ZZP 2008, 407, 414 der von einem rein verfahrensrechtlichen Verteilungsprinzip ausgeht.

101 So schon BVerfG Urt. v. 23.10.1951 – 2 BvG 1/51, BVerfGE 1, 14, 52; BVerfG Urt v. 5.04.1952 – 2 BvH 1/52, BVerfGE 1, 208, 247; BVerfG Urt. v. 16.03.1955 – 2 BvK 1/54, BVerfGE 4, 144, 155; zu der Anwendung auf den Gleichbehandlungsgrundsatz: *Baur/Stürner,* Insolvenzrecht, Rn 5.36; *Stürner*, in: MünchKomm-InsO, Einl Rn 62; *Weiland,* Par conditio creditorum, S. 303; *Pape/Uhlenbruck/Voigt-Salus,* Insolvenzrecht, Kap. 12, Rn 10.

102 *Baur/Stürner,* Insolvenzrecht, Rn 5.37.

103 *Wiórek,* Gleichbehandlung im europ. Insolvenzrecht, S. 81.

104 *Füßmann,* Auswirkungen des reformierten Insolvenzanfechtungsrechts, S. 45 f; *Wiórek,* Gleichbehandlung im europ. Insolvenzrecht, S. 81.

105 *Weiland,* Par conditio creditorum, S. 304; *Wiórek,* Gleichbehandlung im europ. Insolvenzrecht, S. 82.

3. Die Ansicht von Bauer

Bauer verwertet bei seiner dogmatischen Herleitung die Ansatzpunkte von *Häsemeyer* sowie allgemein geltende Grundsätze. Die Beurteilung als Billigkeitsgrundsatz lehnt er ab.[106]

Mit seinen eigenen Worten zusammengefasst leitet er den Gleichbehandlungsgrundsatz als materielles Verteilungsprinzip

- *„aus einer entsprechenden, von den Gläubigern als Teilnehmern des Wirtschaftslebens bei der Kreditierung des Schuldners konkludent getroffenen gemeinsamen Vorausvereinbarung,*
- *der durch die Begründung, Sicherung oder Befriedigung einer Forderung ausgeübten Einflussnahme des Gläubigers auf das Schuldnervermögen mit der Konsequenz wechselseitiger Ausgleichshaftung aller Gläubigerforderung und*
- *aus der allen Gläubigern gleichsam und gleichzeitig zu gewährenden Garantie des Eigentums und des effektiven Rechtsschutzes aus Art. 14 Abs. 1 GG“*[107] ab.

Die konkludente Vorausvereinbarung folgert er dabei aus der Funktion der Marktwirtschaft, die wechselseitige Ausgleichshaftung ist angelehnt an *Häsemeyer* und mit Art. 14 GG i. V. m. dem Gebot effektiven Rechtsschutzes greift er auf allgemeine Rechtsgrundsätze der deutschen Rechtsordnung zurück.[108] Er entwickelt den Grundsatz aus einzelnen Ansätzen, wobei er aber deutlich von der Ansicht *Häsemeyers* beeinflusst ist.

Dies zeigt sich auch an den herangezogenen Rechtfertigungsgründen für Privilegierungen: *Bauer* stellt ebenfalls auf die zivilrechtliche Haftungsordnung ab und lässt demnach wie *Häsemeyer* nur privatrechtliche Enthaftungsgründe zu. Allgemein politische Gründe wie fiskal- oder sozialpolitische Erwägungen können danach Privilegierungen nicht rechtfertigen.[109] Nicht vollständig klar wird in seinen Ausführungen, ob er für seine Überlegungen auch denselben Ausgangspunkt wie *Häsemeyer* wählt, nämlich die Betrachtung lediglich des Verhältnisses der Insolvenzgläubiger untereinander. Aufgrund der Nähe zu dieser Ansicht und

---

106 *Bauer*, Ungleichbehandlung der Gläubiger, S. 66 f; *Bauer*, ZInsO 2008, 119, 123.
107 *Bauer*, Ungleichbehandlung der Gläubiger, S. 81; Unterstreichungen und Gliederung wurden zwecks besserer Lesbarkeit hinzugefügt.
108 *Bauer*, Ungleichbehandlung der Gläubiger, S. 69 f.
109 *Bauer*, Ungleichbehandlung der Gläubiger, S. 129.

des Abstellens auf Art. 14 GG, was im Falle der Insolvenz gerade das Privateigentum betrifft, ist allerdings davon auszugehen.

Letztlich stellt sich m. E. diese Diskussion als Weiterentwicklung der Ansicht von *Häsemeyer* dar. Sie wird lediglich um zwei zusätzliche Ansatzpunkte ergänzt.

4. Die Ansicht von Weidmüller

Die Dissertation von *Weidmüller* enthält den wohl aktuellsten Versuch seit Inkrafttreten der InsO, sich mit einer dogmatischen Herleitung des Gläubigergleichbehandlungsgrundsatzes auseinanderzusetzen.[110] *Weidmüller* lehnt sowohl die Behandlung als Billigkeitsgrundsatz als auch die Theorie der Ausgleichshaftung ab. Sie begründet den Grundsatz damit, dass die Gläubiger „(…) *ab Verfahrenseröffnung auf Grund der gesetzgeberischen Entscheidung in eine Zwangsgemeinschaft treten*"[111]. Folge dieser Zwangsgemeinschaft, die zugleich eine Interessensgemeinschaft ist, sei die Geltung dieses Grundsatzes, da er solchen privatrechtlichen Gemeinschaftsverhältnissen immanent ist, wobei Differenzierungen innerhalb der Gemeinschaft gerade zulässig sein sollen.[112] Auch nach der Ansicht von *Weidmüller* stammt der Gläubigergleichbehandlungsgrundsatz damit wohl alleine aus dem Privatrecht, was allerdings aus den Ausführungen nicht völlig klar wird.

5. Bewertung

a) Behandlung als Verteilungsprinzip nach den Grundsätzen von Art. 3 Abs. 1 GG

Gegen die Behandlung des Gleichbehandlungsgrundsatzes als Verteilungsprinzip beruhend auf dem Billigkeitsgrundsatz wird z. B. vorgebracht, dass die Rechtfertigungsgründe „*indifferent*"[113] seien oder „*beinahe beliebig*"[114] sein können. Dadurch verliere der Gleichbehandlungsgrundsatz nahezu an jeglicher Kontur.[115] Diesen Aussagen ist insofern zuzustimmen, als Art. 3 GG ein schwer fassbares Grundrecht ist, was dem Billigkeitsgedanken immanent ist. Die Rechtsprechung

110 *Weidmüller*, Rückschlagsperre, S. 25 ff.
111 *Weidmüller*, Rückschlagsperre, S. 53.
112 *Weidmüller*, Rückschlagsperre, S. 53.
113 *Häsemeyer*, Insolvenzrecht, Rn 2.25.
114 *Bauer*, Ungleichbehandlung der Gläubiger, S. 67.
115 *Bauer*, Ungleichbehandlung der Gläubiger, S. 67; *Weidmüller*, Rückschlagsperre, S. 42.

hat jedoch Strukturen dazu geschaffen, die Art. 3 Abs. 1 GG als Billigkeitsgrundsatz fassbar gemacht haben und daher eine Überprüfung ermöglichen.[116] Deshalb sind diese Vorwürfe zurückzuweisen.

Den Kritikern ist auch zuzugestehen, dass sich bei der Behandlung des Gleichbehandlungsgrundsatzes nach Art. 3 Abs. 1 GG für den Verteilungsmaßstab und damit auch für die Rechtfertigung von Privilegierungen stets objektiv sachliche Gründe finden lassen.[117] Das ist im Gleichheitssatz gerade so angelegt. Ob diese Gründe dann auch tatsächlich zur Rechtfertigung führen, bedarf einer anderen Beurteilung. Es hat stets eine detaillierte Abwägung stattzufinden, die auch gerichtlich überprüfbar ist und wo insbesondere die insolvenzrechtlichen Grundsätze und Besonderheiten einzufließen haben.[118] Dadurch wird gerade verhindert, dass beliebige Gründe zur Rechtfertigung führen. Das wird von dieser Ansicht übersehen.

b) Die Ansichten von Häsemeyer und Bauer

Es wird kritisiert, dass bei diesem rein privatrechtlichen Ansatz die Begründung des Innenverhältnisses der Gläubiger nicht überzeugt, woraus schließlich die Ausgleichshaftung gefolgert wird: Dieses Innenverhältnis sei letztlich rein zufällig und gleiche damit eher einem „*Zwangskollektiv der Gläubigergemeinschaft*“[119]. Darin finde sich somit ein gewisser Widerspruch, aus einem zufälligen und für die Gläubiger unausweichlichem Konstrukt eine privatrechtliche Beurteilung abzuleiten, wo gerade oberster Grundsatz des Privatrechts der der Privatautonomie ist.[120] Dieser Widerspruch ist aber – wie oben bereits dargelegt – wesentlicher Inhalt des Chancengleichheitsprinzips; der Grundsatz der Privatautonomie wird gerade durch die eigene Haftungsordnung des Insolvenzrechts überlagert, sodass er nicht mehr als Gegenargument herangezogen werden kann.[121] Die Gläubiger befinden sich ab der Insolvenz des Insolvenzschuldners in einer Gemeinschaft, wobei es keine

---

116 Diese werden im Rahmen der Rechtfertigungsprüfung dargestellt.

117 *Bauer*, Ungleichbehandlung der Gläubiger, S. 67.

118 Genauer dazu später unter § 9I.1.b) .

119 *Pluta*, Insolvenzaufrechnung, S. 136.

120 Auch nach *Pluta*, Insolvenzaufrechnung, S. 136 kann deshalb kein vor-insolvenzrechtliches Innenverhältnis zwischen den Gläubigern begründet werden; s. dort auch noch weitere Argumente gegen die Ansicht der Ausgleichshaftung; krit. ebenfalls *Klinck*, Grundlagen der Insolvenzanfechtung, S. 60 ff, sowie *Berger*, ZZP 2008, 407, 414.

121 S. dazu oben § 3II.1

Rolle spielt, ob man diese Gemeinschaft nun als Zwangskollektiv oder als Schicksalsgemeinschaft bezeichnet. Diese Gemeinschaft hat immer dieselbe Folge: In ihr gilt eine eigene Haftungsordnung, aufgrund derer die Gläubiger Eingriffe in ihre Rechtspositionen hinnehmen müssen. Aufgrund dieser Gemeinschaft stehen den Gläubigern aber auch besondere Rechte zur Teilnahme am Verfahren, z. B. in der Gläubigerversammlung oder im Gläubigerausschuss zu. Diese Begründung des Innenverhältnisses durch *Häsemeyer* überzeugt damit im Ergebnis.

Anders ist es hingegen bei der allein privatrechtlichen Beurteilung vor allem auch der Enthaftungsgründe, die *Häsemeyer* und *Bauer* vornehmen. Dabei wird übersehen, dass das Zivilrecht nicht isoliert betrachtet werden kann. Es ist gerade Teil des gesamten deutschen Rechtssystems. Dadurch nimmt sowohl das Privatrecht Einfluss auf andere Teile des deutschen Rechts, aber auch umgekehrt.[122] Andere, vor allem rechtsstaatliche Betrachtungen außer Acht zu lassen wird dem nicht gerecht. Bei *Bauer* fließen zwar in die Behandlung solche Erwägungen grundsätzlich mit ein, dennoch lässt er für die Rechtfertigung der Privilegierungen alleine privatrechtliche Gründe zu. Damit gilt auch für diese Ansicht das Gesagte.

In diesem Zusammenhang ist weiter auf die von *Häsemeyer* erstellte Enthaftungsordnung einzugehen. Der dazu bereits ergangenen Kritik ist darin zuzustimmen, dass diese (Teil-) Enthaftungen in der Praxis kaum durchführbar sind und die Enthaftungsordnung auch selbst einer willkürlichen Behandlung vor allem hinsichtlich der festgesetzten Prozentzahlen unterliegt.[123] Damit finden sich auch bei diesem Ansatz Billigkeitsgedanken wieder, obwohl diese eigentlich gerade ausgeschlossen werden sollten.[124]

Die Beurteilung des Gläubigergleichbehandlungsgrundsatzes als Ausgleichshaftung weist somit gewisse Schwachstellen auf.

c) Die Ansicht von Weidmüller

Die Ansicht *Weidmüllers* ist zu kurz gefasst, auch wenn sie diese Zwangsgemeinschaft gerade bejaht. Zunächst stellt sie ausdrücklich klar, dass die Zwangsgemeinschaft erst ab Verfahrenseröffnung besteht. Damit bleibt aber offen, ob und

---

122 So auch *Gassert-Schumacher,* Privilegien in der Insolvenz, S. 328.

123 *Weiland,* Par conditio creditorum, S. 307; *Füßmann,* Auswirkungen des reformierten Insolvenzanfechtungsrechts, S. 44; *Klinck,* Grundlagen der Insolvenzanfechtung, S. 60 f; *Wiórek,* Gleichbehandlung im europ. Insolvenzrecht, S. 88.

124 *Füßmann,* Auswirkungen des reformierten Insolvenzanfechtungsrechts, S. 44; s. dort auch noch weitere Gegenargumente bzgl. der Ausgleichshaftung mit Blick auf das Insolvenzanfechtungsrecht.

wie sich die Wirkung des Gläubigergleichbehandlungsgrundsatzes auch in das Vorfeld der Insolvenzeröffnung (z. B. im Rahmen der Anfechtung) entfaltet. Dass eine solche Vorwirkung alleine einem privatrechtlichen Grundsatz zugesprochen werden kann, scheint zweifelhaft. Ebenso ist unklar, anhand welcher Maßstäbe Differenzierungen innerhalb der Gläubiger zu beurteilen sind. Zusätzlich könnten Eingriffe des Gesetzgebers in die unterschiedlichen Behandlungen der Gläubiger letztlich wohl nicht verhindert werden, wenn man nur die Interessensgemeinschaft als Ausgangspunkt wählt.

d) Bedeutung des Verfassungsrechts

Wie bereits dargestellt, behandeln die Vertreter der Theorie der Ausgleichshaftung und *Weidmüller* den Gläubigergleichbehandlungsgrundsatz als ein privatrechtliches Prinzip und wollen jegliche öffentlich-rechtliche Wertungen ausschließen. Dabei ist Folgendes zu berücksichtigen, was sehr deutlich gegen die Behandlung als rein privatrechtliches Prinzip spricht: Änderungen in der InsO können nicht nur gegen den Gläubigergleichbehandlungsgrundsatz sondern auch gegen weitere Grundrechte verstoßen. Die Verfassung und die Grundrechte sind die obersten Grundsätze in der deutschen Rechtsordnung und daran muss sich jedes Gesetz und jeder Paragraph messen lassen.[125] Auch wenn das Insolvenzrecht eine eigene Haftungsordnung darstellt, muss es sich dennoch dem Verfassungsrecht unterordnen und daran prüfen lassen. Das Insolvenzrecht ist eine besondere Haftungsordnung des Privatrechts, das dem Verfassungsrecht gerade untersteht. Nimmt man nun für den Gleichbehandlungsgrundsatz einen eingeschränkten privatrechtlichen Rechtfertigungsmaßstab an, wäre das mit der Prüfung weiterer Grundrechte nicht vereinbar. Dort würde ein anderer Prüfungsmaßstab gelten, nämlich ein umfassender, sodass am Ende doch weitere Rechtfertigungsgründe zu prüfen sind. Das Privatrecht kann eben gerade den Prüfungsmaßstab der Grundrechte als oberste Normen der deutschen Rechtsordnung nicht einschränken.[126]

6. Stellungnahme

Die Ansicht von *Weidmüller* überzeugt am Wenigsten. Wesentliche Punkte, vor allem die Wirkung der Insolvenz in die Zeit vor der Eröffnung des Verfahrens,

---

125 *Degenhart,* Staatsrecht I, Rn 15; *Pieroth/Schlink,* Staatsrecht II, Rn 91; *Pape/Uhlenbruck/Voigt-Salus,* Insolvenzrecht, Kap. 11, Rn 1.

126 *Degenhart,* Staatsrecht I, Rn 15; weitere Ausführungen dazu bei Art. 14 GG.

lassen sich nach dieser Ansicht nicht klären. Diese Ansicht wird daher im Folgenden nicht näher behandelt.

Die Ansichten von *Häsemeyer* und von *Bauer* überzeugen hinsichtlich der Begründung des Innenverhältnisses der Gläubiger. Aufgrund dieser angenommenen Gemeinschaft der Gläubiger kann erst eine eigene Haftungsordnung entstehen. Die Gläubiger haben dabei auch gegenüber einander Rechte und Pflichten und haften gemeinsam für den entstandenen Schaden. Diese Schicksalsgemeinschaft ist Grundlage des Insolvenzrechts und beherrscht das gesamte Verfahren. Damit ist sie auch Grundlage für die Eingriffe in die Rechte der Gläubiger und für die Erarbeitung von Lösungen, um den Rechten und Pflichten der Gläubiger gerecht zu werden.

Allerdings werden diese beiden Ansichten m. E. den notwendigen Anforderungen des Gläubigergleichbehandlungsgrundsatzes mit Blick auf etwaige Rechtfertigungsgründe bei Eingriffen nicht gerecht, was einen wesentlichen Nachteil dieser Ansichten darstellt. Der nur privatrechtliche Ansatz und die Rechtsfertigungsmöglichkeit allein aufgrund von privatrechtlichen Gründen reichen nicht aus. Dies lässt nicht nur wesentliche Gründe außer Acht, sondern ist mit dem Verfassungsrecht nicht vereinbar. Gerade als eigene Haftungsordnung muss sich auch das Insolvenzrecht am Verfassungsrecht messen lassen.

Die Beurteilung anhand von Art. 3 Abs. 1 GG ermöglicht hingegen diese umfassende Prüfung von Eingriffen und deren Rechtfertigungsgründe. Dadurch wird das Verfassungsrecht zur Geltung gebracht und die Stellung des Insolvenzrechts im Gefüge der deutschen Rechtsordnung deutlich. Wie oben dargestellt, hat die Rechtsprechung inzwischen auch klare Strukturen zur Prüfung des Art. 3 Abs. 1 GG herausgearbeitet, sodass eine ausreichende Prüfung, die nicht allein auf Billigkeitsgedanken beruht, gewährleistet ist.

Problematisch ist bei dieser Ansicht allerdings, wie den insolvenzrechtlichen Grundsätzen und Besonderheiten Rechnung getragen wird. Zwar wird festgestellt, dass diese in die Bewertung des Gläubigergleichbehandlungsgrundsatzes einzufließen haben, aber es wird nicht klargestellt wie genau dies erfolgt. Damit ergeben sich gewisse Unsicherheiten, da nicht klar vorgegeben wird, nach welchen Maßstäben oder wesentlichen Grundsätzen dem Insolvenzrecht Rechnung zu tragen ist.

Wie gerade dargestellt, enthalten gerade die Ansätze von *Häsemeyer* und *Bauer* die wesentlichen Grundlagen des Insolvenzrechts. Nur anhand der Schicksalsgemeinschaft der Gläubiger lassen sich die Eingriffe in die Rechte der Gläubiger rechtfertigen und weitere Lösungen für das Insolvenzverfahren herleiten. Die Schicksalsgemeinschaft und die daraus abzuleitenden Folgen sind damit die wesentlichen Grundsätze und Besonderheiten des Insolvenzrechts, die in jede Bewertung einzufließen haben.

M. E. lassen sich diese beiden Begründungsansätze des Gläubigergleichbehandlungsgrundsatzes verbinden. Die Bewertung nach Art. 3 Abs. 1 GG bringt den Rahmen und den Umfang der Prüfung des Gläubigergleichbehandlungsgrundsatzes. Er ist als besondere Ausprägung des Art. 3 Abs. 1 GG anzusehen. Für die Prüfung, insbesondere für den Prüfungsaufbau, wird deshalb auf die zu Art. 3 Abs. 1 GG entwickelte Dogmatik zurückgegriffen. Den wesentlichen Grundsätze und Besonderheiten des Insolvenzrechts, die auch nach dem Verteilungsprinzip zu beachten sind, wird hingegen dadurch Rechnung getragen, indem man die Ansätze von *Häsemeyer* und *Bauer* heranzieht und die Lösungen für Eingriffe in Rechte in der Gläubigergemeinschaft sucht. Diese Schicksalsgemeinschaft überlagert die Privatautonomie und ist dadurch für der Beurteilung von Eingriffen in Rechte der Gläubiger ein maßgeblicher Punkt.

V. Ergebnis

Der Gläubigergleichbehandlungsgrundsatz ist wesentlicher Grundsatz im deutschen Insolvenzrecht, der aus zwei Schichten besteht. Dabei wird bei Benutzung des Begriffes überwiegend die zweite Schicht dieses Grundsatzes, nämlich die Gleichbehandlung im Rahmen der Befriedigung der Gläubiger, gemeint. Seine Grundlage und Berechtigung findet er im Verfahrenszweck des Insolvenzrechts. Vor allem die aufgrund der Insolvenz entstehende Schicksalsgemeinschaft ist für die Gläubiger von Bedeutung. Der Gläubigergleichbehandlungsgrundsatz stellt eine besondere Ausprägung des Art. 3 Abs. 1 GG dar. Den wesentlichen Grundsätze und Besonderheiten des Insolvenzrechts ist in diesem Rahmen stets Rechnung zu tragen. Vor allem bei der Beurteilung, ob Eingriffe in den Gläubigergleichbehandlungsgrundsatz gerechtfertigt werden können, ist die Schicksalsgemeinschaft der Gläubiger entscheidend und ist stets in die Beurteilung mit einzubeziehen.

Zweiter Abschnitt: Der Weg vom Fiskusvorrecht der KO über die fiskusvorrechtsfreie Zeit der InsO hin zu den Bemühungen um die erneute Wiedereinführung des Vorrechts

§ 4 Die (Fiskus-) Vorrechte der Konkursordnung

Ausgangspunkt der Vorrechte der Konkursordnung (KO) ist § 61 KO. Außerhalb der KO gab es daneben weitere Vorrechte wie § 35 Abs. 1 S. 1 HypBankG, § 77 Abs. 3 VAG oder § 32 DepotG, die dem § 61 KO vorgingen[127]. Um die historischen Grundlagen und die weitere Entwicklung des Insolvenzvorrechts beurteilen zu können, wird zunächst § 61 KO und dessen Folgen für das deutsche Konkursrecht dargestellt, bevor die Aufnahme der Vorrechte in die KO behandelt wird. Besonderes Augenmerk wird dabei auf das Vorrecht des Fiskus gelegt.

I. Allgemeines zu § 61 KO

§ 61 KO in seiner Fassung vom 20. Februar 1985 lautete[128]:

> *(I) Die Konkursforderungen werden* ***nach folgender Rangordnung*** *berücksichtigt:*
> *1. wegen der Rückstände für das letzte Jahr vor der Eröffnung des Verfahrens oder dem Ableben des Gemeinschuldners die Forderungen*
> *a. der Arbeitnehmer auf die Bezüge aus einem Arbeitsverhältnis mit dem Gemeinschuldner, der im Rahmen betrieblicher Berufsbildung Beschäftigten auf die Bezüge aus einem Berufsbildungsverhältnis mit dem Gemeinschuldner sowie der in Heimarbeit Beschäftigten und der*

127 *Hess,* Kommentar zur KO, § 61 Rn 10; es handelt sich hierbei um „besondere Vorrechte", die ausschließlich in Spezialgesetzen geregelt sind und die allen Konkursforderungen vorgehen, *Kuhn/Uhlenbruck,* KO, § 61 Rn 8 ff.

128 § 61 KO wurde zuletzt durch das *Gesetz über den Sozialplan im Konkurs- und Vergleichsverfahren* v. 20.02.1985, BGBl. I 1985, 369 geändert; Hervorhebungen hinzugefügt.

ihnen Gleichgestellten auf die Bezüge aus einem Beschäftigungsverhältnis mit dem Gemeinschuldner,

b. *der Arbeitnehmer auf Entschädigung aus einer Wettbewerbsabrede mit dem Gemeinschuldner,*

c. *der Handelsvertreter auf Vergütung einschließlich Provision gegen den Gemeinschuldner, sofern diese Handelsvertreter zu dem Personenkreis gehören, für den nach § 92 a des Handelsgesetzbuchs die untere Grenze der vertraglichen Leistungen des Unternehmers festgesetzt werden kann, und ihnen während der letzten sechs Monate des Vertragsverhältnisses, bei kürzerer Vertragsdauer während dieser, im Durchschnitt monatlich nicht mehr als tausend Deutsche Mark an Vergütung einschließlich Provisionen und Ersatz für im regelmäßigen Geschäftsbetrieb entstandene Aufwendungen zugestanden haben oder noch zustehen,*

d. *der Berechtigten auf Leistungen aus einer betrieblichen Altersversorgung gegen den Gemeinschuldner,*

e. *der Träger der Sozialversicherung und der Bundesanstalt für Arbeit auf Beiträge einschließlich Säumniszuschläge und auf Umlagen,*

2. ***die Forderungen der Reichskasse, der Staatskassen und der Gemeinden sowie der Amts-, Kreis-, und Provinzialverbände wegen öffentlicher Abgaben, welche im letzten Jahre vor der Eröffnung des Verfahrens fällig geworden sind oder nach § 65 als fällig gelten; es macht hierbei keinen Unterschied, ob der Steuererheber die Abgabe bereits vorschußweise zur Kasse entrichtet hat;***
3. *die Forderungen der Kirchen und Schulen, der öffentlichen Verbände und der öffentlichen, zur Annahme der Versicherung verpflichteten Feuerversicherungsanstalten wegen der nach Gesetz oder Verfassung zu entrichtenden Abgaben und Leistungen aus dem letzten Jahre vor der Eröffnung des Verfahrens;*
4. *die Forderungen der Ärzte, Wundärzte, Tierärzte, Apotheker, Hebammen und Krankenpfleger wegen Kur- und Pflegekosten aus dem letzten Jahre vor der Eröffnung des Verfahrens, insoweit der Betrag der Forderungen den Betrag der taxmäßigen Gebührnisse nicht übersteigt;*
5. *die Forderungen der Kinder, der Mündel, der Betreuten und der Pflegebefohlenen des Gemeinschuldners in Ansehung ihres gesetzlich der Verwaltung desselben unterworfenen Vermögens; das Vorrecht steht ihnen nicht zu, wenn die Forderung nicht binnen zwei Jahren nach Beendigung der Vermögensverwaltung gerichtlich geltend gemacht und bis zur Eröffnung des Verfahrens verfolgt worden ist;*
6. *alle übrigen Konkursforderungen.*

(II) Die in Absatz 1 unter einer Nummer zusammengefaßten Forderungen haben den gleichen Rang. Gleichrangige Konkursforderungen werden nach dem Verhältnis ihrer Beträge berichtigt.

§ 61 KO enthielt eine Vorrechtsordnung für die Konkursgläubiger.[129] Es gab darin fünf Konkursgläubiger, die vor allen anderen übrigen Konkursgläubigern befriedigt wurden. Die Rangfolge ist § 61 Abs. 1 KO zu entnehmen. Zunächst waren alle Forderungen der Nr. 1 (sog. „Lidlohnvorrecht“[130]) zu befriedigen, dann solche der Nr. 2, usw. Erst an sechster Stelle kamen die übrigen Konkursgläubiger. Gemäß § 61 Abs. 2 KO waren Forderungen desselben Ranges nach dem Verhältnis ihrer Beträge zu berichtigen. *Hellmann* bezeichnete schon um 1910 in seinem Lehrbuch „Deutsches Reichskonkursrecht“ dieses Verhältnis als *„zwei Gruppen von Konkursgläubigern: ‚die bevorrechtigten‘ und die ‚nichtbevorrechtigten‘* “[131]. Dabei ist anzumerken, dass auch das Gesetz selbst diese Begriffe in den §§ 170, 173, 181, 191 und 193 KO verwendete. Zusammengefasst ergab sich hinsichtlich der Befriedigung der Konkursforderungen folgende Vorgehensweise:

> „(…) *die Konkursmasse wird zunächst zu ihrer* (Anm.: der bevorrechtigten Forderungen) *vollständigen Befriedigung verwendet, soweit sie reicht, und erst der verbleibende Rest dient zur verhältnismäßigen Befriedigung der anderen Konkursgläubiger*“[132].

§ 61 KO enthielt dabei eine zwingende Rangordnung.[133] Eine rechtsgeschäftliche Vereinbarung über die Rangfolge oder die Schaffung von neuen Vorrechten durch solche Vereinbarungen war unzulässig.[134] Die Vorrechte des § 61 KO waren eng auszulegen, da sie bereits eine Ausnahme vom Gebot der Gläubigergleichbehandlung darstellten und eine weitere Ausweitung solcher Vorrechte deshalb nicht möglich sein sollte.[135] Auf die Gründe dafür ist später noch genauer einzugehen. Schon das Reichsgericht hat entschieden, dass Vorrechte stets nur auf Antrag berücksichtigt werden.[136] Die Vorrechtsforderung war also wie jede Konkursforderung zur Tabelle anzumelden, wobei gem. § 140 Abs. 2 KO die Forderung dann in die Rangfolge des beanspruchten Vorrechts in die Tabelle eingetragen wurde.[137]

---

129 *Jaeger,* Konkursrecht S. 44.

130 Der Begriff Lidlohn meint eigentlich den Lohn der Dienstboten, die im Hause des Dienstherren leben, und ist damit bei Ausweitung auf alle Dienstverhältnisse letztlich irreführend, so auch *Hellmann,* Lehrbuch Konkursrecht, S. 223.

131 *Hellmann,* Reichskonkursrecht, S. 734.

132 *Hellmann,* Reichskonkursrecht, S. 734.

133 *Wilmowski,* Deutsche Reichs-Konkursordnung, S. 267.

134 *Wilmowski,* Deutsche Reichs-Konkursordnung, S. 267; *Kuhn/Uhlenbruck,* KO, § 61 Rn 6.

135 *Kuhn/Uhlenbruck,* KO, § 61 Rn 6; *Lent,* in: Jaeger, KO, § 61 Rn 1.

136 RG Urt. v. 13.01.1888 – II 293/87, RGZ 20, 412.

137 *Jaeger,* Konkursrecht S. 45; *Kuhn/Uhlenbruck,* KO, § 61 Rn 5 ff.

Dass aufgrund dieser Vorrechtsordnung für die Konkursgläubiger der Nr. 6 des § 61 Abs. 1 KO regelmäßig nicht viel an Masse übrig blieb, ist wohl ohne Weiteres erkennbar.

II. Das Fiskusvorrecht

Auf dem zweiten Rang der oben erläuterten Vorrechtsordnung befand sich dabei der Fiskus. In § 61 Abs. 1 Nr. 2 KO ist das sog. Fiskusvorrecht der KO enthalten. Forderungen wegen öffentlicher Abgaben wurden somit an zweiter Stelle vor allen anderen Konkursgläubigern befriedigt.

> *„Öffentliche Abgaben sind die Steuern und ähnliche steuerartige Abgaben sowie Zölle, deren Merkmal es ist, dass der Leistung des Steuerpflichtigen keine konkreten Vorteile zugeordnet werden können"*[138].

Öffentliche Beiträge und Gebühren fielen dabei nicht unter den Begriff der öffentlichen Abgaben, da diese mit einer Art Gegenleistung des Staates verbunden sind und dem Steuerpflichtigen damit ein Vorteil zufließt.[139] Insbesondere umfasste § 61 Abs. 1 Nr. 2 KO die Einkommens- und Lohnsteuer, die Umsatzsteuer, die Körperschafts-, die Grund-, die Kraftfahrzeugs- und die Gewerbesteuer sowie auch sonstige Verbrauchsteuern, wobei natürlich gesondert zu überprüfen war, ob sie in den maßgeblichen Zeitraum des § 61 Abs. 1 Nr. 2 KO fielen.[140] Demnach wurden nur solche Abgabenforderungen berücksichtigt, die im letzten Jahr vor der Eröffnung des Verfahrens fällig geworden oder entstanden sind und damit nach § 65 KO (jetzt § 41 InsO) als fällig gelten. Die Entstehung von Steuern richtet sich wiederum nach dem Steuerrecht.[141] Gem. § 38 AO entsteht eine Steuer, wenn der Tatbestand verwirklicht ist, an den das Gesetz die Leistungspflicht knüpft. Nach § 220 AO bestimmt sich die Fälligkeit nach den Steuergesetzen oder, soweit eine solche besondere Regelung fehlt, nach der Entstehung. Ist die Steuer danach innerhalb eines Jahres vor der Konkurseröffnung fällig geworden, konnte der Staat hinsichtlich dieser Forderung vorab befriedigt werden. Dass es sich bei Steuern wie der Umsatz- und der Einkommenssteuer regelmäßig nicht nur um geringe Beträge handelte, vor allem beim Konkurs großer Unternehmen, erschließt sich

---

138 *Hess,* Kommentar zur KO, § 61 Rn 71.

139 *Kuhn/Uhlenbruck,* KO, § 61 Rn 52; *Kilger/Schmidt,* KO, § 61 Anm. 5a.

140 *Kuhn/Uhlenbruck,* KO, § 61 Rn 52, 58 ff; *Kilger/Schmidt,* KO, § 61 Anm. 5a und b.

141 *Kuhn/Uhlenbruck,* KO, § 61 Rn 56.

von selbst. Der Staat wurde folglich wegen nicht nur unbedeutender Forderungen gegenüber den anderen Konkursgläubigern vorzugsweise befriedigt.

Dem BGH nach trägt diese Privilegierung

> *„dem öffentlichen Interesse an staatlichem Schutz und staatlicher Fürsorge Rechnung (...) und [beruht] mit auf dem Gedanken (...), dass die Hilfsquellen, deren der Staat zur Gewährung solchen Schutzes bedarf, vorzugsweise sichergestellt werden müssen*“[142].

Mit anderen Worten: Weil der Staat staatlichen Schutz und Fürsorge gewährt und dies im öffentlichen Interesse liegt, soll er auch die dafür nötigen Gelder erhalten, weshalb es also zweckmäßig ist, dass er im Konkursverfahren bevorzugt behandelt wird.

III. Auswirkungen der Vorrechte

Welche Auswirkungen der § 61 KO und insbesondere dabei das Fiskusvorrecht des § 61 Abs. 1 Nr. 2 KO aber tatsächlich auf das Konkursverfahren hatte – neben dem Schutz der öffentlichen Interessen wie nach Ansicht des BGH –, ist in der Literatur bereits ausgiebig diskutiert und dargestellt worden.[143] Die Vorrechte und noch weitere außerhalb der KO liegende Gründe, auf die sogleich eingegangen wird, führten zu einer „*notorischen Massearmut*“[144], weshalb die Mehrzahl der Konkursverfahren mangels Masse nicht eröffnet werden konnten. Waren es 1975 noch ca. 45 % aller Verfahren, die deswegen nicht eröffnet wurden, steigerte sich diese Zahl bis zum Jahre 1996 auf über 70 %.[145] Bei 20 % aller eröffneten Verfahren musste nachträglich aufgrund fehlender Verfahrenskostendeckung das Verfahren wieder eingestellt werden.[146] Allein im Jahr 1985 erwuchsen den Gläubigern im Zusammenhang mit gerichtlichen Insolvenzverfahren Verluste in Höhe von 15 Mrd. DM.[147] Für den Zeitraum von 1950 – 1990 wurden die Verluste der

---

142 BGH Urt. v. 29.05.1969 – III ZR 172/68, BGHZ 52, 155, 165; *Kuhn/Uhlenbruck*, KO, § 61 Rn 51.

143 S. nur *Kilger*, KTS 1975, 142 ff; *Uhlenbruck*, NJW 1975, 897 ff.

144 *Reischl*, Insolvenzrecht, Rn 18.

145 *Reischl*, Insolvenzrecht, Rn 18; *Gottwald*, in: Gottwald, Hdb-InsR, § 1 Rn 18; *Wagner*, DStR 1992, 650; 1. Ber InsRKomm, S. 347; *Schmerbach*, in: FK-InsO, Vor §§ 1 ff Rn 13; RegE zur InsO v. 15.04.1992, BT-Drucks. 12/2443, S. 72.

146 *Reischl*, Insolvenzrecht, Rn 18; 1. Ber InsRKomm, S. 347.

147 *Gottwald*, in: Gottwald, Hdb-InsR, § 1 Rn 18.

Gläubiger auf fast 200 Mrd. DM beziffert.[148] Dass damit kein taugliches Konkurssystem mehr gegeben war und der Zweck der KO nicht erreicht werden konnte, zeigt sich schon anhand dieser Zahlen.

Der eigentliche Grund für den Funktionsverlust der KO liegt dabei aber nicht in der KO selbst, sondern ist außerhalb davon zu suchen. Die KO enthielt ein funktionierendes Konkurssystem – allerdings ausgelegt für das 19. Jahrhundert. Den Entwicklungen in rechtlicher als auch in tatsächlicher Hinsicht konnte sie jedoch vor allem ab den 1970er Jahren nicht mehr stand halten. Deshalb konnte die KO eine ordnungsgemäße Abwicklung von Insolvenzen aufgrund der veränderten Umstände letztlich nicht mehr gewährleisten, was auch daran lag, dass die Zielsetzung der KO auf die Zerschlagung des Insolvenzschuldners und nicht auf dessen Sanierung gerichtet war.[149]

Aus rechtlicher Sicht betrachtet, hat sich die KO mit dem materiellen Recht nicht mitentwickelt und angepasst.[150] Dies gilt vor allem in Bezug auf die besitzlosen Mobiliarsicherheiten, wie dem Eigentumsvorbehalt, der Vorausabtretung künftiger Forderungen (in Form des verlängerten Eigentumsverhalts oder der Globalzession) und dem Sicherungseigentum.[151] Deren stetig wachsende Bedeutung wirkte sich aber erheblich auf das Insolvenzrecht und damit auf das Insolvenzverfahren aus. Die KO enthielt gerade keine gesonderten Regelungen zu diesen Sicherungsrechten. Sie wurden nach den allgemeinen konkursrechtlichen Grundsätzen in das Konkursrecht integriert und danach behandelt. Da diese „neuen" Sicherungsrechte in der Regel vollumfänglich zur Aussonderung berechtigten (§ 43 KO), war die Konkursmasse schon vor Verfahrenseröffnung zum größten Teil verteilt.[152] Im Jahr 1978 z. B. waren regelmäßig bis zu 86 % des Schuldnervermögens bereits von Sicherungsgläubigern beansprucht.[153] Das hatte auch Folgen für die bevorrechtigten Steuerforderungen: Sofern ein Konkursverfahren überhaupt durchgeführt werden konnte, wurden diese ebenfalls nur noch mit

148 *Schmerbach*, in: FK-InsO, Vor §§ 1 ff Rn 15.

149 *Uhlenbruck*, in: FS 100 Jahre KO, S. 32; *Serick*, in: FS 100 Jahre KO, S. 271 f; *Pape/Uhlenbruck/Voigt-Salus*, Insolvenzrecht, Kap. 7, Rn 11; *Ganter/Lohmann*, in: Münch-Komm-InsO, § 1 Rn 9.

150 *Gottwald*, in: Gottwald, Hdb-InsR, § 1 Rn 10 ff.

151 *Wagner*, DStR 1992, 650; *Gottwald*, in: Gottwald, Hdb-InsR, § 1 Rn 13; ausführliche Darstellung dazu bei *Serick*, in: FS 100 Jahre KO, S. 271 ff.

152 *Serick*, in: FS 100 Jahre KO, S. 273.

153 *Gottwald*, in: Gottwald, Hdb-InsR, § 1 Rn 17; *Schmerbach*, in: FK-InsO, Vor §§ 1 ff Rn 16, der von durchschnittlich 80 % spricht.

durchschnittlich 20 % befriedigt, da es schon aufgrund der Sicherungsrechte an ausreichender zu verteilender Masse fehlte.[154]

Aber auch auf die wirtschaftlichen Entwicklungen war die KO nicht eingestellt. *„Als Maßstab aller Zahlungsmittel galten ihr das Goldstück und als Maßstab jeder Kreditsicherung die Grundstücksbelastung (...)"*[155]. Schon dies zeigt die erheblichen wirtschaftlichen Änderungen, der die KO hätte Stand halten müssen. Hinzu kommt, dass die KO erst ab den 1970er Jahren ernstlich gefordert wurde. Solange eine Wirtschaft erfolgreich wächst, sind Konkursverfahren selten. Ändert sich dies, zeigt sich erst die tatsächliche Funktionsfähigkeit eines solchen Gesetzes.[156] Gerade zu dieser Zeit stiegen die Konkursanträge deutlich an.[157] Eine weitere negative Entwicklung war die *„Aufblähung der Massekosten"*[158], dies vor allem mit Blick auf die Steuerlasten. Zunächst stieg natürlich die Steuerlast selbst.[159] Zusätzlich wurden aber durch die Rechtsprechung immer mehr Steuerarten in die vorab zu befriedigenden Massekosten mit einbezogen: Waren ursprünglich nur die Grundsteuer, Kirchen-, Deich- und Schullasten vom § 61 Abs. 1 Nr. 2 KO umfasst und persönliche Steuern des Schuldners gerade nicht, sind im Laufe der Zeit insbesondere die mit erheblichen Zahlungslasten verbundenen Gewerbe-, Einkommens- und Umsatzsteuer hinzugekommen.[160] Auch die Kosten zur Erfüllung des Arbeitnehmerprivilegs des § 61 Abs. 1 Nr. 1 KO stiegen stetig an, was auf die höheren Löhne selbst, aber auch auf die Verlängerung der Kündigungsfristen und die daraus folgenden länger zu leistenden Lohnforderungen zurückgeführt werden

---

154 *Henckel*, in: Jaeger, InsO, Einl. Rn 28; 1. Ber InsRKomm, S. 347; *Schmerbach*, in: FK-InsO, Vor §§ 1 ff Rn 13.

155 *Serick*, in: FS 100 Jahre KO, S. 271.

156 *Uhlenbruck*, in: FS 100 Jahre KO, S. 32.

157 *Henckel*, in: Jaeger, InsO, Einl. Rn 25: 1959 lag die Zahl der Konkurs- und Vergleichsanträge noch bei 3025, im Jahr 1974 stieg die Zahl auf 7722 Anträge an und 1977 wurden sogar schon 9562 Anträge gestellt, was eine im Zeitraum von nicht einmal 20 Jahren eine Verdreifachung bedeutet. 1998 sollten schließlich sogar 24.402 Anträge gestellt werden. Im Zeitraum von 40 Jahren verachtfachte sich also die Zahl der Konkursanträge. Im Vergleich zu den heutigen Zahlen, ist dies aber gering. 2012 wurden insgesamt 150.298 Insolvenzverfahren durchgeführt, wobei der Großteil von 97.608 Verfahren dabei Verbraucherinsolvenzverfahren sind, vgl. Aufstellung des Statistischen Bundesamt auf https://www.destatis.de/DE/ZahlenFakten/GesamtwirtschaftUmwelt/ UnternehmenHandwerk/Insolvenzen/Tabellen/UnternehmenSchuldner.html;jsessionid=486CC11FA00A1B1B4EB5E0CB884D8675.cae3 (Stand: 12.10.2013).

158 *Henckel*, in: FS 100 Jahre KO, S. 174.

159 *Lent*, in: Jaeger, KO, Einl. S. LVIII; *Wagner*, DStR 1992, 650.

160 *Henckel*, in: FS 100 Jahre KO, S. 172 f; *Schmidt*, Gutachten für den 54. DJT, D 53.

kann.[161] Derartigen wirtschaftlichen Entwicklungen war die KO letztlich nicht gewachsen.

Ein weiteres Problem war die Zielsetzung der KO. Sie war auf die Zerschlagung ausgerichtet und nicht auf die Sanierung eines insolventen Schuldners.[162] Diese fehlende Sanierungsorientierung war ebenfalls nicht mit der wirtschaftlichen Realität in Einklang zu bringen.

Zusammengefasst hatte die KO damit vor allem ab den 1970er Jahren, in einer Zeit als die Zahl der Konkursanträge erheblich anstieg, ihre Legitimation und ihre Funktion verloren, was nicht zuletzt an den darin enthaltenen Fiskusvorrechten und der stetigen Erhöhung der Steuerlast lag.[163]

IV. Aufnahme der Vorrechte in die KO

Warum aber wurden diese Vorrechte und insbesondere das Fiskusvorrecht in die KO aufgenommen, wenn bereits im Entwurf der KO angemerkt wurde, dass *„jede, noch so ‚gute' Vorrechts-Ordnung (...) ein Uebel [ist], je feiner ersonnen, je mehr abgestuft und ausgebildet, ein desto schlimmeres Uebel"*[164]?

1. Die Entstehung der KO

Die KO trat am 01.10.1879 als eines der vier Reichsjustizgesetze (ZPO, GVG, StPO und KO) in Kraft. Grundlage der KO war der Ende 1873 veröffentlichte *Entwurf einer Deutschen Gemeinschuldordnung*, dem 1874 der *Entwurf einer der Konkursordnung sammt Einführungsgesetz* folgte. Dieser stammte von einer vom Bundesrat eingesetzten Kommission, die die Grundzüge des erst genannten Entwurfs aber im Wesentlichen unberührt ließ. 1875 bis 1876 erfolgten die Lesungen im Reichstag, der schon nach der ersten Lesung eine Kommission zur Überprüfung des Gesetzesvorschlages einsetzte. Am 21.12.1876 beschloss der Reichstag einstimmig die Annahme der KO. Am 20.02.1977 wurde die KO zusammen mit dem Einführungsgesetz im Reichsgesetzblatt veröffentlicht.[165]

---

161 *Henckel,* in: FS 100 Jahre KO, S. 174; *Wagner,* DStR 1992, 650.

162 *Pape,* in: Uhlenbruck, InsO, § 1 Rn 1.

163 *Gottwald,* in: Gottwald, Hdb-InsR, § 1 Rn 13, 18; *Uhlenbruck,* in: FS 100 Jahre KO, S. 34.

164 *Hahn,* Materialen zur KO, S. 238; Gemeinschuldordnung, S. 329.

165 RGBl. Nr. 10 S. 351 – 394; *Endemann,* Das Deutsche Konkursverfahren, S. 15–17; *Lent,* in: Jaeger, KO, Einl. I. 1; *Uhlenbruck,* in: FS 100 Jahre KO, S. 16 ff; *Thieme,* in: FS 100 Jahre KO, S. 35 ff.

2. Die Entwicklung der Vorrechtsordnung der KO

In die KO waren bereits „nur“ noch fünf solcher Vorzugsrechte enthalten. *„Der Umfang der Vorrechte ist dadurch gegenüber den Bestimmungen sowohl des gemeinen und des französischen Rechts als auch selbst der preußischen K.O. bedeutend eingeschränkt“*[166]. So waren auch im ersten Entwurf der KO von 1874 noch sieben Vorrechte enthalten, die erst 1876 durch Vorschlag der Reichstagskommission auf fünf verringert wurden.[167]

Bemerkenswert ist, dass im *Entwurf einer Deutschen Gemeinschuldordnung* lediglich zwei Vorrechte enthalten waren: das der Arbeitnehmer und das Vorrecht der Kinder und Pflegebefohlenen. Insbesondere das Fiskusvorrecht war im Entwurf der Gemeinschuldordnung nicht aufgenommen worden.[168]

3. Die Begründung der Aufnahme der Vorrechte

Der Gesetzgeber der KO von 1879 hatte sich ausgiebig mit der Aufnahme der Vorrechte beschäftigt, was wohl auch im Zusammenhang damit steht, dass der Entwurf der Gemeinschuldordnung überwiegend deren Abschaffung vorsah. In den Materialen zur KO findet sich im Rahmen von § 54[169] eine 15-seitige Auseinandersetzung zur Aufnahme der Vorrechte. Dabei wird zuerst allgemein diskutiert, ob Vorrechte überhaupt aufgenommen werden sollten. Anschließend werden ausgewählte Vorrechte einzeln nacheinander abgehandelt.

Liest man die ersten Seiten der Begründung hinsichtlich der Aufnahme der Vorrechte, so entsteht zunächst der Eindruck, dass der Gesetzgeber gegen eine Aufnahme der Vorrechte in die KO ist. Es werden die zu der Zeit bestehenden Rangordnungen und Vorrechte sowie deren Herkunft dargestellt, wobei die Zulassung von vertragsmäßigen Vorzugsrechten sogleich als verwerflich abgelehnt wird, da dadurch die Gläubiger der Willkür des Schuldners preisgegeben würden.[170]

---

166 *Wilmowski,* Deutsche Reichs-Konkursordnung, S. 9; die Gemeinschuldordnung, S. 330, spricht sogar von mehr als hundert Vorrechten, die man erörtern könnte.

167 o. A.: Entwurf einer Konkurs-Ordnung für das Deutsche Reich nebst Einführungs-Gesetz, Motiven und Anlagen, Besonderer Abdruck des Aktenstücks Nr. 200 des Deutschen Reichstages, 3. Auflage o. J., Berlin, S. 5.

168 Gemeinschuldordnung, S. 16 f und S. 325 ff.

169 Die Vorrechte der Konkursgläubiger fanden sich ursprünglich in § 54 KO und wurden erst durch das *Gesetz betreffend Änderungen der Konkursordnung* v. 27.05.1898 zu § 61 KO.

170 *Hahn,* Materialen zur KO, S. 237.

Anschließend widmet sich der Gesetzgeber den gesetzlichen Vorrechten. Auch dabei bestätigt sich zunächst der Eindruck der Ablehnung der Vorrechte:

> „*Reicht des Schuldners Vermögen, aus dem insgesammt jede persönliche Forderung ungeschmälert zu berichtigen ist, nicht aus zur Berichtigung aller, so müssen alle Forderungen gleichmäßig nach Verhältniß ihres Umfangs, ihrer Beträge berichtigt werden. Jede Bevorzugung des einen Gläubigers enthält eine Rechtskränkung der anderen, die volle Befriedigung des Einen geschieht auf Kosten der Anderen. Die Beseitigung aller Vorrechte muß das Ziel sein, welches die Gesetzgebung nicht aus den Augen verlieren darf, und unter diesem Gesichtspunkte sind die Ausnahmen zu prüfen, welche die Gesetze machen zu müssen geglaubt haben*“[171]

Der Gesetzgeber hat dieses Ziel dann aber nicht weiter verfolgt, als er die Aufnahme einzelner Vorrechte in die KO diskutierte. Als Ausgangspunkt nutzte er dazu folgende Überlegungt:

> „*Man ist gewohnt die Vorrechte aus zwei Gründen zu rechtfertigen: sie sollen bedingt sein entweder durch die Rücksicht auf das ‚öffentliche Wohl‘, oder durch ‚die besondere Schutzbedürftigkeit‘ gewisser Gläubiger*“[172].

Anhand dieser beiden Punkte prüfte der Gesetzgeber anschließend neun ausgewählte Vorrechte, die auch im Entwurf der Gemeinschuldordnung abgehandelt wurden[173], dahingehend, ob diese in der KO zu privilegieren sind. Dabei schied er im Ergebnis Forderungen wegen Kosten für das Begräbnis und für die Kosten an Lebensbedürfnissen, das Vorrecht „treue Hand, die durch Untreue verrückt ist“ und das Vorrecht der Ehefrauen aus.[174] Diese Vorrechte wurden hingegen bejaht und in § 54 aufgenommen: das Vorrecht des Fiskus wegen öffentlicher Abgaben (dem werden ausdrücklich gleichgestellt Gemeinden, Kreise und ähnliche politische Verbände), das der Kirchen, Schulen und Stiftungen und der öffentlichen Feuerversicherungsanstalten wegen öffentlicher Abgaben sowie das Vorrecht der „Medizinal-Kosten“, der Kinder und Pflegebefohlenen und schließlich des Lidlohns.

Die Begründungen der Zulassung dieser Vorrechte lassen jedoch eine eingehende Auseinandersetzung mit den zuvor erfolgten Darstellungen missen. Das Vorrecht der Medizinal-Kosten wird – zusammengefasst – anerkannt, weil „*doch*

---

171 *Hahn,* Materialen zur KO, S. 238; Gemeinschuldordnung, S. 330.

172 *Hahn,* Materialen zur KO, S. 239; Gemeinschuldordnung, S. 330.

173 Gemeinschuldordnung S. 331 ff.

174 *Hahn,* Materialen zur KO, S. 241 f; das Vorrecht „treue Hand, die durch Untreue verrückt ist“ meint Forderungen, die aufgrund von Veruntreuung des Schuldners entstanden sind.

allgemein Sitte und Sittlichkeit die Anerkennung des Vorrechts" erfordern und weil *„der Umfang desselben von großer Erheblichkeit für die Berechtigten ist, (...) [aber] für die zurückgesetzten Gläubiger kaum in Betracht* [kommt]"[175]. Ähnlich wird das Vorrecht der Kinder und der Pflegebefohlenen begründet.[176]

Erstaunlich hinsichtlich des Umfangs der Begründungen ist, dass für die Nicht-Privilegierung des Vorrechts der Ehefrauen der größte Begründungsaufwand betrieben wurde. In den Materialien von *Hahn* umfasst dieser Teil drei Seiten, während der überwiegende Teil der Vorrechte (mit Ausnahme des Fiskusvorrechts, des Lidlohnsvorrechts und des Vorrechts der Kinder und Pflegebefohlenen, wo die Ausführungen jeweils ca. zwei Seiten betragen) mit durchschnittlich einer halben Seite abgehandelt wird. Dem Gesetzgeber war es vermutlich besonders wichtig die Abschaffung eines Vorrechts, das bereits das gemeine römische Recht kannte[177], intensiv zu begründen.

Interessant ist auch die Begründung zur Erstellung der Rangfolge des § 54 KO:

> *„Der Liedlohn erscheint den Konkurs-Gläubigern gegenüber in gewisser Beziehung als eine nützliche Verwendung; er muss daher die erste Stelle einnehmen. Das Vorrecht für die öffentlichen Abgaben rechtfertigt sich durch die Rücksicht auf die allgemeinen Verkehrs- und Kredit-Bedürfnisse; ihm gebührt die zweite Stelle*"[178].

In dieser Art und Weise setzt sich die Zuordnung fort. Es wäre sicherlich zu weitgehend, diese Festsetzung als willkürlich zu bezeichnen, jedenfalls aber fehlt eine tiefergehende Begründung. Auch daran zeigt sich, dass es letztlich keine überzeugenden Argumente für die Vorrechtsordnung gibt.[179]

4. Insbesondere: Das Fiskusvorrecht

a) Historischer Ursprung

Bevor im Weiteren auf die Aufnahme des Fiskusvorrechts in die KO eingegangen wird, soll zunächst die historische Entstehung dieses Vorrechts dargestellt werden.

---

175 *Hahn,* Materialen zur KO, S. 241 f.

176 *Hahn,* Materialen zur KO, S. 246 (*„wegen des naturgemäße geringeren Umfangs ihrer Forderungen*"); da dieses Vorrecht aber auch in der Gemeinschuldordnung, S. 340 ff diskutiert und bejaht wurde, darf man die Begründung der KO im Zusammenspiel mit der der Gemeinschuldordnung wohl als ausreichend erachten.

177 *Hahn,* Materialen zur KO, S. 242.

178 *Hahn,* Materialen zur KO, S. 250.

179 So auch *Bauer,* Ungleichbehandlung der Gläubiger, S. 67.

Der Ursprung des Fiskusvorrechts liegt im römischen Recht, das ein Staatspfandrecht (= Prädiatur) an Grundstücken kannte.[180] Dies hatte folgenden Hintergrund: Im römischen Staat gab es ursprünglich keine hoheitlich geregelte Staats- und Finanzverwaltung. Erst in der späteren römischen Kaiserzeit wurde der dazu nötige Staatsapparat aufgebaut. In der römischen Republik hatte der Staat seine hoheitlichen Tätigkeiten wie die Steuereintreibung und Verwaltung sonstiger Einkünfte, aber auch die Verwaltung der gesamten öffentlichen und bedeutenden Bauwerke an Private übergeben. Die Steuern wurden von Steuerpächtern („publicani") eingetrieben, die sich dazu teilweise sogar zu Gesellschaften zusammenschlossen. Diese mussten sich das Recht zur Steuererhebung für ein gewisses Gebiet ersteigern, wo sie anschließend die Steuern erheben und von der Bevölkerung auf ihre eigene Rechnung einfordern konnten. Die Kosten zur Ersteigerung dieses Rechts stellten hingegen für den römischen Staat die Einnahmen dar.[181] Die finanzielle Existenz des römischen Staates war von diesen Einnahmen und folglich von den Steuerpächtern abhängig. Der Staat selbst generierte keine Einnahmen.[182] Zur Sicherung des Zahlungsanspruchs mussten die Steuerpächter dem Staat persönlich haftende Bürgen benennen und Grundstücke als Pfand bestellen („prädia")[183]. Diese Grundstücke konnte der römische Staat mit Fälligwerden der Schulden aus den Kosten der Ersteigerung eines Steuergebietes ohne weitere Voraussetzungen verkaufen.[184] Bei dieser rein privatwirtschaftlichen Staatsverwaltung diente daher die Einrichtung des Staatspfandrechtes der Absicherung und damit der Existenz des Staates für den Fall der Zahlungsunfähigkeit eines Steuerpächters.

Dieses ursprüngliche Staatspfandrecht entwickelte sich mit der Einrichtung einer römischen Steuerverwaltung zunächst zu einer Generalhypothek am Gesamtvermögen des Steuerpflichtigen fort.[185] Bereits zu diesem Zeitpunkt war die Existenz des Staates aber nicht weiter von diesem Pfandrecht bzw. Hypothek abhängig, da der römische Staat nicht wie zuvor auf die Zahlungen von wenigen Steuerpächtern angewiesen war. Die Darstellung der weiteren Entwicklung bis hin zum Fiskusvorrecht, das schließlich auch die KO verwendet, würde den Rahmen der Arbeit sprengen. Kurz zusammengefasst jedoch ist das Fiskusvorrecht „*durch tausendjährigen Besitz (...) ein wohlerworbenes Recht geworden*"[186].

---

180 *Dernburg,* Pfandrecht, S. 26.

181 Gemeinschuldordnung, S. 331; *Dernburg,* Pfandrecht, S. 26 f; http://de.wikipedia.org/wiki/Publicani (Stand: 21.10.2013).

182 Gemeinschuldordnung, S. 331; *Dernburg,* Pfandrecht, S. 27.

183 *Dernburg,* Pfandrecht, S. 28, 30.

184 *Dernburg,* Pfandrecht, S. 40.

185 *Dernburg,* Pfandrecht, S. 348.

186 Gemeinschuldordnung, S. 331.

Denn welcher Staat schafft schon eigene Vorrechte ab? Daraus erklärt sich leicht, dass zum Zeitpunkt der Schaffung der KO in fast allen Staaten dieses Vorrecht bestand.[187] Wie bereits oben angesprochen war allerdings im *Entwurf einer Deutschen Gemeinschuldordnung* die Abschaffung des Fiskusvorrechts vorgesehen.[188] Dies stellte für die damalige Zeit ein Novum dar, vor allem auch aufgrund des geplanten großen Geltungsraumes der Gemeinschuldordnung. Festzuhalten bleibt an dieser Stelle, dass der ursprüngliche Hintergrund des Fiskusvorrechts in Form des römischen Staatspfandrechts, wodurch tatsächlich die Existenz des Staates abgesichert wurde, bei den heutigen Staatsstrukturen nicht mehr gegeben ist.[189]

b) Die Aufnahme in die KO

Im Vergleich zu den oben bereits dargestellten Vorrechten der KO erfolgte die Auseinandersetzung bzgl. der Aufnahme oder Nichtaufnahme des Fiskusvorrechts intensiver. Dies kann wohl auf die in der Gemeinschuldordnung geplante Abschaffung zurückgeführt werden. Der Gesetzgeber stellt auch hier zunächst wieder das Pro und Contra der Aufnahme gegenüber und entscheidet sich anschließend.

Gegen die Aufnahme eines Fiskusvorrechts bringt der Gesetzgeber dabei vor,

> „*daß bei einer geordneten Staats-Verwaltung der Ausfall, welchen der Staat in Konkursen erleidet, für den Staatshaushalt kaum ins Gewicht fallen möchte, und daß es wirthschaftlich richtiger sei, wenn der Verlust sich auf die Gesammtheit aller Steuerpflichtigen vertheilt, als wenn die wenigen, durch den Konkurs ohnehin beschädigten Gläubiger den Ausfall des Staates zusammensteuern*“[190].

Allerdings führt er dann sogleich aus,

> „*daß Vorbedingung jeder Sicherheit des Eigenthums und des Verkehrs der Schutz sei, den der Staat gewährt, und daß deshalb die Hülfsquellen, deren der Staat zur Gewährung solchen Schutzes bedarf, vorzugsweise sichergestellt werden müssen*“[191].

---

187 *Hahn,* Materialen zur KO, S. 239; es werden anschließend sogar noch einzelnen Staaten aufgeführt: „*(...) auch in England und in den Vereinigten Staaten; in Deutschland überall, mit der Ausnahme Nassaus.*“; Gemeinschuldordnung, S. 331.

188 S. oben § 4IV.2.

189 Gemeinschuldordnung, S. 331.

190 *Hahn,* Materialen zur KO, S. 239; die Gemeinschuldordnung, S. 331, spricht hier sogar wohl zur Verdeutlichung von der „*Gesammtheit aller Tausende und Millionen von Steuerpflichtigen*“.

191 *Hahn,* Materialen zur KO, S. 239.

Hierbei handelt es sich um das Argument, auf welches sich auch der BGH in bereits oben genanntem Urteil[192] beruft, um die Privilegierung zu rechtfertigen. Im Ergebnis entschied sich der Gesetzgeber hinsichtlich der öffentlichen Abgaben für diese Ansicht und wählte damit einen anderen Weg als die Gemeinschuldordnung. Zur weiteren Begründung wird angeführt, dass sich der Fiskus gegen Forderungen aus öffentlichen Abgaben im Gegensatz zu sonstigen Forderungen (z. B. aus Lieferungen) nicht absichern könne, weil er einem üblichen Vertragspartner nicht gleichstehe. Daneben wird als weiteres Argument vorgebracht, dass der Staat mit seinen Steuerforderungen in Vorleistung gehe. Da Entstehung der Steuer und Fälligkeit meist auseinanderfallen, gäbe es große Rückstände, die eine Einordnung als Vorrecht notwendig mache, weil sowohl die Steuerzahler auf die Schaffung dieser großen Zeiträume als auch der Staat auf die Zahlungen angewiesen seien.[193] Die Auswirkungen auf die KO und das ursprüngliche Ziel der Abschaffung der Vorrechte wurden dabei nicht mehr behandelt.

5. Ergebnis

Im Ergebnis war der Gesetzgeber selbst nicht völlig von der Richtigkeit der Aufnahme der Vorrechte überzeugt.[194] Zu gewichtige Argumente bringt er zuerst allgemein gegen die Aufnahme von Vorrechten vor und auch bei den einzelnen Vorrechten verhält es sich nicht anders. Liest man die Gegenargumente und jeweiligen Begründungen, würde man nicht darauf schließen, dass der Gesetzgeber das Fiskusvorrecht am Ende seiner Ausführungen aufnimmt. Die Darstellungen und Auseinandersetzungen bei den einzelnen Vorrechten sind zwar nachvollziehbar, aber letztlich nicht überzeugend, da es gerade an einer intensiven Auseinandersetzung mit den zuvor aufgeworfenen Gegenargumenten fehlt. Insbesondere werden diese teilweise nicht widerlegt, sondern bleiben unbehandelt im Raum stehen. Dies gilt insbesondere für die Aufnahme des Fiskusvorrechts. Hier wird besonders der Eindruck erweckt, dass genauso eine Entscheidung für die Nichtaufnahme

---

192 BGH Urt. v. 29.05.1969 – III ZR 172/68, BGHZ 52, 155, 165; s. oben § 4II.

193 *Hahn,* Materialen zur KO, S. 239: „*Solche Rückstände [Anm.: aus Steuerforderungen, die vor Konkurseröffnung noch nicht beigetrieben werden konnten] beruhen nicht auf ertheiltem Kredite, vielmehr auf gesetzlicher Nothwendigkeit, und die Hinausschiebung der Fälligkeits-Termine, welche die Steuer-Gesetzgebung festgesetzt hat, beruht wiederum auf einem thatsächlichen Bedürfnisse des öffentlichen Verkehrs. Die Bevorzugung solcher Rückstände ist darnach sowohl für die Staats-Verwaltung als für den öffentlichen Verkehr nothwendig.*“.

194 So wohl auch *Schmidt,* Gutachten für den 54. DJT, D 53.

hätte fallen können. Zu viele und zu gewichtige Argumente sprechen gegen die Aufnahme und werden vom Gesetzgeber selbst vorgebracht. Im Gegensatz zu den anderen Vorrechten wird hier auch kaum auf die Ausführungen und Argumente der Gemeinschuldordnung zurückgegriffen, sondern eine eigene, wenn auch nicht vollständig überzeugende, Argumentationslinie aufgebaut. Jedenfalls aber ist festzuhalten, dass sich der Gesetzgeber zu diesem Zeitpunkt der Problematik und auch seiner Entscheidung bewusst war und eine Auseinandersetzung mit dem Thema der Vorrechte nicht gescheut hat, auch wenn diese Auseinandersetzung im Ergebnis nicht überzeugend ist.

Als möglichen Beweggrund dafür, die Vorrechte doch in die KO aufzunehmen, sei hier noch ein Zitat aus den *Motiven zum Referenten-Entwurf der Österreichischen Konkursordnung* von 1869 angeführt, das auch in den Materialen zur deutschen KO enthalten ist:

> „*In der That erweisen sich die (...) leitenden Gesichtspunkte, von welchem man zur Begründung der Vorrechte auszugehen pflegt (...) bei näherer Prüfung größtentheils als unhaltbar; (...) allein diese Neuerung* (Anmerkung: die Abschaffung der Vorrechte) *wäre doch in Oesterreich zu radikal und würde zu sehr gegen alles Herkommen verstoß*en, *um nur die geringste Aussicht auf Annahme zu bieten*“[195].

Dass dies möglicherweise ebenfalls für den deutschen Gesetzgeber galt, ist nicht völlig abwegig. Auch in der Politik wird auf „Alt-Bewährtes“ gesetzt. Damit begründet sich weiter der Hinweis des Gesetzgebers am Anfang der Diskussion um die Aufnahme des Fiskusvorrechts, dass das fiskalische Vorrecht in allen Staaten der Gegenwart bestehe.[196] Vielleicht hat es der Gesetzgeber tatsächlich gescheut, sich dem „Alt-Bewährten“ entgegenzusetzen und hat sich nur deshalb für die Aufnahme entschieden.

Daneben ist zusätzlich zu berücksichtigen, dass zum Zeitpunkt des Erlasses der KO die Auswirkungen dieser Vorrechte auf das Konkursverfahren nicht in diesem Umfang – wie er oben bereits dargestellt wurde – absehbar waren, vor allem da die Steuerforderungen und damit die Belastungen der Masse bei Weitem noch nicht so hoch waren als 100 Jahre später.[197] Die KO hatte zu diesem Zeitpunkt auch keine große Bedeutung. Es gab kaum Konkursverfahren und wenn es sie gab, waren die Auswirkungen des Fiskusvorrechts aufgrund der geringen steuerlichen Belastung nicht ersichtlich. Hätte der Gesetzgeber die spätere steuerliche Belastung und die Auswirkungen gekannt, hätte er vielleicht eine andere Entscheidung getroffen.

---

195 *Hahn,* Materialen zur KO, S. 236, Fn 2.

196 *Hahn,* Materialen zur KO, S. 239.

197 *Lent,* in: Jaeger, KO, Einl. S. LVIII; *Schmidt,* Gutachten für den 54. DJT, D 53.

Bei Einführung der KO waren aber schon die Bedeutung des gesamten Verfahrens und noch dazu die Folgen eines Fiskusvorrechts gering, sodass – trotz der erheblichen Gegenargumente – die Nicht-Aufnahme des Fiskusvorrechts gerade nicht zwingend erschien.

V. Zusammenfassende Betrachtung

Die KO war ein gelungenes und funktionierendes Gesetz – allerdings nur für die Zeit des 19. und des beginnenden 20. Jahrhunderts. Für diese Zeit war es auch gemacht. Es ist nicht erstaunlich, dass ein Gesetz, das vier Rechtsordnungen und zwei Weltkriege „überlebte", in dieser langen Zeit aber nur geringfügig geändert wurde, irgendwann dem aktuellen Stand angepasst werden muss. Auch die übrigen Reichsjustizgesetze, insbesondere die StPO, und als weiteres Beispiel das BGB, das ebenso aus derselben Zeit stammt, unterlagen ständigen Änderungen und Anpassungen. Die KO war – wie bereits gesagt – für die Rechtsordnung und die Wirtschaft des Deutschen Kaiserreiches ausgelegt.

Dass der damalige Gesetzgeber bei Einführung der KO die Vorrechte des Fiskus mit aufgenommen hat, war eine (mehr oder weniger) bewusste Entscheidung – genauso wie sich der Gesetzgeber der InsO ausdrücklich dagegen entschieden hat. Jedenfalls hatte sich der Gesetzgeber zu dieser Zeit mit den für ihn erkennbaren Folgen und Argumenten auseinander gesetzt. Wie sich im Laufe dieser Arbeit zeigen wird, ist dies bei der aktuellen Diskussion über das Fiskusvorrecht nicht mehr der Fall. Welche Folgen die Vorrechte und insbesondere dabei das Fiskusvorrecht später tatsächlich auf die Funktionsfähigkeit der KO haben sollten, war zu diesem Zeitpunkt für den Gesetzgeber jedenfalls eindeutig nicht erkennbar.

Trotz dieser erheblichen Auswirkungen auf die KO sollte das Fiskusvorrecht in Form des § 61 Abs. 1 Nr. 2 KO aber seine Bedeutung und Wirkung bis zum 31.12.1998 nicht verlieren und somit fast 120 Jahre ein wesentlicher Bestandteil des deutschen Insolvenzsystems sein, obwohl die Einführung gerade nicht zwingend war. Der Gesetzgeber hätte sich ebenfalls gegen die Aufnahme entscheiden können. Dafür hätten sogar die überwiegenden Argumente gesprochen. Die Aufnahme erfolgte wohl vor allem deshalb weil (1) der Gesetzgeber die späteren Folgen nicht erkennen konnte, (2) er sich nicht als „radikaler" Gesetzgeber darstellen wollte und deshalb auf „Alt-Bewährtes" setzte und (3) weil es für die Zeit des Erlasses der KO keine große Bedeutung hatte, ob ein Fiskusvorrecht enthalten war oder nicht. Aus heutiger Sicht kann man sich fragen, ob der Gesetzgeber damals auch so entschieden hätte, wenn er die finanziellen und wirtschaftlichen

Auswirkungen im 20. Jahrhundert vorhergesehen hätte. Es ist also festzuhalten, dass das Fiskusvorrecht schon in der KO keine zwingende Legitimationsgrundlage hatte.

§ 5 Das Fiskusvorrecht in der Insolvenzrechtsreform

I. Der Beginn der Diskussion über die Reform der KO und insbesondere der Abschaffung des Fiskusvorrechts

Wie bereits oben dargestellt, war der Gesetzgeber selbst nicht vollständig von der Aufnahme des Fiskusvorrechts in die KO überzeugt. Dementsprechend früh begannen die Diskussionen darüber, das Fiskusvorrecht wieder aus der KO herauszunehmen. Nach *Uhlenbruck* ist der Diskurs über die Abschaffung der Fiskusvorrechte so alt wie die KO selbst.[198] Bereits 1893 wurde durch einige Abgeordnete ein *Entwurf eines Gesetzes betreffend die Abänderung der Konkursordnung* eingebracht, in dem vor allem das Fiskusvorrecht kritisiert wird.[199] Im Laufe der Zeit wuchs die Kritik an der Vorrechtsordnung und insbesondere am Vorrecht des Fiskus weiter.[200] 1937 endete die Diskussion in einem (allerdings nicht veröffentlichten) Entwurf des Reichsjustizministeriums zur Änderung der KO, in dem eine Beschränkung des Fiskusvorrechts vorgesehen war, der aufgrund des Zweiten Weltkrieges aber nicht mehr umgesetzt wurde.[201] „(...) *so überstand die Konkursordnung mit ihrer Privilegienordnung* [auch] *unbeschadet die Reformdiskussion und das Dritte Reich*“[202].

II. Von der Konkursordnung zur Insolvenzordnung

Solange die KO im Großen und Ganzen funktionierte, wurde kein Anlass zu umfassenden Änderungen gesehen. Da nach Gründung der BRD bis zu den

198 *Pape/Uhlenbruck*, ZIP 2005, 417, 418; *Uhlenbruck*, in: FS 100 Jahre KO, S. 19.

199 *Uhlenbruck*, in: FS 100 Jahre KO, S. 19; *Gassert-Schumacher*, Privilegien in der Insolvenz, S. 123; der Entwurf wurde im Reichstag allerdings nicht weiter beraten.

200 vgl. *Gassert-Schumacher*, Privilegien in der Insolvenz, S. 125 ff.

201 1. Ber InsRKomm, S. 4; *Gassert-Schumacher*, Privilegien in der Insolvenz, S. 127, 131.

202 *Gassert-Schumacher*, Privilegien in der Insolvenz, S. 127.

1970er Jahren vor allem aufgrund der guten Wirtschaftslage wenig Konkurs- und Vergleichsanträge gestellt wurden[203] und sich dadurch die Probleme der KO noch nicht im selben Ausmaß wie später zeigten, drängte sich die Notwendigkeit von Reformen nicht auf und Änderungsvorschläge wurden kaum beachtet.[204] Erst nachdem die Anzahl der gestellten Anträge sich mehr als verdoppelte, wurden in der Literatur Stimmen vom „*Konkurs des Konkurses*“[205] laut.[206] Diese Diskussion mündete 1978 in der Einsetzung einer Insolvenzrechtskommission durch den damaligen Bundesminister der Justiz, Dr. Hans-Jochen Vogel, nachdem bereits zuvor eine Prüfung durch das Bundesministerium der Justiz erfolgt war, ob Einzeländerungen nicht ebenfalls ausreichend seien, was im Ergebnis aber verneint wurde.[207] Über 30 Jahre sollten vergehen bis die KO durch die neue Insolvenzordnung ersetzt wurde. Am 01.01.1999 löste die InsO die KO ab.

1. Wesentliche Punkte und Gang der Reform der KO

Um das Ausmaß der Insolvenzrechtsreform beurteilen zu können, ist im Folgenden kurz auf den Gang der Reform und die bedeutsamsten Entwicklungen einzugehen.

Das Mandat der Insolvenzrechtskommission umfasste im Wesentlichen folgende Punkte: die Wiederherstellung eines funktionierenden Konkurssystems, gleichzeitig aber auch die Schaffung eines Sanierungsverfahrens zur Vermeidung von Konkursen, sowie den verbesserten Schutz der Arbeitnehmer. Diese Ziele sollten im Ergebnis auch das ganze Reformvorhaben prägen. 1985 wurde der *Erste Bericht* und 1986 der *Zweite Bericht der Kommission für Insolvenzrecht* veröffentlicht, wobei beide Berichte aber keinen Gesetzesentwurf, sondern lediglich Leitsätze enthielten.[208] Bereits zwei Jahre später legte das Bundesministerium der Justiz einen *Diskussionsentwurf zur Reform des Insolvenzrechts* vor, der 1989 ergänzt wurde (*Ergänzungen*). Wesentlicher Unterschied bzw. Weiterentwicklung im Vergleich zu den Berichten der Insolvenzrechtskommission war dabei, dass zu den bereits oben genannten Zielen der Insolvenzrechtsreform ein neues

---

203 S. schon oben § 4III.

204 *Uhlenbruck*, in: FS 100 Jahre KO, S. 22; 1. Ber InsRKomm, S. 5.

205 *Kilger*, KTS 1975, 142 ff.

206 *Uhlenbruck*, in: FS 100 Jahre KO, S. 32.

207 *Henckel*, in: Jaeger, InsO, Einl. Rn 24/25; *Balz/Landfermann*, Die neuen Insolvenzgesetze, S. 49.

208 *Balz/Landfermann*, Die neuen Insolvenzgesetze, Einl. 2.1 f; *Henckel*, in: Jaeger, InsO, Einl. Rn 36.

hinzukam, wonach sich der Diskussionsentwurf schließlich auch ausrichtete: die Deregulierung des Verfahrens bzw. die Einschränkung staatlicher Eingriffe im Insolvenzverfahren, was mittelbar zu einer Entlastung der Justiz führen sollte.[209] Es wurde ein völlig neues Insolvenzverfahren vorgeschlagen, in dem die Gläubiger mehr Einflussmöglichkeiten haben und die Sanierung des Unternehmens als Ziel des Insolvenzverfahrens neben die Liquidation treten sollten. Völlig neu war auch die Einführung des Insolvenzplanverfahrens und der Restschuldbefreiung im Verbraucherinsolvenzverfahren.[210] 1989 wurde ein Referentenentwurf veröffentlicht und Ende 1990 der Bundesregierung vorgelegt. Der Diskussionsentwurf und die Ergänzungen wurden darin weitestgehend übernommen. Wesentliche Änderungen finden sich im Insolvenzarbeitsrecht und zur Vorbereitung von Vorschlägen auf die Neuordnung des internationalen Insolvenzrechts.[211] Anfang des Jahres 1992 leitete die Bundesregierung ihren Regierungsentwurf einer Insolvenzordnung dem Bundesrat zu. Bedeutsamste Änderung im Vergleich zum Referentenentwurf war dabei die erneute Aufwertung des einfachen Eigentumsvorbehalts vom Absonderungs- zum Aussonderungsrecht. Der Bundesrat ging in seiner Stellungnahme vor allem auf eine Bereinigung des Verbraucherinsolvenzverfahrens ein.[212] Nach Zuleitung an den Bundestag im September 1992 beschäftigte sich der zuständige Rechtsausschuss in sieben Plenarsitzungen und unzähligen Gesprächen mit unterschiedlichen Gruppen (wie z. B. Sachverständigen und Vertretern der Landesjustizverwaltungen) mit dem Gesetzesvorhaben. Am 13.04.1994 legte der Rechtsausschuss seine Beschlussempfehlung dem Plenum des Deutschen Bundestages vor. Dieser folgte der Beschlussempfehlung mit Gesetzesbeschluss vom 21.04.1994. Im Vergleich zum Regierungsentwurf blieben die Grundstruktur des Verfahrens und das Ziel der Reform fast unangetastet.[213] Änderungen hat der Rechtsausschuss im Gesetzesentwurf vor allem im Bereich des Insolvenzplans und der übertragenden Sanierungen, bei den Mobiliarsicherheiten, im Verbraucherinsolvenzverfahren und im Insolvenzarbeitsrecht eingeführt. Auch der Rechtsausschuss verfolgte dabei das Ziel der Deregulierung des Verfahrens und die daraus folgende Entlastung der Justiz.[214] Dass die InsO erst fünf Jahre nach dem Gesetzesbeschluss

209 *Henckel*, in: Jaeger, InsO, Einl. Rn 44.

210 *Balz/Landfermann,* Die neuen Insolvenzgesetze, Einl. 5.1 ff.

211 *Stürner,* in: MünchKomm-InsO, Einl. Rn 41.

212 *Pape/Uhlenbruck/Voigt-Salus,* Insolvenzrecht, Kap. 8 , Rn 8.

213 *Stürner,* in: MünchKomm-InsO, Einl. Rn 45; *Balz/Landfermann,* Die neuen Insolvenzgesetze, Einl. 7.

214 *Balz/Landfermann,* Die neuen Insolvenzgesetze, Einl. 7.1 ff.

in Kraft trat, lag an den Ländern. Diese brachten im Bundesrat vor, dass ihre Ressourcen ein früheres Inkrafttreten nicht ermöglichen, was im Vermittlungsausschuss ein solch spätes Umsetzen zur Folge hatte.[215]

2. Bewertung der Insolvenzrechtsreform

Fast 30 Jahre intensive Diskussionen führten zur Entstehung und Entwicklung der geltenden Insolvenzordnung. Auch kann man aufgrund der langen Beratungsdauer in den jeweiligen Gremien die InsO nicht als ein Gesetz bezeichnen, das nebenbei auf den Weg gebracht wurde. Viele unterschiedliche Richtungen (Juristen, Wirtschaftswissenschaftler, Konkursverwalter, Landesjustizverwaltungen usw.) haben bei der Entstehung der InsO mitgewirkt und man kann wohl sagen, dass die InsO von jedem das Beste mit auf den Weg bekommen hat. Insgesamt ist ein in sich schlüssiges System entstanden, das zwar stetig weiterentwickelt und sogar noch vor Inkrafttreten mehrfach geändert wurde[216]. Die Grundideen der InsO, nämlich die Entwicklung eines einheitlichen und vor allem funktionierenden Konkurssystems, wurden dabei aber nicht aus den Augen gelassen.

III. Die Behandlung des Fiskusvorrechts in der Insolvenzrechtsreform

Wie bereits oben dargestellt, wurden im Laufe der Insolvenzrechtsreform stets Änderungen an der InsO vorgenommen. Was aber in keinem Stadium der Reform erneut diskutiert wurde, ist die Abschaffung des Fiskusvorrechts. Nach dem Bericht der Insolvenzrechtskommission wurde an keinem Punkt der Reform – auch nicht ansatzweise – eine intensive Diskussion dahingehend geführt, ob das Fiskusvorrecht nicht doch wieder in die InsO aufzunehmen sei.

1. Die Behandlung durch die Insolvenzrechtskommission

Die Insolvenzrechtskommission setzte sich am intensivsten von allen beteiligten Gremien mit der Abschaffung der Vorrechte und dabei mit dem Fiskusvorrecht

---

215 *Pape/Uhlenbruck/Voigt-Salus,* Insolvenzrecht, Kap. 8 , Rn 8*; Balz/Landfermann,* Die neuen Insolvenzgesetze, Einl. 8.

216 *Henckel*, in: Jaeger, InsO, Einl. Rn 46 ff; demnach wurden vor dem 01.01.1999 noch insgesamt acht Änderungen an der InsO vorgenommen.

auseinander. Schon im Ersten Bericht empfahl diese unter Leitsatz 3.8 die Abschaffung aller allgemeinen Konkursvorrechte. Als bedeutsamsten Grund führt die Kommission dabei zunächst den Grundsatz der Gläubigergleichbehandlung an.[217] Anschließend handelt die Kommission die einzelnen Vorrechte des § 61 KO nacheinander ab. Unter Leitsatz 3.8.2 wird die Streichung des Fiskusvorrechts begründet.[218] Dabei setzt sie sich zunächst mit den Argumenten auseinander, die für die Geltung des Fiskusvorrechts angeführt werden. Im Wesentlichen sind das die Argumente, die auch schon für die Aufnahme in die KO herangezogen wurden, nämlich dass der Staat sich bei Steuerforderungen seine Schuldner nicht aussuchen und seine Forderungen nicht absichern könne und dass der Staat mit seinen Steuerforderungen stets in Vorleistung gehen müsse, was dem öffentlichen Interesse entspreche und weshalb er abgesichert werden müsse.[219] Als zusätzliches Argument für den Beibehalt des Fiskusvorrechts wird im Bericht angeführt, dass sich die Stundungspraxis der Finanzämter im Falle der Abschaffung erheblich verschärfen und damit nachteilig auf die Betriebe auswirken würde.[220] Diese Argumente werden von der Insolvenzrechtskommission dezidiert behandelt und einzeln widerlegt. Die vorgebrachten Gegenaspekte werden an späterer Stelle genauer beleuchtet. Hier soll vorerst die Feststellung ausreichen, dass eine intensive Diskussion erfolgte und die Kommission dabei zu dem Schluss kam, dass die Argumente, die für das Fiskusvorrecht vorgebracht werden, die Beibehaltung nicht begründen können.

Zuletzt setzt sich die Insolvenzrechtskommission mit den Folgen der Abschaffung für den Staat auseinander und stellt dabei fest, dass der Staat *„voraussichtlich keinen finanziellen Verlust dadurch erleiden wird (...); seine Befriedigungsaussichten dürften sich im Gegenteil erheblich verbessern“*[221]. Dadurch nämlich, dass die Masse erheblich angereichert werde, damit auch die Konkursverfahren eröffnet werden können und es nicht zu einem völligen Ausfall der Forderungen komme, ergäbe sich für alle Insolvenzgläubiger eine höhere Befriedigungsquote, was ebenso für den Staat als Insolvenzgläubiger gelte.[222]

---

217 1. Ber InsRKomm, S. 348 ff.

218 1. Ber InsRKomm, S. 345 ff.

219 1. Ber InsRKomm, S. 346; s. zu den Argumenten schon oben § 4IV.3.

220 1. Ber InsRKomm, S. 346.

221 1. Ber InsRKomm, S. 347.

222 1. Ber InsRKomm, S. 347 f; der Zweite Bericht der Insolvenzrechtskommission enthielt keine weiteren Ausführungen in Bezug auf die Vorrechte.

2. Der Diskussions- und der Referentenentwurf des Bundesministeriums der Justiz

Der Wortlaut von Diskussions- und Referentenentwurf sind im Punkt „*Abschaffung der allgemeinen Konkursvorrechte*“[223] nahezu identisch, wie sich aus einem Vergleich ergibt. Der Referentenentwurf hat diesbezüglich fast keine Änderungen vorgenommen. Zunächst wird die Notwendigkeit der Abschaffung der Konkursvorrechte allgemein begründet. Nur in den Folgen der Abschaffung wird auch näher auf das Fiskusvorrechts eingegangen. Dabei heißt es:

> „*Die Beseitigung des Fiskusvorrechts wird sich wegen der Anreicherung der Insolvenzmassen, wegen der größeren Zahl eröffneter Verfahren und wegen der Verbesserung der Sanierungsmöglichkeiten insgesamt schwerlich zum Nachteil des Steuerfiskus auswirken*“[224].

Eine Auseinandersetzung mit den von der Insolvenzrechtskommission angeführten und behandelten Argumenten, die im Ergebnis auch zur Aufnahme des Fiskusvorrechts in die KO führten, erfolgte in diesem Stadium nicht mehr. Lediglich die Kostenfrage, also die Folgen der Abschaffung der Fiskusvorrechte, schien noch interessant zu sein.

3. Der Regierungsentwurf

Im Regierungsentwurf wurde das Fiskusvorrecht ähnlich wie im Diskussions- und Referentenentwurf behandelt. Schon im Vorblatt zum Regierungsentwurf wird unter dem Punkt „Kosten“ auf das bereits Dargestellte eingegangen.[225] In der Allgemeinen Begründung zum Regierungsentwurf finden sich anschließend identischen Ausführungen hinsichtlich der Abschaffung der allgemeinen Konkursvorrechte wie im Referentenentwurf.[226] Eine erneute Auseinandersetzung mit diesem Thema fand auch hier nicht statt.

4. Vom Regierungsentwurf hin zum Gesetz

Im weiteren Verfahren nach Einbringung des Regierungsentwurfs in den Bundestag wurde die Abschaffung der Vorrechte an keiner Stelle diskutiert.

---

223 Begr zu DiskE, A 54; Begr zu RefE A 62.

224 Begr zu DiskE, A 55; Begr zu RefE A 64.

225 *Balz/Landfermann,* Die neuen Insolvenzgesetze, S. 60.

226 RegE zur InsO v. 15.04.1992, BT-Drucks. 12/2443, S. 89; *Balz/Landfermann,* Die neuen Insolvenzgesetze, S. 29 f.

IV. Zusammenfassung

Die Diskussion über die Abschaffung der Vorrechte und insbesondere des Fiskusvorrechts nahm im Laufe der Reform stetig ab, wie sich aus obiger Darstellung ergibt. Setzte sich die Insolvenzrechtskommission noch intensiv mit diesem Punkt auseinander, wurde dies am Ende der Reform gar nicht mehr behandelt. Die Abschaffung war – so scheint es zumindest – letztlich schon mit den Berichten der Insolvenzrechtskommission entschieden gewesen. Dies dürfte wohl nicht zuletzt daran liegen, dass in den Vorrechten und insbesondere eben im Fiskusvorrecht ein wesentlicher Grund der Funktionsunfähigkeit des damaligen Konkurssystems gesehen wurde[227] und dass bei einer Beibehaltung der Vorrechte dieselben Folgen auch für die InsO befürchtet wurden. Die InsO in ihrer Fassung vom 01.01.1999 war somit zunächst frei von jeglichen Fiskusvorrechten.

Diese Entscheidung des Gesetzgebers war auch richtig. Die Abschaffung hatte nur Vorteile für das Insolvenzrecht und für die Funktionsfähigkeit der InsO. Dabei wurde der Fiskus durch diese Entscheidung nicht nur belastet, sondern zog ebenfalls Vorteile daraus. An erfolgreichen Sanierungen oder höheren Quoten der Insolvenzgläubiger wird der Fiskus ebenfalls beteiligt und kann höhere Steuereinnahmen daraus erzielen. Profitieren die Gläubiger, profitiert auch der Fiskus, da die Gläubiger mit den Einnahmen mehr steuerpflichtige Umsätze tätigen können. Der Gesetzgeber hatte erkannt, dass die Abschaffung nicht nur unmittelbar den Wegfall von Einnahmen zur Folge hat, sondern mittelbar dem Fiskus Vorteile in Form von höheren Steuereinnahmen hat und damit die Ausfälle nicht so hoch sind, dass sie die Beibehaltung des Fiskusvorrechts rechtfertigen könnten. Durch die Abschaffung haben beide Seiten Vorteile: Die Gläubiger profitierten von höheren Quoten und es wurden Sanierungen ermöglicht und der Fiskus kann sich daran in Form von Steuerreinnahmen beteiligen ohne das Insolvenzverfahren selbst zu beeinflussen. Der damalige Gesetzgeber hat im Ergebnis damit hinsichtlich des Fiskusvorrechts den richtigen Weg gewählt.

---

227 S. schon oben § 4III.

§ 6 Entwicklungen und Maßnahmen des Gesetzgebers zur Wiedereinführung des Fiskusvorrechts seit Inkrafttreten der InsO bis zum Haushaltsbegleitgesetz 2011

Der Zustand dieser Vorrechtsfreiheit der InsO sollte nicht lange bestehen. Schon kurz nach Inkrafttreten der InsO gab es erste Bestrebungen seitens des Gesetzgebers, Vorrechte zugunsten des Fiskus wiedereinzuführen. Im Folgenden soll deshalb zunächst der Gang dieser Entwicklung näher dargestellt werden, die 2011 in der tatsächlichen Wiedereinführung mündete, bevor anschließend auf das Ausmaß und die Folgen eingegangen wird.

I. Steuerrechtliche Vorschriften

Die ersten Vorrechte des Fiskus nach Einführung der Insolvenzordnung wurden nicht in die InsO selbst aufgenommen, sondern finden sich eher versteckt in den Steuergesetzen.

1. §§ 48 – 48d EStG

§§ 48 – 48d EStG[228] regeln den Steuerabzug bei Bauleistungen. Nach § 48 Abs. 1 S. 1 EStG hat der (Bau-) Leistungsempfänger (= Auftragsgeber, der Unternehmer oder eine juristische Person des öffentlichen Rechts ist) 15 % der Gegenleistung, also des Werklohns, abzuziehen und gem. § 48a Abs. 1 S. 2 EStG an das für den Leistenden (= i. d. R. Bauunternehmer) zuständige Finanzamt für Rechnung des Leistenden abzuführen. Nach Maßgabe des § 48c EStG wird diese Zahlung auf die Steuerschulden des Leistenden angerechnet, wobei aber gem. § 48a Abs. 3 S. 1 EStG der Leistungsempfänger für nicht oder zu niedrig abgeführte Beträge haftet. Der Staat wendet sich somit direkt an den in der Regel leistungsstärkeren Leistungsempfänger, um die Steuerschulden eines anderen einzutreiben.[229]

---

228 Eingeführt durch *Gesetz zur Eindämmung illegaler Betätigung im Baugewerbe* v. 30.8.2001, BGBl. I 2001, 2267, Neufassung in der Bekanntmachung v. 19.10.2002, BGBl. I 2002, 4210.

229 Voraussetzung ist, dass keine Freistellungsbescheinigung gem. § 48b Abs. 1 S. 1 EStG vorgelegt wurde, durch die der Leistungsempfänger von der Abführung der Bauabzugssteuer befreit wird.

In der Insolvenz des Leistenden zeigt sich dabei die Besserstellung des Fiskus. Zahlt der Leistungsempfänger vor Eröffnung des Insolvenzverfahrens über das Vermögen des Leistenden die Abzugssteuer an das Finanzamt, ist eine Anfechtung dieser Zahlung nicht möglich. Es handelt sich nicht um eine Leistung aus dem Vermögen des Leistenden, sondern um eine Leistung aus dem Vermögen des Leistungsempfängers, der gem. § 48a Abs. 2 EStG für die Abführung haftet. Daneben stehen dem Fiskus auch bessere Aufrechnungsmöglichkeiten zu.[230]

2. § 13b Abs. 2 Nr. 4, Abs. 5 UStG[231]

Nach § 13b Abs. 5 S. 2 UStG schuldet die Umsatzsteuer, die aus Werklieferungen und sonstigen Leistungen entsteht, die gem. § 13b Abs. 2 Nr. 4 UStG der Herstellung, Instandsetzung, Instandhaltung, Änderung oder Beseitigung von Bauwerken dienen (mit Ausnahme von Planungs- und Überwachungsleistungen), der Leistungsempfänger, soweit er Unternehmer ist und solche Leistungen erbringt. Es wird also auch hier – ähnlich wie bei der Bauabzugssteuer – der Steuerschuldner ausgewechselt, nur mit dem Unterschied, dass durch § 13b Abs. 5 UStG der Leistungsempfänger nicht mehr nur für die Abführung der Steuer haftet, sondern die Steuer nun selbst schuldet.

Auch hier zeigt sich die Vorrechtsstellung wie bei der Bauabzugssteuer im Falle der Insolvenz des Leistenden. Da es sich wegen § 13b Abs. 5 UStG um eine Steuerschuld des Leistungsempfängers handelt, ist eine Anfechtung ausgeschlossen. Der Fiskus erhält somit stets die Umsatzsteuerschuld beglichen, sodass die Insolvenz des Leistenden im Hinblick auf diese Steuerschuld für den Fiskus keinerlei Auswirkungen hat.

3. § 13c UStG

Durch § 13c UStG[232] schafft sich der Fiskus bei abgetretenen Forderungen für die in dieser Forderung enthaltene Umsatzsteuer einen zusätzlichen Haftungsschuldner.

---

230 *Bauer*, ZInsO 2008, 119, 120; *Kroth*, NZI 2004, 345, 347.

231 Eingeführt durch das *Haushaltsbegleitgesetz 2004* v. 29.12.2003, BGBl. I 2003, 3076 und *Steuersenkungsgesetz 2003* v. 15.12.2003, BGBl. I 2003, 2645. Bis zum 30.06.2010 fanden sich diese Regelungen noch in § 13b Abs. 1 Nr. 4, Abs. 2 UStG. Die Umstrukturierung erfolgte durch das *Gesetz zur Umsetzung steuerlicher EU-Vorgaben sowie zur Änderung steuerlicher Vorschriften* v. 08.04.2010, BGBl I 2010, 386.

232 Eingeführt durch das *Steueränderungsgesetz* v. 15.12.2003, BGBl. I 2003, 2645.

Neben dem Zedenten haftet zusätzlich der Zessionar durch § 13c Abs. 1, 2 UStG für die enthaltene Umsatzsteuer als Gesamtschuldner. Das Finanzamt aber nimmt dafür allein den Zessionar in Anspruch, weil § 13c Abs. 2 S. 2 UStG die Anwendung des § 191 AO (Auswahlermessen der Finanzbehörde hinsichtlich des Haftungsschuldners) ausschließt.[233] Die Bevorzugung des Fiskus zeigt sich auch hier wieder im Fall der Insolvenz des abtretenden Unternehmers. Zieht der Zessionar eine Forderung ein, die der Zedent abgetreten hat und reicht der Erlös zur Befriedigung nicht aus, muss der Zessionar dennoch die volle Umsatzsteuer aus dieser abgetretenen Forderung an den Fiskus abführen. Wurde der Zedent zwischenzeitlich insolvent, kann der Zessionar hinsichtlich des nicht-befriedigten Teils seine Forderung aber nur als Insolvenzgläubiger geltend machen. Der Fiskus hingegen erhält, obwohl er eigentlich ebenfalls nur Insolvenzgläubiger wäre, die volle Umsatzsteuerforderung.[234] Eine Anfechtbarkeit scheidet in dieser Konstellation aus, da keine Gläubigerbenachteiligung vorliegt.[235] Für diesen Fall besteht also eine erhebliche Bevorzugung des Fiskus vor den anderen Gläubigern.[236]

4. Zusammenfassung/Bewertung dieser steuerrechtlichen Vorschriften

Durch eine Auswechslung des Steuerschuldners verschafft sich der Fiskus im Insolvenzverfahren erhebliche Vorteile. Da in den überwiegenden Fällen die Leistenden und nicht die Leistungsempfänger insolvent werden, sichert sich der Staat hinsichtlich dieser Steuerforderungen ab, indem er die Steuerschuld einem anderen auferlegt. Vor allem im Hinblick darauf, dass diese Vorschriften in der Bauwirtschaft relevant werden, wo es regelmäßig um erhebliche Summen geht und vermehrt Insolvenzen eintreten, zeigt sich die Bedeutung dieser Vorschriften für den Fiskus.[237]

---

233 *Kroth*, NZI 2004, 345, 350.

234 *Bauer*, ZInsO 2008, 119, 121.; *Kroth*, NZI 2004, 345, 351 f.

235 *Kroth*, NZI 2004, 345, 351 f; für den Fall, dass der Zessionar durch die Abtretung der Forderung vollständig befriedigt wird, wird hingegen eine Gläubigerbenachteiligung und damit eine Anfechtbarkeit (soweit die restlichen Voraussetzungen vorliegen) bejaht, s. *Kroth* aaO. Die Bevorzugung des Fiskus zeigt sich also nur in oben dargestellter Konstellation.

236 Ausführliche Abhandlung und Bewertung des § 13c UStG auch bei *Bauer*, Ungleichbehandlung der Gläubiger, S. 107 ff.

237 So auch *Bauer*, ZInsO 2008, 119, 121.

II. Der Entwurf eines Gesetzes zum Pfändungsschutz der Altersvorsorge und zur Anpassung des Rechts der Insolvenzanfechtung[238], 2005

„Die Insolvenzanfechtung wurde durch die neuere Rechtsprechung des Bundesgerichtshofs[239] *für den Insolvenzverwalter deutlich erleichtert. Hierdurch sind insbesondere die öffentlich-rechtlichen Gläubiger benachteiligt. Bei den Sozialversicherungsträgern beispielsweise wird ein Beitragsausfall von bis zu 800 Mio. Euro jährlich befürchtet*“[240].

Dies hat der Gesetzgeber als Beweggründe („Problem und Ziel“) für den oben genannten Gesetzesentwurf hinsichtlich der Änderung der Anfechtungsregeln angegeben. Ob diese Begründung tatsächlich zutrifft, gilt es an späterer Stelle zu beurteilen. Zunächst soll auf den Gesetzesentwurf selbst und dessen Ziele eingegangen werden.

1. Hintergrund

Ausschlaggebend für diesen Gesetzesentwurf waren wohl der Bericht des Bundesrechnungshofs vom 03.09.2003[241] und das sogenannte „No-Name-Paper“ (häufig auch als „Non-Paper“ bezeichnet). In seinem Bericht legte der Bundesrechnungshof dem Gesetzgeber nahe, den Fiskusvorbehalt (des § 61 Abs. 1 Nr. 2 KO) wieder einzuführen, um dadurch die Steuerausfälle in der Insolvenz zu verringern.[242] Das „No-Name-Paper“ enthielt Vorschläge zur Änderung der InsO. Es ist immer noch unklar, von wem diese Vorschläge tatsächlich stammen, wobei Vermutungen auf die Länderfinanzverwaltungen und Sozialversicherungsträger deuten.[243] Die Vorschläge enthielten deutliche Eingriffe in die InsO. So sollte beispielsweise die Anfechtung gegenüber dem

---

238 s. BR-Drucks. 618/05 v. 12.08.2005 sowie BT-Drucks. 16/886 v. 09.03.2006 (einschließlich der Stellungnahme des Bundesrates und der Gegenäußerung der Bundesregierung); im Folgenden ist nur der Teil des Gesetzentwurfes hinsichtlich der „Anpassung des Rechts der Insolvenzanfechtung“ relevant.

239 Zu dieser „anfechtungsfreundlichen Rechtsprechung“ des BGH s. sogleich § 6III.

240 BR-Drucks. 618/05 v. 12.08.2005, S. 1.

241 BT-Drucks. 15/1495 v. 03.09.2003.

242 BT-Drucks. 15/1495 v. 03.09.2003, S. 18; *Uhlenbruck*, ZInsO 2005, 505, 508; dieser Bericht des Bundesrechnungshofes war auch Anlass für die Einführung der bereits oben behandelten §§ 13b und c UStG.

243 *Uhlenbruck*, ZInsO 2005, 505, 508.

Fiskus und den Sozialversicherungsträgern ausgeschlossen werden und Steuern, die nach Eröffnungsantrag entstanden sind, als Masseverbindlichkeiten gelten. Diese Vorschläge gingen damit sogar über die ursprüngliche Regelung des § 61 Abs. 1 KO hinaus. Der Fiskus und die Sozialversicherungsträger sollten also nicht nur als Insolvenzgläubiger vorab befriedigt, sondern in den meisten Fällen zu Massegläubigern werden. Zusätzlich sollten etwaig erfolgte Zahlungen nicht mehr anfechtbar sein. Dies hätte im Ergebnis einen vollständigen für Forderungen dieser beiden Gläubiger bedeutet.[244]

Auch im Rahmen dieser Vorschläge wurde stets auf die hohen Steuerausfälle des Fiskus und die Ausfälle der Sozialversicherungsträger hingewiesen. Dass Verweise auf angeblich immense Ausfälle[245] den Gesetzgeber aufgrund der regelmäßig angespannten Haushaltslage des Bundes und der Länder zu Handlungen veranlassen, muss wohl nicht weiter begründet werden.

2. Inhalt und Auswirkungen dieses Gesetzesentwurfs

Der Gesetzesentwurf des Bundesministeriums der Justiz enthielt folgende wesentliche Änderungen der Anfechtungsmöglichkeiten nach der InsO:[246]

- § 131 Abs. 1 InsO sollte dahingehend geändert werden, dass für den Fall der Befriedigung durch Zwangsvollstreckung die Rechtshandlung nicht mehr allein dadurch inkongruent werde.
- Ein neu bei § 133 Abs. 1 InsO einzufügender Satz 3 sah vor, dass für die Vorsatzanfechtung bei einer kongruenten Deckung ein unlauteres Handeln des Schuldners nötig sei.

---

244 *Pape/Uhlenbruck*, ZIP 2005, 419; auf eine weitergehende Darstellung des „No-Name-Papers“ soll hier verzichtet werden. Eine eingehende Behandlung und Darstellung der einzelnen Änderungsvorschläge findet sich bei *Uhlenbruck*, ZInsO 2005, 505, 508 f und *Pape/Uhlenbruck*, ZIP 2005, 417 ff.

245 Tatsächlich sind die von den Sozialversicherungsträgern angegebenen Ausfälle in Höhe von 800 Mio. € nicht nachgewiesen, s. *Schneider/Hörmann*, ZInsO 2005, 133, 137 (dort Fn. 27) und nach einer später durchgeführten IFB-Studie deutlich überhöht, s. *Blank*, ZInsO 2008, 1, 4.

246 S. dazu auch: *Knospe/Gellrich*, NZS 2006, 303, 311; *Bauer*, ZInsO 2008, 119, 122 f; *Bauer*, Ungleichbehandlung der Gläubiger, S. 8 ff und 113 ff; ausführliche Besprechung bei *Weiland*, Par conditio creditorum, S. 128 ff.

– Schließlich sollte bei § 28e Abs. 1 SGB IV ein Satz angefügt werden, wonach die Zahlung des vom Beschäftigten zu tragenden Anteils am Gesamtsozialversicherungsbeitrag als aus dem Vermögen des Beschäftigten erbracht gilt. Selbige Regelung sollte auch in das EStG für die Lohnsteuer aufgenommen werden.

Diese Regelungen hätten die Anfechtungsmöglichkeiten von Zahlungen des Insolvenzschuldners an den Fiskus und an die Sozialversicherungsträger nahezu ausgeschlossen. Außerhalb der Anfechtungsproblematik sollte § 55 Abs. 2 InsO dahingehend ergänzt werden, dass auch Verbindlichkeiten, die durch einen schwachen Insolvenzverwalter oder mit dessen Zustimmung begründet wurden, nach Eröffnung des Insolvenzverfahrens als Masseverbindlichkeiten gelten. Dadurch sollte insbesondere die Umsatzsteuer zur Masseschuld aufgewertet werden.

Zusammengefasst wären durch diese Änderungen der Fiskus und die Sozialversicherungsträger erheblich begünstigt und gegenüber anderen Insolvenzgläubigern bevorzugt worden.

Dabei hat man sich aber vor allem die Bedeutung der Anfechtung gegen über diesen beiden Institutionen vor Augen zu führen: Durch die Anfechtung gem. §§ 131, 133 InsO gegenüber dem Fiskus und den Sozialversicherungsträgern werden regelmäßig erhebliche Summen zur Masse zurückgebracht. § 266a StGB stellt das Vorenthalten und Veruntreuen von Arbeitnehmer- und Arbeitgeberbeiträgen zur Sozialversicherung unter Strafe. Deshalb ist üblicherweise den gesetzlichen Vertretern späterer Insolvenzschuldnern daran gelegen, die Sozialversicherungsbeiträge abzuführen, um dieser strafrechtlichen Verantwortlichkeit zu entgehen. Dadurch fließen vor der Insolvenz regelmäßig erhebliche Beträge aus dem Vermögen des Schuldners den Sozialversicherungsträgern zu. Selbiges ist hinsichtlich der Steuerforderungen anzunehmen, da gem. §§ 69, 34 AO die gesetzlichen Vertreter persönlich für die Nichterfüllung der Steuerschuld haften und ihnen deshalb besonders an der Erfüllung der Steuerschulden gelegen ist. Diese durch die Anfechtung zurückgeholten Beträge machen oftmals einen Großteil der Insolvenzmasse aus, der wiederum den ungesicherten Gläubigern zur Verfügung steht und auch der Durchführung des Insolvenzverfahrens mit Blick auf die Verfahrenskosten dient. Die Anfechtung gegenüber dem Fiskus und den Sozialversicherungsträgern hat somit einen bedeutenden Hintergrund: Sie ermöglicht die Durchführung des Insolvenzverfahrens, da der Insolvenzverwalter mit diesen zurückgeholten Beträge die Verfahrenskosten begleichen kann. Zusätzlich profitieren die Gläubiger von höheren Quoten.

Kann ein Insolvenzverfahren aber erfolgreich durchgeführt oder der Insolvenzschuldner dabei saniert werden und erhalten die Insolvenzgläubiger höhere Quoten, treten die bereits oben dargestellten günstigen Wirkungen für den Fiskus wieder ein: Seine Steuereinnahmen erhöhen sich, da sowohl die Insolvenzgläubiger als auch der Insolvenzschuldner besser wirtschaften und höhere Umsätze erzielen können.[247]

3. Das Scheitern dieses Gesetzesentwurfs

Hinsichtlich des Teils zur *Anpassung des Rechts zur Insolvenzanfechtung* ist dieses Gesetz nicht in Kraft getreten. Schon der Bundesrat hat dazu eine ablehnende Stellungnahme abgegeben mit dem Hinweis, dass ein etwaiger Verstoß gegen den Gläubigergleichbehandlungsgrundsatz vorliege und dass dies nochmals genauer überprüft werden sollte. In der Literatur wurde dieses Vorhaben zusätzlich massiv kritisiert.[248] Auch der Rechtsausschuss des Bundestages hat sich in seiner Beschlussempfehlung dem Bundesrat angeschlossen und sich dafür ausgesprochen, diesen Teil nicht Gesetz werden zu lassen. Der Bundestag ist dem gefolgt und ließ den Gesetzesentwurf am 14.12.2006 scheitern.

III. Die „anfechtungsfreundliche" Rechtsprechung des BGH

Im Rahmen der Beweggründe für den *Entwurf des Gesetzes zum Pfändungsschutz der Altersvorsorge und zur Anpassung des Rechts der Insolvenzanfechtung* (2005) wurde der seitens der Behörden erhobene Vorwurf der „anfechtungsfreundlichen Rechtsprechung" des BGH bereits kurz angesprochen.[249] Bei einer überblicksartigen Betrachtung der Rechtsprechungsentwicklung[250] bzw. der wesentlichen Urteile stellt man fest, dass die Anfechtung gegenüber den öffentlich-rechtlichen Gläubigern tatsächlich vereinfacht wurde:

---

247 S. dazu oben § 5IV.

248 *Blank*, ZInsO 2008, 1, 2 f.

249 S. oben § 6II; dazu auch *Schneider/Hörmann*, ZInsO 2005,133, 134; *Weiland*, Par conditio creditorum, S. 114 ff; *Meier*, Privilegien des Fiskus, S. 11 ff.

250 Eine ausführliche Abhandlung findet sich dazu bei *Meier*, Privilegien des Fiskus, S. 11 ff.

§ der InsO	Betroffenes Tatbestandsmerkmal	Rechtsprechung des BGH
129	Gläubigerbenachteiligung	– Begleichung einer Steuerforderung regelmäßig nachteilig wegen fehlender Gegenleistung[251]; – Zur Lohnsteuer: Zahlung der Lohnsteuer an das Finanzamt stammt aus dem Vermögen des (insolventen) Arbeitgebers und nicht des Arbeitnehmers[252];
131	Inkongruenz	– „Ausgangsentscheidung": Zahlungen in der Krise aufgrund von Zwangsvollstreckungshandlungen sind inkongruent[253]; – Inkongruenz ist auch gegeben, wenn Erfüllung aufgrund bloßer Androhung der Zwangsvollstreckung („Druckzahlung") erfolgt[254]; – Anschein der baldigen Zwangsvollstreckung dazu ausreichend (automatisch erstellte Mahnung)[255] – Drucksituation entsteht auch durch Androhung der Stellung eines Insolvenzantrages[256];

251 *Meier*, Privilegien des Fiskus, S. 19; zur fehlenden Gläubigerbenachteiligung s. *Kirchhof*, in: MünchKomm-InsO, § 129 Rn 117.

252 BGH Urt. v. 22.01.2004 – IX ZR 39/03, NJW 2004, 1444, 1446; *Henckel*, in: Jaeger, InsO, § 129 Rn 223; a.A. BFH Beschl. v. 11.08.2005 – VII B 244/04, ZIP 2005, 1797, 1799; vor allem mit Blick auf die zu den Sozialversicherungsbeiträgen in ähnlicher Weise ergangenen Rechtsprechung des BGH (BGH Urt. v. 05.11.2009 - IX ZR 233/08, NJW 2010, 870, wonach auch die Sozialversicherungsbeiträge aus dem Vermögen des Arbeitgebers geleistet werden), ist kaum damit zu rechnen, dass der BGH von dieser Ansicht abweichen wird; eine Anrufung des Gemeinsamen Senates der obersten Gerichtshöfe des Bundes ist bisher dazu nicht erfolgt.

253 BGH Urt. v. 09.09.1997 – IX ZR 14/97, BGHZ 136, 309, 311 ff = NJW 1997, 3445, 3446; dieses Urteil erging gegen einen Privatgläubiger.

254 BGH Urt. v. 11.04.2002 – IX ZR 211/01, NZI 2002, 378 = NJW 2002, 2568; *Kirchhof*, in: MünchKomm-InsO, § 131 Rn 26c.

255 BGH Urt. v. 15.05.2003 – IX ZR 194/02, NJW-RR 2003, 1201, 1202 = NZI 2003, 433; *Schneider/Hörmann*, ZInsO 2005, 133, 134.

256 BGH Urt. v. 18.12.2003 - IX ZR 199/02, BGHZ 157, 242 = NJW 2004, 1385 = DStR 2004, 737; dieses Urteil erging zwar nicht ausdrücklich gegen die Finanzbehörden, sondern gegen einen Sozialversicherungsträger, ist aber auf diese ebenso anwendbar; s. dazu auch *Kirchhof*, in: MünchKomm-InsO, § 131 Rn 26d; *Uhlenbruck*, ZInsO 2005, 505, 513.

131 Abs.1 Nr.2; 130 Abs.1	Nachweis der objektiven Zahlungsunfähigkeit	– Dazu ist der Nachweis ausreichend, dass fällige Verbindlichkeiten bestanden und diese bis zur Verfahrenseröffnung nicht erfüllt wurden[257];
130 Abs.1 Nr.1	Kenntnis der Zahlungsunfähigkeit	– Allgemein: für Kenntnis ist ausreichend, wenn Anfechtungsgegner die zugrundeliegenden Tatsachen kennt, aus denen objektiv gefolgert werden kann, dass der Schuldner wesentliche Zahlungen nicht mehr bzw. nicht bald erbringen wird[258]; – Kenntnis der Finanzbehörden ist anzunehmen, wenn Finanzbeamte den Betrag der offenen Steuerforderungen kennen, der Fehlbetrag stetig zunimmt und keine Anzeichen dafür vorliegen, dass diese in Zukunft fristgerecht erfüllt werden[259]; – Grob fahrlässige Unkenntnis ist dabei ausreichend[260];
131 Abs.1 Nr.3	Kenntnis der Gläubigerbenachteiligung	– Kenntnis der drohenden Zahlungsunfähigkeit dafür ausreichend[261];
133		– Vermutung der Kenntnis nach bereits dargestellten Maßstäben[262]; – Zusätzliches Beweisanzeichen für die Kenntnis: Inkongruenz der Zahlung[263]; – Bedingter Vorsatz des Schuldners ausreichend für den Gläubigerbenachteiligungsvorsatz[264].

257 BGH Urt. v. 12.10.2006 – IX ZR 228/03, NZI 2007, 36, 38; s. dazu auch *Meier*, Privilegien des Fiskus, S. 17 f; dadurch entfällt insbesondere das regelmäßig schwierige Erstellen einer Liquiditätsbilanz vgl. *Reischl*, Insolvenzrecht, Rn 108; *Bußhardt*, in: Braun, InsO, § 17 Rn 45.

258 BGH Urt. v. 27.04.1995 – IX ZR 147/94, NJW 1995, 2103, 2105; BGH Urt. v. 03.12.1998 – IX ZR 313/97, NJW 1999, 645, 646.

259 BGH Urt. v. 09.01.2003 – IX ZR 175/02, NJW-RR 2003, 697, 699; Folgeurteil zu BGH Urt. v. 20.11.2001 – IX ZR 48/01, NJW 2002, 515, 517, in dem über die Kenntnis eines Sozialversicherungsträgers von der Zahlungsunfähigkeit geurteilt wurde; ebenfalls in einem ähnlichen Fall die Kenntnis bejahend BFH Beschl. v. 11.08.2005 – VII B 244/04, NJW 2005, 3807, 3808.

260 BGH Urt. v. 22.01.2004 – IX ZR 39/03, NZI 2004, 206, 208.

261 *Kirchhof*, in: MünchKomm-InsO, § 131 Rn 54.

262 BGH Urt. v. 17.02.2004 – IX ZR 318/01, ZIP 2004, 669, 671.

263 BGH Urt. v. 18.12.2003 – IX ZR 199/02, BGHZ 157, 242, 251; zur Anfechtung nach § 133 InsO wegen Drohung mit einem Insolvenzantrag s. BGH Urt. v. 18.12.2003 – IX ZR 199/02, NZI 2004, 201, 204.

264 BGH Urt. v. 27.05.2003 – IX ZR 169/02, BGHZ 155, 75, 84 = NZI 2003, 533, 535; setzt der Schuldner gezielt seine letzten Geldmittel ein und befriedigt

Ob man nun von einer anfechtungsfreundlichen Rechtsprechung zu Lasten der öffentlich-rechtlichen Gläubiger sprechen sollte und ob dies solche Vorhaben wie den *Entwurf des Gesetzes zum Pfändungsschutz der Altersvorsorge und zur Anpassung des Rechts der Insolvenzanfechtung* (2005)[265] rechtfertigen kann, gilt es an späterer Stelle zu beurteilen. Jedenfalls ist festzustellen, dass während der Krise an die Finanzbehörden geleistete Zahlungen aufgrund der Rechtsprechung des BGH leichter anfechtbar sind als gegenüber anderen Gläubigern. Dies hat aber maßgebliche Gründe.[266] Zunächst liegt es in der Arbeitsweise der Finanzbehörde mit dem Mittel der Zwangsvollstreckung. Die Finanzbehörden können sich gem. §§ 249, 328, 336 AO ihre Titel selbst schaffen. Sie können also vollstrecken ohne auf ein langes gerichtliches Verfahren angewiesen zu sein. Damit können sie den Schuldner auch wesentlich leichter unter Druck setzen und die Zahlung ohne den Titel erwirken. Liegt der Zahlung „ein Hauch von Zwangsvollstreckung“ zu Grunde, kommt aber bereits eine inkongruente Deckung in Betracht. Daneben ist die Kenntnis der Finanzbehörden von der wirtschaftlichen Situation eines Unternehmens entscheidend. Sie haben Einblicke in das jeweilige Unternehmen, da ihnen die Informationen gerade übermittelt werden müssen. Aufgrund dieser Kenntnisse ist aber auch relativ schnell der Weg zur Anfechtung nach § 130 InsO eröffnet, da die Finanzbehörden dann dadurch das Vorliegen eines Insolvenzeröffnungsgrundes beurteilen können. Es ist deshalb zwar die vermehrte Anfechtung gegenüber den öffentlich-rechtlichen Gläubigern und damit die Geltendmachung von Steuerausfällen aufgrund dieser Rechtsprechung grundsätzlich zu bejahen, allerdings bestehen für diese Rechtsprechung triftige Gründe. Dass dabei gegenüber den Finanzbehörden und Sozialversicherungsträgern mehr Zahlungen angefochten werden als bei ungesicherten Gläubigern, hat – wie gerade dargestellt – den Hintergrund, dass vor allem an diese beiden auch noch während der Krise erhebliche Zahlungen aufgrund der drohenden strafrechtlichen bzw. persönlichen Haftung geleistet werden.[267]

IV. § 28e Abs. 1 S. 2 SGB IV

Dass gerade genannter Gesetzesentwurf keinen Erfolg hatte, hinderte den Gesetzgeber nicht, kurze Zeit später, nämlich ziemlich genau nach einem Jahr, zumindest

---

dadurch einige Gläubiger in bevorzugter Weise, reicht dies für den bedingten Vorsatz bereits aus.

265 S. oben § 6II.

266 S. dazu auch *Meier*, Privilegien des Fiskus, S. 30 f.

267 S. oben § 6II.2.

eine der oben genannten Änderungen Gesetz werden zu lassen. Auch wenn hier ausschließlich die Sozialversicherungsträger privilegiert werden sollten, darf dieses Gesetz nicht unerwähnt bleiben. Mit *Gesetz zur Änderung des Vierten Buches Sozialgesetzbuch und anderer Gesetze*[268], wurde § 28e Abs. 1 S. 2 SGB IV mit Wirkung zum 01.01.2008 eingeführt, wortgleich obigem Gesetzesentwurf von 2005.[269] Wie bereits angesprochen, sollte dadurch die Anfechtung von Zahlungen des Arbeitgebers als Insolvenzschuldner an den Sozialversicherungsträger ausgeschlossen werden. Da nach dem Wortlaut des Gesetzes die Zahlung von Sozialversicherungsbeiträgen durch den Insolvenzschuldner als aus dem Vermögen des Arbeitnehmers erbracht gilt, wäre eine Anfechtung einer solchen Zahlung nicht mehr möglich, da sie – fingiert – gerade nicht aus dem Vermögen des Insolvenzschuldners geleistet wurde.

Der Gesetzgeber hatte bei Erlass dieses Gesetzes jedoch nicht sauber gearbeitet. Um das Ergebnis vorwegzunehmen: Im SGB IV steht nun mit § 28e Abs.1 S. 2 ein Paragraph, der keinerlei Wirkung entfaltet, somit letztlich inhaltsleer ist. Mit Urteil vom 05.11.2009[270] hatte der BGH dem § 28e Abs. 1 S. 2 SGB IV die Eignung zum Ausschluss der Anfechtungsmöglichkeit abgesprochen. Nach Ansicht des BGH handelt es sich trotz der gesetzlichen Fiktion bei Zahlungen der Arbeitnehmernehmerbeiträge durch den Arbeitgeber um mittelbare Zuwendungen des Arbeitgebers an die Sozialversicherungsträger, die weiterhin anfechtbar sind.[271]

Im Ergebnis war damit auch dieser Versuch einer Privilegierung der Sozialversicherungsträger gescheitert. Weshalb § 28e Abs. 1 S. 2 SGB IV immer noch im SGB IV zu finden ist, ist nicht nachvollziehbar. Im Diskussionsentwurf des Bundesministeriums der Justiz zum Gesetz zur weiteren Erleichterung der Sanierung von Unternehmen (ESUG) war die Streichung dieser Vorschrift *„im Interesse der Gläubigergleichbehandlung sowie der Rechtssicherheit“*[272] vorgesehen. Im folgenden

268 Gesetz v. 22.12.2007, BGBl. I 2007, 3024, 3027.

269 S. oben § 6II.2; kritisch zum Vorgehen des Gesetzgebers und zum Inhalt des § 28e Abs. 1 S. 2 SGB IV: *Blank*, ZInsO 2008, 1 ff; *Kreft,* in: FS für Samwer, S. 261, 264 ff; *Bräuer*, ZInsO 2008, 169; *von der Heydt*, ZInsO 2008, 179; *Bauer*, ZInsO 2008, 119, 120 f; *Weiland,* Par conditio creditorum, S. 236 ff.

270 BGH Urt. v. 05.11.2009 - IX ZR 233/08, BGHZ 183, 86 = ZInsO 2009, 2293; s. dazu auch das Anschlussurteil des BGH v. 30.09.2010 – IX ZR 237/09, DZWIR 2011, 74.

271 BGH, Urt. v. 05.11.2009 – IX ZR 233/08, ZInsO 2009, 2293, 2294, Rz. 13; umfassend dazu *Bräuer*, ZInsO 2009, 2286; *Wegener*, NZI 2009, 884; *Stiller*, NZI 2010, 250; *Meier*, ZInsO 2010, 1121, 1122 ff; *Reischl,* Insolvenzrecht, Rn 12.

272 DiskE v. 30.06.2010, abgedruckt in ZInsO 2010, 1440 (1446, Art. 4).

Verfahren und im Gesetz zur weiteren Erleichterung der Sanierung von Unternehmen (ESUG)[273] selbst findet sich dazu jedoch nichts mehr.[274] Eine Begründung des Gesetzgebers für die Aufgabe dieses Vorhabens ist nicht ersichtlich.

V. Der Regierungsentwurf des Jahressteuergesetzes 2007

Der nächste Versuch des Gesetzgebers zur Wiedereinführung von Privilegien findet sich im *Regierungsentwurf des Jahressteuergesetzes 2007*.[275] Auch hier wurde versucht, nun über das Steuerrecht ein Fiskusprivileg einzuführen. Es war die Einfügung folgenden Absatzes in § 251 AO vorgesehen:

> *„Verbindlichkeiten des Schuldners aus dem Steuerschuldverhältnis, die von einem vorläufigen Insolvenzverwalter oder mit dessen Zustimmung begründet worden sind, gelten nach Eröffnung des Insolvenzverfahrens als Masseverbindlichkeit“*[276].

Es handelt sich hierbei um dieselbe Regelung, die bereits im *Entwurf eines Gesetzes zum Pfändungsschutz der Altersvorsorge und zur Anpassung des Rechts der Insolvenzanfechtung* vorgesehen war.[277] Im *Jahressteuergesetz 2007*[278] war diese Regelung wiederum nicht mehr enthalten.

VI. Der Haushaltsentwurf 2011 der Bundesregierung

Nach dem *Jahressteuergesetz 2007* verging einige Zeit, bis der Gesetzgeber erneut versuchte, sich Privilegien einzuräumen. Dieser neue Versuch wurde durch die Bundesregierung angekündigt. Unter dem fünften Eckpunkt *„Einsparungen in allen disponiblen Bereichen und Effizienzsteigerung in der Verwaltung“* aus dem Haushaltsentwurf der Bundesregierung für 2011 finden sich folgende drei Sätze:

> *„Des Weiteren werden wir das sogenannte Fiskusvorrecht im Insolvenzverfahren, das bis 1999 Geltung hatte, wieder einführen. Wir stellen damit die öffentliche Hand*

273 Gesetz zur weiteren Erleichterung der Sanierung von Unternehmen v. 27.12.2011, BGBl. I 2011, 2582.
274 Zur Notwendigkeit der Beseitigung des § 28e Abs. 1 S. 2 SGB IV s. *Weiland*, DZWIR 2011, 224, 228.
275 BT-Drucks. 16/2712 v. 25.09.2006.
276 BT-Drucks. 16/2712 v. 25.09.2006, S. 28.
277 S. oben § 6II.2.
278 Jahressteuergesetz 2007 v. 13.12.2006, BGBl. I 2006, 2878.

anderen Gläubigern wirtschaftlich wieder gleich. Die Regelung aus dem Jahr 1999 hatte in erheblichem Umfang zu einer Privilegierung von Banken geführt"[279].

Diese Ankündigung ist dabei schon kaum nachvollziehbar und wohl auch unzutreffend. Es gibt im deutschen Insolvenzrecht kein Bankenprivileg, wie es hier dargestellt wird. Die Banken können wie alle anderen Gläubiger ebenfalls nur rechtsgeschäftliche Sicherheiten vereinbaren. Sie unterliegen denselben Regeln des Insolvenzrechts wie alle Gläubiger. Ihnen stehen keine Privilegien zu. Auch besteht kein Bedürfnis für eine wirtschaftliche Gleichstellung mit anderen Gläubigern. Zunächst ist schon einmal fraglich, welche anderen Gläubiger die Bundesregierung hier konkret meint. Durch ein Privileg erfolgt aber gerade keine Gleich-, sondern eine Besserstellung. Schon aus diesem Grund kann der Aussage nicht zugestimmt werden, wobei an späterer Stelle noch ein ausführlicher Vergleich von Fiskus im Vergleich zu den übrigen Insolvenzgläubigern gemacht wird.

Diese Ankündigung sollte schließlich durchgeführt werden. Auf die dazu angeführten Begründungen wird erst an späterer Stelle näher eingegangen. Schon kurze Zeit nach dieser Ankündigung regte sich der Protest in der Literatur dagegen.[280] Doch auch dies schien den Gesetzgeber nicht zu interessieren und er setzt seine Pläne im *Haushaltsbegleitgesetz 2011* (HBeglG 2011)[281] um.

VII. Zusammenfassung

Trotz aller Kritik und Warnungen nicht nur seitens der Literatur, sondern auch der Rechtsprechung und ebenso der Legislative selbst und ungeachtet aller in diesen zehn Jahren einzusteckenden „Niederlagen", hat der Gesetzgeber sein Vorhaben der Privilegierung des Fiskus und auch der Sozialversicherungsträger nicht aufgegeben, sondern stetig neue Versuche losgetreten – manchmal offen, manchmal eher versteckt – diese wiedereinzuführen. Dies gipfelt nun im HBeglG 2011, auf das im Folgenden näher einzugehen ist. Zusammenfassend ist nach Darstellung dieser Entwicklungen festzustellen, dass der Gesetzgeber für die Schaffung von

279 Haushaltsentwurf 2011 der Bundesregierung aus Juni 2010, abrufbar unter http://www.bundesregierung.de/Content/DE/Artikel/2010/06/2010-06-07-eckpunktepapier.html (Stand: 21.10.2013), dort S. 7.

280 S. nur Stellungnahme des DAV Nr. 34/2010 v. Juli 2010, abrufbar unter anwaltverein.de/downloads/ stellungnahmen/SN-10/SN34-2010.pdf (Stand: 21.10.2013); ZIP 2010, 1317; *Bauer*, ZInsO 2010, 1432 ff.

281 Haushaltsbegleitgesetz 2011 v. 09.12.2010, BGBl. I 2010, 1885.

Vorrechten nicht den Weg wählte, wie er in der KO – also die Vorabbefriedigung als Insolvenzgläubiger – enthalten war, obwohl dies sogar der Bundesrechnungshof in seinem Bericht von 2003 vorgeschlagen hatte. Möglicherweise wäre dem Gesetzgeber die Einführung einer zu § 61 Abs. 1 KO vergleichbaren Norm zu weit gegangen, da dies den Zielen der InsO zu ausdrücklich widersprochen hätte und ein ähnliches bzw. für den Fiskus wohl sogar noch besseres Ergebnis in Bezug auf die Befriedigung auch über andere Änderungen, nämlich eben im Rahmen der Anfechtungsregelungen oder (wie nun durchgesetzt) durch die Begründung von Masseschulden, erreicht werden kann.

Es ist jedoch bereits jetzt festzuhalten, dass eine stichhaltige tragfähige Begründung für die Einführung des Fiskusvorrechts nicht erfolgte. Ferner ist zu rekapitulieren, dass die Geltung in der KO schon eher zufällig und nicht von Sachargumenten getragen war. Letztlich setzt sich dies nun erneut fort.

Dritter Abschnitt: Das Fiskusvorrecht von heute

§ 7 Das Haushaltsbegleitgesetz 2011

Das HBeglG 2011 ist das Ergebnis einer ca. zehnjährigen Diskussion über die Wiedereinführung von Privilegien für den Fiskus. Durch das HBeglG 2011 wurde dem § 55 InsO ein neuer Absatz 4 hinzugefügt, § 14 InsO wurde ebenfalls erweitert. In der Literatur wird das HBeglG 2011 und dabei insbesondere der § 55 Abs. 4 InsO unterschiedlich bewertet. Es sollen daher im Folgenden die Änderungen und der Umfang dieser Privilegien näher betrachtet werden. Im Gesetzesentwurf war zusätzlich die Änderung des § 96 InsO vorgesehen, was aber nicht umgesetzt wurde. Dennoch bedarf auch dieser Änderungsvorschlag einer genaueren Betrachtung, da schon aufgrund der Historie des Fiskusvorrechts in der InsO mit einem erneuten Versuch des Gesetzgebers zur Änderung des § 96 InsO gerechnet werden kann.[282]

I. § 55 Abs. 4 InsO

§ 55 Abs. 4 InsO lautet:

> „*Verbindlichkeiten des Insolvenzschuldners aus dem Steuerschuldverhältnis, die von einem vorläufigen Insolvenzverwalter oder vom Schuldner mit Zustimmung eines vorläufigen Insolvenzverwalters begründet worden sind, gelten nach Eröffnung des Insolvenzverfahrens als Masseverbindlichkeit*“[283].

Es handelt sich hierbei um eine Regelung, die bereits im *Gesetz zum Pfändungsschutz der Altersvorsorge und zur Anpassung des Rechts der Insolvenzanfechtung* sowie im *Jahressteuergesetz 2007* in ähnlicher Form enthalten war.[284] Gem. Art. 103 EGInsO

---

282 So auch *Marotzke*, ZInsO 2010, 2163, 2177; *Uhländer*, AO-StB 2011, 84, 86 f; mit Stellungnahme vom 15.04.2011, BR-Drucks. 127/11 (B), S. 8 hat der Bundesrat im Rahmen des Gesetzgebungsverfahrens zum Gesetz zur weiteren Erleichterung der Sanierung von Unternehmen (ESUG) nun sogar ein Tätigwerden des Gesetzgebers gefordert, um die Aufrechnungssituation der Finanzverwaltung zu stärken.

283 Art. 3 Abs. 2 des HBeglG v. 09.12.2010, BGBl. I 2010, 1885, 1893.

284 S. oben § 6II und § 6V; ausführliche Gegenüberstellung der einzelnen geplanten Regelungen bei *Marotzke*, ZInsO 2010, 2163, 2169 ff.

findet diese Regelung nur auf solche Insolvenzverfahren Anwendung, die nach dem 01.01.2011 beantragt wurden.

1. Inhalt und Folgen dieser Regelung

§ 55 Abs. 4 InsO fingiert, dass Steuerschulden, die von einem vorläufigen Insolvenzverwalter oder vom Schuldner mit Zustimmung eines vorläufigen Insolvenzverwalters vor der Insolvenzeröffnung begründet worden sind, als Masseverbindlichkeiten gelten, somit als wenn sie von einem starken Insolvenzverwalter begründet worden wären (§ 55 Abs. 2 S. 1 InsO). Der Fiskus wird also bzgl. dieser Steuerforderungen vorab und in voller Höhe befriedigt.

a) Rechtsfolgen des § 55 Abs. 4 InsO

Vor Einführung des § 55 Abs. 4 InsO war der Fiskus für die während des vorläufigen Insolvenzverfahrens begründeten Steuerforderungen Insolvenzgläubiger gem. § 38 InsO. Die eingesetzten schwachen vorläufigen Insolvenzverwalter mit Zustimmungsvorbehalt begründeten nur Insolvenzforderungen. Der Fiskus musste seine Forderungen wie jeder Gläubiger zur Tabelle anmelden und wurde nur quotenmäßig befriedigt. Dadurch konnte die Insolvenzmasse erheblich angereichert werden. Die Umsatzsteuer verblieb in der Insolvenzmasse und der Insolvenzverwalter konnte damit wirtschaften.[285]

aa) Erhebliche Belastung der Insolvenzmasse

Diese Situation hat § 55 Abs. 4 InsO geändert. Da alle Steuerschulden, die unter den Voraussetzungen des §55 Abs. 4 InsO während der Zeit des vorläufigen Insolvenzverfahrens begründet werden, nach Eröffnung des Insolvenzverfahrens als Masseverbindlichkeiten gelten, werden sie nun gem. § 53 InsO neben den Verfahrenskosten vorweg aus der Insolvenzmasse berichtigt. Hinsichtlich der Reihenfolge der Befriedigung stehen solche Steuerforderungen folglich an dritter Stelle nach den aussonderungsberechtigten und den absonderungsberechtigten Gläubigern.[286] Sie werden vor den übrigen Insolvenzgläubigern befriedigt, was für den Fiskus im Vergleich zur

---

285 Zur Rechtslage vor Einführung des § 55 Abs. 4 InsO s. *Häsemeyer*, Insolvenzrecht, Rn 23.58; so auch *Klusmeier*, ZInsO 2011, 1340, 1341; *Bisle*, GWR 2011, 248.

286 *Reischl*, Insolvenzrecht, Rn 284; sieht man die aufrechnungsberechtigten Gläubiger noch als eigene Gruppe von Gläubigern im Insolvenzverfahren an, dann stehen die Masseverbindlichkeiten an vierter Stelle, was im Ergebnis natürlich nichts ändert, vgl. *Sinz*, in: Uhlenbruck, InsO, § 53 Rn 3.

vorherigen Rechtslage zunächst das „Aufrutschen um einen Rang“ bedeutet. Weiter hat das die volle Befriedigung aus der Insolvenzmasse zur Folge. Eine Anmeldung der Forderungen zur Tabelle und damit eine nur quotale Befriedigung erfolgt nicht mehr.[287] Die Steuerforderungen werden im Ergebnis erheblich aufgewertet.

Vor allem bei großen Insolvenzverfahren ist mit dem Anfall von erheblichen Steuerforderungen zu rechnen, die dem Fiskus dadurch zufließen. Dies stellt zugleich ein Sanierungshindernis dar. Die Umsatzsteuer, somit 19 % aller getätigten Umsätze verblieben vor Einführung des § 55 Abs. 4 InsO in der Insolvenzmasse. Der Insolvenzverwalter konnte damit weiterwirtschaften. Dieses Geld fehlt nun für die Betriebsfortführung. Insgesamt erhöhte die ursprüngliche Rechtslage dadurch erheblich die Verbesserung der Sanierungschancen. Durch die neue Regelung bleibt der Masse hingegen nur ein Liquiditätsvorteil, weil die Zahlung der Umsatzsteuer erst nach Eröffnung des Insolvenzverfahrens fällig wird und an das Finanzamt abgeführt werden muss. Daneben hat die Masseanreicherung durch die Umsatzsteuer auch dazu geführt, dass die Verfahrenskosten regelmäßig beglichen und dass höhere Quoten an die ungesicherten Gläubiger ausgezahlt werden konnten. All dies entfällt nun. Festzuhalten ist deshalb, dass durch § 55 Abs. 4 InsO nicht nur erfolgreiche Sanierungen verhindert werden[288], sondern auch die Durchführung des Insolvenzverfahrens insgesamt erschwert wird, da das notwendige Geld zur Begleichung der Verfahrenskosten nicht mehr im selben Umfang zur Verfügung steht und die Quotenzahlungen geringer ausfallen.

bb) Vermehrte Anzahl von Masseunzulänglichkeitsverfahren

Dass sich durch § 55 Abs. 4 InsO die Zahl und Höhe der Masseverbindlichkeiten erheblich erhöht, wenn nun auch sämtliche Steuerverbindlichkeiten als Masseverbindlichkeiten gelten, steht wohl außer Frage. Weitere Konsequenz daraus wird sein, dass in einer zunehmenden Zahl von Fällen Masseunzulänglichkeit angezeigt werden muss.[289] Wenn die vorab zu befriedigenden Masseverbindlichkeiten

---

287 *Sinz,* in: Uhlenbruck, InsO, § 53 Rn 3.

288 *Reischl,* Insolvenzrecht, Rn 41; *Stapper,* ZInsO 2010, 1880 f; *Sterzinger*, BB 2011, 1367, 1372; *Sinz/Oppermann*, DB 2011, 2185, 2186; *Kahlert/Rühland,* Insolvenzsteuerrecht, Rn 9.710; Stellungnahme des DAV Nr. 34/2010 v. Juli 2010, S. 5, anwaltverein.de/downloads/stellungnahmen/SN-10/SN34-2010.pdf (Stand: 21.10.2013); *Schmittmann,* StuB 2012, 109, 112; *Pape,* ZInsO 2010, 2155, 2156.

289 So auch *Zimmer*, ZInsO 2010, 2299, 2305; *Waza/Uhländer/Schmittmann,* Insolvenzen und Steuern, Rn 696; *Sterzinger*, BB 2011, 1367, 1372; a.A. *Urban*, NZI 2010, 888, 889, da diese Folgen nicht verifizierbar sein.

nochmals um die Forderungen aus Steuerverbindlichkeiten erhöht werden, wird die Masse wesentlich öfter nicht zu deren Befriedigung ausreichen als vor der Einführung des § 55 Abs. 4 InsO.[290]

Aber auch im Fall der Masseunzulänglichkeit erreicht der Fiskus mit der Regelung des § 55 Abs. 4 InsO grundsätzlich eine bessere Position als vor dessen Einführung. Bei Masseunzulänglichkeit gilt § 209 InsO, der eine Rangordnung für die Befriedigung der Masseverbindlichkeiten festlegt, wenn die Masse zwar zur Deckung der Verfahrenskosten, nicht jedoch zur Befriedigung sämtlicher Massegläubiger ausreicht. Die Masseverbindlichkeiten und damit auch die Steuerforderungen nach § 55 Abs. 4 InsO werden gem. § 209 Abs. 1 Nr. 3 InsO als sog. Alt-Masseverbindlichkeiten auf dem dritten Rang befriedigt werden. Damit besteht für Steuerforderungen als Masseverbindlichkeit zumindest die Chance einer anteiligen Befriedigung, auch wenn diese regelmäßig nicht hoch sein wird. Als bloße Insolvenzforderung wäre sie regelmäßig ausgefallen.[291]

cc) Auswirkungen auf das Insolvenzplanverfahren

Neben der vermehrten Zahl von Masseunzulänglichkeitsverfahren besteht zusätzlich die Gefahr, dass § 55 Abs. 4 InsO sich nachteilig auf die Durchführung von Insolvenzplanverfahren auswirkt. Teilweise wird befürchtet, dass der Fiskus aufgrund seiner bevorrechtigten Stellung und aufgrund seiner regelmäßig nicht geringen Forderungshöhe sich dem Zustandekommen von Insolvenzplänen widersetzen oder zumindest kein Entgegenkommen für die Gestaltung des Insolvenzplans zeigen wird.[292] Diese Gefahr besteht allerdings durch § 55 Abs. 4 InsO nicht, da der Fiskus gerade Massegläubiger wird und damit nach den gesetzlichen Regelungen nicht beteiligt wird. Ein Insolvenzplan beeinflusst nicht die Erfüllung von Masseverbindlichkeiten. Unmittelbare Einwirkungen auf das Insolvenzplanverfahren sind damit nicht zu befürchten, sondern nur mittelbare. Diese folgen daraus, dass ein Insolvenzplanverfahren üblicherweise erhebliche Kosten verursacht. Das Geld, das gem. § 55 Abs. 4 InsO an den Fiskus als Masseverbindlichkeit fließt, fehlt dann für die Umsetzung des Insolvenzplanes. Dies beeinträchtigt wiederum ein Hauptziel der InsO, die Sanierung von insolventen Schuldnern.

290 *Klaas/Zimmer,* ZInsO 2011, 666, 669.

291 Zu den Befriedigungsaussichten s. *Hefermehl,* in: MünchKomm-InsO, § 208 Rn 44 ff.

292 *Marotzke,* ZInsO 2010, 2163, 2179; *Smid,* DZWIR 2010, 397, 398; so wohl auch *Schmittmann,* ZIP 2011, 1125.

b) Tatbestandsvoraussetzungen für den Eintritt der Fiktion

Zu klären ist nun, wann der Tatbestand des § 55 Abs. 4 InsO einschlägig ist.

aa) Verbindlichkeiten aus dem Steuerschuldverhältnis

Schon aus dem Wortlaut der Formulierung ergibt sich, dass diese Regelung nicht auf eine bestimmte Steuerart beschränkt ist, sondern für alle Steuerarten gilt. Der Gesetzgeber hatte zwar bei Schaffung dieser Vorschrift vorrangig die Umsatzsteuer im Blick, hat aber keine Einschränkung nur auf diese Steuerart vorgenommen.[293]

Aus dem Wortlaut stellt sich die Frage, ob § 55 Abs. 4 InsO auch auf § 37 Abs. 1 AO verweist, der die Ansprüche aus dem Steuerschuldverhältnis definiert. Es ist zu klären, ob damit von § 55 Abs. 4 InsO neben dem Steueranspruch selbst auch der Steuervergütungsanspruch, der Haftungsanspruch, der Anspruch auf eine steuerliche Nebenleistung, der Erstattungsanspruch nach § 37 Abs. 2 AO sowie die in Einzelsteuergesetzen geregelte Steuererstattungsansprüche umfasst werden. § 55 Abs. 4 InsO spricht von „*Verbindlichkeiten aus dem Steuerschuldverhältnis*", § 37 Abs. 1 AO hingegen von „*Ansprüchen aus dem Steuerschuldverhältnis*". In der Literatur wird diese Verweisung dennoch bejaht. Zunächst einmal sei für diesen sprachlichen Unterschied schon die Überschrift des § 55 InsO verantwortlich, da diese von „Masseverbindlichkeiten" spricht. Die Absätze des § 55 InsO müssen sich also schon aus diesem Grund an dieser Wortwahl orientieren und diese aufgreifen. Weiter bestehe auch zwischen den Wörtern Anspruch und Verbindlichkeit nur der Unterschied, dass zwar dasselbe gemeint sei, allerdings jeweils aus einer anderen Sichtweise.[294] Ein Anspruch steht dem Gläubiger positiv zu; eine Verbindlichkeit ist letztlich nur die negative Bezeichnung dazu. Somit beschreiben diese beiden Begriffe nur eine unterschiedliche Betrachtungsweise desselben Gegenstandes. Am Überzeugendsten scheint jedoch das Argument zu sein, dass auch für § 55 Abs. 2 InsO ein Verweis auf § 37 AO nicht in Zweifel gezogen wird.[295] Wenn aber schon dort der Verweis angenommen wird, dann kann für Absatz 4 nichts anderes gelten. Beide Absätze enthalten einen vergleichbaren

---

293 Gesetzesentwurf v. 27.09.2010, BT-Drucks. 17/3030, S. 42; für eine Anwendung auf alle Steuerarten s. auch: *Gundlach/Rautmann*, DStR 2011, 82, 84; *Heinze*, ZInsO 2011, 603, 606; *Onusseit*, ZInsO 2011, 641, 646; *Kahlert/Rühland*, Insolvenzsteuerrecht, Rn 7.61; *Bäuerle/Schneider*, in: Braun, InsO, § 55 Rn 72; a.A. *Nawroth*, ZInsO 2011, 107; *Trottner*, NWB 2011, 309, 314.

294 So *Kahlert*, ZIP 2011, 401; ebenfalls: *Sterzinger*, BB 2011, 1367, 1368; *Onusseit*, ZInsO 2011, 641, 644.

295 *Kahlert*, ZIP 2011, 401; *Hefermehl*, in: MünchKomm-InsO, § 55 Rn 215.

Regelungsbereich, wobei Absatz 2 für den starken Insolvenzverwalter schon aus der Natur der Sache noch weiter geht als Absatz 4. Nimmt man bei Absatz 4 nun keinen Verweis auf § 37 AO an, würde dies der Systematik des § 55 InsO widersprechen. § 55 Abs. 4 InsO umfasst daher alle Ansprüche aus dem Steuerschuldverhältnis gem. § 37 AO. Auch das BMF hat mit BMF-Schreiben vom 17.01.2012 klargestellt, dass die Finanzverwaltung § 55 Abs. 4 InsO auf alle Steuerarten und auch auf alle steuerlichen Nebenleistungen (Ausnahme: Verspätungszuschläge, die gegen den Insolvenzschuldner festgesetzt wurden) anwenden muss.[296]

bb) Art des vorläufigen Insolvenzverwalters

Der Gesetzgeber hat es in beiden Varianten versäumt, den Insolvenzverwalter konkret zu bezeichnen, also als schwachen oder starken Insolvenzverwalter, um jegliche Zweifel an der Norm aus dem Weg zu räumen. Da dies nicht erfolgt ist, ist die Norm auszulegen.

(1) Die zweite Tatbestandsvariante

Bei der zweiten Tatbestandsvariante („vom Schuldner mit Zustimmung des vorläufigen Insolvenzverwalters") ist die Auslegung leicht möglich. Es kann damit nur der schwache vorläufige Insolvenzverwalter mit Zustimmungsvorbehalt i. S. d. § 22 Abs. 2 InsO gemeint sein. Denn nur dort wird der Schuldner an die Zustimmung des Insolvenzverwalters gebunden. Man kann also in dieser Variante gedanklich ergänzen: „vom Schuldner mit Zustimmung des *schwachen* vorläufigen Insolvenzverwalters"[297].

(2) Die erste Tatbestandsvariante

Die Auslegung der ersten Variante dieses Tatbestandsmerkmals fällt im Vergleich zur zweiten Variante schwieriger. Auf den ersten Blick scheint es, als ob sich dies nur auf den starken vorläufigen Insolvenzverwalter i. S. d. § 22 Abs. 1 InsO beziehen könne, da ausschließlich er Verbindlichkeiten aus einem Steuerschuldverhältnis begründen kann.[298] Auf den schwachen vorläufigen Insolvenzverwalter geht die Verwaltungs- und Verfügungsbefugnis gem. § 22 Abs. 2 InsO nicht

296 BMF-Schreiben vom 17.01.2012 Ziff. 8–10, BStBl. I 2012, 120; abgedruckt in ZInsO 2012, 213.

297 So wohl auch *Leithaus,* in: Andres/Leithaus, InsO, § 55 Rn 18.

298 So *Kahlert*, ZIP 2011, 401, 402; *Sinz/Oppermann*, DB 2011, 2185, 2186; *Waza/Uhländer/Schmittmann,* Insolvenzen und Steuern, Rn 713.

über, weshalb er grundsätzlich keine Verbindlichkeiten begründet, soweit ihm das Gericht keine speziellen Befugnisse gem. §§ 21, 22 Abs. 2 InsO eingeräumt hat.[299] Nach dieser Betrachtungsweise entsteht eine Konkurrenzsituation zu § 55 Abs. 2 InsO, da bereits dort die Begründung von Masseverbindlichkeiten durch den starken Insolvenzverwalter geregelt ist. Da aber Abs. 2 generell von Verbindlichkeiten spricht, Abs. 4 hingegen den Anwendungsbereich auf Verbindlichkeiten aus einem Steuerschuldverhältnis einschränkt und damit einen spezielleren Regelungsbereich umfasst, muss bei dieser Ansicht Abs. 4 dem Abs. 2 als lex specialis vorgehen, wenn der starke vorläufige Insolvenzverwalter tätig geworden ist.[300] Diese Ansicht scheint im Ergebnis dem Wortlaut der Norm nach auch nicht abwegig. Allerdings wird dabei der gewünschte Regelungsinhalt übersehen. Dem Gesetzgeber ging es darum, dass alle Steuerforderungen, die während der vorläufigen Insolvenzverwaltung durch einen schwachen Insolvenzverwalter begründet werden, nicht mehr bloße Insolvenzforderungen sind.[301] Daneben wird die Begründung von Masseverbindlichkeiten durch den starken vorläufigen Insolvenzverwalter auch bereits in § 55 Abs. 2 InsO geregelt. Dort werden die durch den starken vorläufigen Insolvenzverwalter begründeten Steuerverbindlichkeiten bereits erfasst und als Masseverbindlichkeiten qualifiziert.[302] Der Gesetzgeber hat dies also ausreichend geregelt. Er wollte daher wohl nicht für Steuerverbindlichkeiten eine Spezialvorschrift schaffen wollte. Auch wenn die Formulierung unglücklich bzw. nicht eindeutig ist, ist deshalb davon auszugehen, dass § 55 Abs. 4 InsO nur auf den schwachen vorläufigen Insolvenzverwalter anzuwenden ist.[303] Die erste Tatbestandsvariante meint also solche Fälle, in denen ein schwacher vorläufiger Insolvenzverwalter ohne allgemeinen Zustimmungsvorbehalt nach § 21 Abs. 2 Nr. 2 Alt. 2 InsO bestellt wurde, somit ein „ganz schwacher Insolvenzverwalter“. Allerdings ist zu berücksichtigen, dass ein solcher Insolvenzverwalter gar keine Verbindlichkeiten begründet, da er gerade nicht für den Insolvenzschuldner handeln kann und dieser auch nicht von dessen Zustimmung abhängig ist. Diese Tatbestandsvariante kann folglich nur einschlägig sein, wenn das Insolvenzgericht besondere einzelne Verfügungsbeschränkungen oder Anordnungen gem. § 21 Abs. 1 InsO getroffen hat, im

---

299 *Haarmeyer*, in: MünchKomm-InsO, § 22 Rn 22 und 136.

300 So auch *Kahlert*, ZIP 2011, 401, 402.

301 vgl. RegE zum HBeglG v. 27.09.2010, BT-Drucks. 17/3030, S. 42/43.

302 *Hefermehl*, in: MünchKomm-InsO, § 55 Rn 215.

303 So auch *Onusseit*, ZInsO 2011, 641, 644 f; *Frotscher*, Besteuerung bei Insolvenz, S. 78.

Rahmen derer der Insolvenzverwalter Verbindlichkeiten für den Schuldner begründen kann. Solche Einzelermächtigungen sind auch zulässig. Dies folgt zunächst daraus, dass das Gesetz keinen abschließenden Katalog an Maßnahmen für die Sicherung des Vermögens im vorläufigen Insolvenzverfahren enthält („insbesondere"). Das Gericht hat jedoch zu prüfen, ob die geplante Maßnahme erforderlich ist, somit zur Erreichung des Sicherungszweckes notwendig, aber damit ausreichend ist.[304] Der BGH hat das in seiner Rechtsprechung bereits bestätigt.[305]

Dies wird nun auch durch das BMF für die Finanzverwaltung so bestimmt. Nach BMF-Schreiben vom 17.01.2012 findet § 55 Abs. 4 InsO nur Anwendung auf Handlungen des schwachen vorläufigen Insolvenzverwalters. Auf den starken Insolvenzverwalter sei § 55 Abs. 4 InsO nicht anwendbar, da insoweit Masseverbindlichkeiten i. S. d. § 55 Abs. 2 InsO entstehen.[306] In dieser Tatbestandsvariante werden nach Ansicht des BMF Masseverbindlichkeiten durch Handlungen des schwachen vorläufigen Insolvenzverwalters wie z. B. der Verwertung von Anlagevermögen im Rahmen einer Einzelermächtigung oder der Einziehung von Forderungen begründet[307]:

> *„Auch ohne einen Zustimmungsvorbehalt im Sinne des § 21 Abs. 2 Nr. 2 InsO könnten entsprechende Steuerverbindlichkeiten durch den schwachen vorläufigen Insolvenzverwalter begründet werden, insbesondere wenn ihm zahlreiche Rechte durch das Insolvenzgericht eingeräumt oder Sicherungsmaßnahmen angeordnet werden"*[308].

(3) Zusammenfassende Betrachtung dieser beiden Tatbestandsvarianten

Das BMF-Schreiben und auch § 55 Abs. 4 InsO kann dahingehend verstanden werden, dass es zwei Arten von schwachen vorläufigen Insolvenzverwaltern gibt: einen entsprechend der zweiten Tatbestandsvariante des § 55 Abs. 4 InsO, wobei es sich dabei um den schwachen vorläufigen Insolvenzverwalter mit angeordnetem Zustimmungsvorbehalt handelt und den gemäß der zweiten Tatbestandsvariante, dem nur gewisse Rechte in Form von Einzelermächtigungen eingeräumt werden. Allein daran zeigt sich die Ungenauigkeit der Gesetzesformulierung, da es zwischen diesen beiden Varianten mehrere unterschiedliche Kombinationsmöglichkeiten und

---

304 *Haarmeyer*, in: MünchKomm-InsO, § 21 Rn 19.

305 BGH, Urt. v. 18.07.2002 – IX ZR 195/01, BGHZ 151, 353 ff, ZInsO 2002, 819 ff; *Haarmeyer*, in: MünchKomm-InsO, § 21 Rn 66, 131 f.

306 BMF-Schreiben vom 17.01.2012, BStBl. I 2012, 120, Ziff. 2–5 = ZInsO 2012, 213 f.

307 BMF-Schreiben vom 17.01.2012, BStBl. I 2012, 120, Ziff. 3 = ZInsO 2012, 213, 214.

308 BMF-Schreiben vom 17.01.2012, BStBl. I 2012, 120, Ziff. 2 = ZInsO 2012, 213.

nicht zwei Arten von schwachen vorläufigen Insolvenzverwaltern gibt. Es hätte eindeutiger formuliert werden können, indem nur auf den schwachen vorläufigen Insolvenzverwalter verwiesen wird. Im Ergebnis ist dem BMF-Schreiben in diesem Punkt zuzustimmen: § 55 Abs. 4 InsO bezieht sich in beiden Tatbestandsvarianten nur auf den schwachen vorläufigen Insolvenzverwalter. Immer wenn das Gericht keinen starken vorläufigen Insolvenzverwalter bestellt, ist § 55 Abs. 4 InsO einschlägig. Die konkreten Befugnisse des schwachen vorläufigen Insolvenzverwalters spielen keine Rolle, solange er kein starker Insolvenzverwalter ist. Man kann § 55 Abs. 4 InsO demnach wie folgt lesen: Verbindlichkeiten des Insolvenzschuldners aus dem Steuerschuldverhältnis, die von einem *schwachen* vorläufigen Insolvenzverwalter oder vom Schuldner mit Zustimmung eines *schwachen* vorläufigen Insolvenzverwalters begründet worden sind, gelten nach Eröffnung des Insolvenzverfahrens als Masseverbindlichkeit.[309]

cc) Begründung von Steuerverbindlichkeiten durch den vorläufigen Insolvenzverwalter

Weiter ist zu klären, wie Steuerforderungen durch den vorläufigen Insolvenzverwalter oder mit seiner Zustimmung „begründet" werden. Schon ohne nähere Prüfung zeigt sich eine weitere ungenaue Formulierung des Gesetzgebers. Steuerforderungen können durch den Insolvenzverwalter nicht begründet werden. Sie entstehen gem. § 38 AO kraft Gesetzes.

(1) Die Art des Grundgeschäfts

Wann der schwache vorläufige Insolvenzverwalter mit Einzelermächtigungen, Forderungen und damit auch Steuerverbindlichkeiten begründet, folgt aus den jeweiligen Einzelermächtigungen. Sonstige Verbindlichkeiten kann er gerade nicht eingehen. Für den schwachen vorläufigen Insolvenzverwalter mit Zustimmungsvorbehalt muss die Betrachtung genauer erfolgen.

(a) Problemaufriss

§ 55 Abs. 4 InsO verlangt, dass eine Verbindlichkeit mit Zustimmung des vorläufigen Insolvenzverwalters begründet wird. § 21 Abs. 2 Nr. 2 InsO hingegen regelt, dass „Verfügungen" nur mit Zustimmung des vorläufigen Insolvenzverwalters wirksam werden. Bei Verpflichtungsgeschäften ist gerade keine Zustimmung des vorläufigen Insolvenzverwalters nötig, wenn der Zustimmungsvorbehalt

309 So auch *Schumacher*, in: FK-InsO, 6. Auflage, § 55 Rn 46.

angeordnet wurde. Damit steht § 55 Abs. 4 InsO vom Wortlaut im Widerspruch zu § 21 Abs. 2 Nr. 2 InsO. Dies zeigt sich vor allem vor folgendem Hintergrund: Begründet der Insolvenzschuldner (schuldrechtliche) Verbindlichkeiten, stellt dies keine Verfügung dar und bedarf deshalb keiner Zustimmung gem. § 21 Abs. 2 Nr. 2 InsO.[310] Bedarf es im Verfahren der Begleichung einer solchen Verbindlichkeit, muss der vorläufige Insolvenzverwalter seine Zustimmung erteilen, da es sich um eine Verfügung handelt. Erteilt der vorläufige Insolvenzverwalter die Zustimmung zu einer solchen Zahlung, löst dies alleine aber keinen Steuertatbestand aus. Der Steuertatbestand wurde bereits wesentlich früher durch die Tatbestandsverwirklichung des Grundgeschäfts, regelmäßig die Leistungserbringung, begründet.[311] Selbiges gilt auch, wenn mit Zustimmung des vorläufigen Insolvenzverwalters Verbindlichkeiten eingezogen werden. Dabei handelt es sich zwar um eine Verfügung[312], diese begründet aber aus gerade genannten Gründen keinen Steuertatbestand. Wenn der vorläufige Insolvenzverwalter den Betrieb fortführt, ist dies ebenfalls keine Verfügung, weshalb die Betriebsfortführung an sich nicht der Zustimmung des vorläufigen Insolvenzverwalters bedarf. Es ist also keine Situation denkbar, in der die Zustimmung des vorläufigen Insolvenzverwalters zu einer Steuerverbindlichkeit führt: Entweder die Handlung des Insolvenzschuldners bedarf schon nicht der Zustimmung, weil es sich um keine Verfügung handelt, oder die Verfügung, zu der die Zustimmung erteilt wird, löst keinen Steuertatbestand aus. Alleine vom Wortlaut betrachtet hat § 55 Abs. 4 InsO damit keinen Anwendungsbereich. Auch dieser Teil der Vorschrift bedarf daher der Auslegung.

(b) Auslegung der Vorschrift

Dabei scheidet die grammatikalische Auslegung aus. Wie gerade dargestellt, ergibt der Wortlaut gerade keinen Anwendungsbereich. Auch nach der historischen Auslegung ergeben sich keine ausreichenden Anhaltspunkte. In der Gesetzesbegründung ist nur die Rede davon, warum § 55 Abs. 4 InsO einzuführen, nicht aber wie er anzuwenden ist. Einziger Hinweis kann darin gesehen werden, dass von „*Geschäften mit einem vorläufigen Insolvenzverwalter*“[313] und von „*Umsatztätigkeit eines schwachen vorläufigen Insolvenzverwalters*“[314] die Rede ist. Daraus ist

310 *Reischl,* Insolvenzrecht, Rn 153.

311 *Frotscher*, in: Gottwald, Hdb-InsR, § 60 Rn 1; *Loose,* in: Tipke/Kruse, AO, § 251 Rn 70b; weitergehende Ausführung dazu unter § 7I.1.b)cc)(4).

312 *Reischl,* Insolvenzrecht, Rn 152.

313 Gesetzesentwurf v. 27.09.2010, BT-Drucks. 17/3030, S. 42.

314 Gesetzesentwurf v. 27.09.2010, BT-Drucks. 17/3030, S. 43.

zu folgern, dass nicht nur auf die Zustimmung, sondern auf das gesamte Geschäft des Insolvenzschuldners abzustellen ist. Dadurch ist der genaue Inhalt aber nicht vollständig geklärt.

Aus der unmittelbaren Stellung im Gesetz (systematisch-logische Auslegung) kann keine sinnvolle Lösung hergeleitet werden, da § 55 Abs. 4 InsO ohne inhaltlichen Bezug zu den vorangehenden Regelungen steht und es keine dazu vergleichbare Regelung gibt. Allerdings ist § 21 Abs. 2 Nr. 2 InsO zu beachten und für die Auslegung heranzuziehen. Nur zu Verfügungen kann bzw. muss der schwache vorläufige Insolvenzverwalter seine Zustimmung erteilen. Selbiges muss also auch im Rahmen des § 55 Abs. 4 InsO gelten. Ausschließlich solche Steuerforderungen, die aus Verfügungen mit Zustimmung des Insolvenzverwalters entstehen, können folglich zu Masseverbindlichkeiten werden.[315] Eine andere Auslegung würde die Regelung des § 21 Abs. 2 Nr. 2 InsO übergehen.

Selbiges Ergebnis ergibt sich auch, wenn man § 55 Abs. 4 InsO nach seinem Sinn und Zweck beurteilt (teleologische Auslegung). Die Norm wurde eingeführt, damit der Fiskus nicht mehr bloßer Insolvenzgläubiger, sondern Massegläubiger ist und hinsichtlich seiner Steuerforderungen während der vorläufigen Insolvenzverwaltung voll befriedigt wird. Wie oben dargestellt, kann der vorläufige schwache Insolvenzverwalter mit Zustimmungsvorbehalt aber keine Steuerforderungen begründen. Diese werden bereits vorher durch den Insolvenzschuldner begründet. Die Zustimmung des Insolvenzverwalters führt nur zur Wirksamkeit des Geschäfts. Nach dem Sinn und Zweck kommt es aber gerade auf das Grundgeschäft des Insolvenzschuldners an, also auf die Handlung, die den Steuertatbestand verwirklicht. Stellt man aber generell auf alle Handlungen des Insolvenzschuldners, die Steuertatbestände begründen, ab, würde dies nicht nur dem Regelungsgehalt des § 21 Abs. 2 Nr. 2 InsO zuwider laufen, sondern auch dem gesamten Institut des vorläufigen schwachen Insolvenzverwalters. Es würden Masseverbindlichkeiten begründet, ohne dass der vorläufige Insolvenzverwalter damit etwas zu tun haben musste. Dies ist nicht einmal beim starken vorläufigen Insolvenzverwalter der Fall. Es kann sich nach diesem Sinn und Zweck damit nur um ein Geschäft handeln, zu der später die Zustimmung erteilt werden muss. Wie gerade im Rahmen der systematisch-logischen Auslegung dargestellt, muss es aber darauf ankommen, dass für die Durchführung des Grundgeschäftes die Zustimmung des vorläufigen Insolvenzverwalters nötig ist, da ansonsten die Regelung des § 21 Abs. 2 Nr. 2 InsO umgangen würde. Es fallen also solche Grundgeschäfte, die der Insolvenzschuldner

---

315 *Heinze*, ZInsO 2011, 603, 604; *Fischer*, DB 2012, 885, 889; *Loose*, in: Tipke/Kruse, AO, § 251 Rn 70b; unklar: *Bornemann*, in: FK-InsO, § 55 Rn 52.

verwirklicht, dadurch einen Steuertatbestand auslöst und wozu die Zustimmung des vorläufigen Insolvenzverwalters notwendig ist, in den Anwendungsbereich des § 55 Abs. 4 InsO.[316]

(c) Ergebnis

Das Wort „begründet“ ist im nicht-rechtlichen Sinne zu verstehen. Allein die Tatbestandsverwirklichung des Grundgeschäftes durch den Insolvenzschuldner begründet die Steuerverbindlichkeit.[317] Handelt ein schwacher vorläufiger Insolvenzverwalter mit Zustimmungsvorbehalt, meint das „Begründen durch diesen“ nur solche Steuerverbindlichkeiten, die durch Vermögensverfügungen des Schuldners („Grundgeschäft“) entstanden sind und zu denen der vorläufige Insolvenzverwalter seine Zustimmung erteilen muss. Beim schwachen vorläufigen Insolvenzverwalter mit Einzelermächtigung kommt es auf die jeweilige Einzelermächtigungen an.

(d) Die Ansicht des BMF

Das BMF will nun diese Zustimmung generell auf „Handlungen“ des Insolvenzschuldners beziehen.[318] Damit ergibt sich erneut ein Widerspruch: Entweder werden alle Handlungen des Insolvenzschuldners während der vorläufigen Insolvenzverwaltung, aus denen Steuerforderungen entstehen, erfasst, ohne dass es dabei auf eine Zustimmung des Insolvenzverwalters ankommen kann, oder die Anwendung des § 55 Abs. 4 InsO ist nur auf die Steuerforderungen möglich, die durch Verfügungen entstehen, wozu gerade die Zustimmung des Insolvenzverwalters notwendig ist. Die erste Ansicht legt anscheinend das BMF seinen Ausführungen zugrunde.[319] Damit würde die Zustimmung des vorläufigen Insolvenzverwalters zu einer rein formalen Zustimmung degradiert. Dem kann nicht gefolgt werden. Zunächst widerspricht es dem Zweck der Zustimmung. Zudem stellt es eine nachteilige Auslegung des § 55 Abs. 4 InsO dar. Eine nachteilige Auslegung über den Wortlaut hinaus ist nicht möglich, wenn eine Regelung

---

316 So auch *Onusseit*, ZInsO 2011, 641, 645; *Heinze*, ZInsO 2011, 603, 604.

317 *Frotscher*, in: Gottwald, Hdb-InsR, § 60 Rn 1; *Loose*, in: Tipke/Kruse, AO, § 251 Rn 70b.

318 BMF-Schreiben vom 17.01.2012, BStBl. I 2012, 120, Ziff. 3 = ZInsO 2012, 213; s. schon oben § 7I.1.b)bb)(2).

319 *Fischer*, DB 2012, 885, 888 f mit Verweis auf BMF-Schreiben vom 17.01.2012, BStBl. I 2012, 120, Ziff. 3 und 19 = ZInsO 2012, 213, 214 f.

bereits zulasten des Steuerpflichtigen geht.[320] Es kann also nur auf Verfügungen mit Zustimmung des Insolvenzverwalters ankommen. Dennoch ist diese Aussage des BMF zu beachten, solange dieser Problemkreis nicht gerichtlich geklärt ist.[321]

(2) Aktives Handeln des vorläufigen schwachen Insolvenzverwalters

Aus dem Wort „begründet" und unter Bezugnahme auf § 55 Abs. 2 InsO ergibt sich, dass ein Neugeschäft vorliegen muss, an dem der Insolvenzverwalter beteiligt war.[322] Die „Begründung" erfordert ein aktives Tun des Insolvenzverwalters. Geschäfte, die vor Antragsstellung und Einsetzung eines vorläufigen Insolvenzverwalters geschlossen und ausgeführt werden, begründen stets Insolvenzforderungen des Fiskus. Damit scheiden auch solche Steuerforderungen aus, die bereits vor Stellung des Insolvenzantrages entstanden sind und lediglich durch den Insolvenzverwalter erfüllt/eingezogen werden.[323] Insbesondere gilt dies für die Kraftfahrzeugsteuer und die Grundsteuer, wenn das Kfz bzw. Grundstück schon vor Einsetzung des vorläufigen Insolvenzverwalters im Eigentum des Insolvenzschuldners stand. Das bloße „Weiter-Halten" kann nichts begründen.[324] Auch die Entgegennahme von Leistungen kann nicht ausreichen[325], ebenso wie das Fortführen bereits bestehender Dauerschuldverhältnisse.[326]

(3) Die Erteilung der Zustimmung

Weiter ist zu klären, wann der schwache vorläufige Insolvenzverwalter seine Zustimmung erteilt hat bzw. wie dies erfolgt. Das Gesetz selbst definiert den Begriff der Zustimmung nicht.[327] Die Zustimmung ist weder an eine bestimmte Form noch an bestimmte Voraussetzungen gebunden. Es wird deshalb davon ausgegangen, dass jede Art von Billigung oder Einverständniserteilung ausreicht, somit

---

320 So auch *Fischer*, DB 2012, 885, 889.

321 So auch *Fischer*, DB 2012, 885, 890.

322 *Fischer*, DB 2012, 885, 887; *Sinz/Oppermann*, DB 2011, 2185, 2187; *Fischer*, in: Vallender/Undritz, Praxis InsR, Kap. 14 Rn 57.

323 *Jarchow*, in: HambKomm-InsO, § 55 Rn 84; *Sinz/Oppermann*, DB 2011, 2185, 2187.

324 *Fischer*, DB 2012, 885, 887; *Fischer*, in: Vallender/Undritz, Praxis InsR, Kap. 14 Rn 57; zur KraftSt so auch BMF-Schreiben vom 17.01.2012, BStBl. I 2012, 120, Ziff. 23 = ZInsO 2012, 213, 215.

325 So auch *Sinz/Oppermann*, DB 2011, 2185, 2187; *Heinze*, ZInsO 2011, 603, 604.

326 *Fischer*, in: Vallender/Undritz, Praxis InsR, Kap. 14 Rn 57.

327 *Jarchow*, in: HambKomm-InsO, § 55 Rn 84.

jedes aktive oder konkludente Handeln.[328] Nur der ausdrückliche Widerspruch kann keine Zustimmung begründen.[329]

(4) Zeitpunkt der Begründung von Steuerforderungen

Wie bereits oben angesprochen, kommt es maßgeblich auf den Begründungszeitpunkt der Steuerforderungen an. Es ist also zu klären, wann Steuerforderungen entstehen. Liegt der Begründungszeitpunkt der Steuerforderung nach Antragsstellung, handelt es sich um eine Insolvenzforderung i. S. d. § 38 InsO. Darauf ist § 55 Abs. 4 InsO nicht anwendbar. Für den nach § 55 Abs. 4 InsO maßgeblichen Begründungszeitpunkt kann auf die bestehende Dogmatik zu § 38 InsO zurückgegriffen werden.[330] Auch dort ist für die Einordnung als Masseverbindlichkeit bzw. Insolvenzforderung entscheidend, wann die Steuerforderung begründet wurde. Nach allgemeiner Ansicht kommt es für die Begründung einer Steuerforderung nicht darauf an, wann die Steuerforderung im steuerrechtlichen Sinne nach § 38 AO entsteht. Es sind allein die insolvenzrechtlichen Grundsätze maßgeblich.[331] Deshalb ist entscheidend, ob der Rechtsgrund für den Steueranspruch schon gelegt war. Dafür ist wiederum der zivilrechtliche Tatbestand, also das Grundgeschäft, maßgeblich, durch den der Steueranspruch entsteht.[332] Es ist zu prüfen, wann dieser zivilrechtliche Sachverhalt verwirklicht wurde, wozu auch das Steuerrecht zu betrachten ist. Für jede Steuerart und für jeden Steueranspruch ist der Begründungszeitpunkt gesondert zu beurteilen. Eine allgemein geltende Regel zur Begründung einer Steuerverbindlichkeit für alle Steuerarten lässt sich

---

328 *Onusseit*, ZInsO 2011, 641, 645; *Jarchow,* in: HambKomm-InsO, § 55 Rn 84; *Waza/Uhländer/Schmittmann,* Insolvenzen und Steuern, Rn 714; *Bornemann*, in: FK-InsO, § 55 Rn 52; so auch das BMF-Schreiben vom 17.01.2012, BStBl. I 2012, 120, Ziff. 3 = ZInsO 2012, 213, 214; dem hat sich nun auch das FG Düsseldorf, Urt. v. 27.09.2013 – 1 K 3372/12 U, NZI 2014, 43, 45 angeschlossen, nachdem es die Vorschrift ausgelegt hat („*Unklarheiten in der Formulierung des Gesetzeswortlauts*"*)*; offen lassend *Kahlert/Rühland,* Insolvenzsteuerrecht, Rn 7.68a ff.

329 *Jarchow,* in: HambKomm-InsO, § 55 Rn 84; so auch das BMF-Schreiben vom 17.01.2012, BStBl. I 2012, 120, Ziff. 3 = ZInsO 2012, 213, 214.

330 So auch *Kahlert/Rühland,* Insolvenzsteuerrecht, Rn 7.63.

331 *Ehricke*, in: MünchKomm-InsO, § 38 Rn 25; *Sinz,* in: Uhlenbruck, InsO, § 38 Rn. 67; *Henckel*, in: Jaeger, InsO, § 38 Rn 126; *Uhländer*, AO-StB 2010, 81, 82 ff; a.A. wohl BFH Urt. v. 09.12.2010 – V R 22/10, NJW 2011, 1998, dessen Rechtsprechung unter § 6 dargestellt wird.

332 *Ehricke*, in: MünchKomm-InsO, § 38 Rn 25; *Sinz,* in: Uhlenbruck, InsO, § 38 Rn. 67; *Henckel*, in: Jaeger, InsO, § 38 Rn 126; *Reischl,* Insolvenzrecht, Rn 394; *Uhländer*, AO-StB 2010, 81, 82 ff; *Frotscher,* Besteuerung bei Insolvenz, S. 212 ff.

kaum aufstellen.[333] Dies zeigt sich auch an der Fülle der Rechtsprechung, die es diesbezüglich zu den einzelnen Steuerarten gibt, worauf an dieser Stelle jedoch nicht näher eingegangen werden soll.[334]

dd) Zusammenfassende Betrachtung

Im Ergebnis ist festzustellen, dass die Formulierung dieser Norm wenig geglückt ist.[335] Der Gesetzgeber hat hier nicht sauber gearbeitet. Die Norm bedarf erheblicher Auslegung, wie sich aus obigen Darstellungen zeigt. Daraus ergeben sich wiederum Unklarheiten bzgl. der Handhabung dieser Norm.[336]

c) Auswirkungen auf die Regelungen der Anfechtung

Vom Gesetzgeber wurde im Rahmen der unterschiedlichen Versuche, das Fiskusvorrecht wiedereinzuführen, stets auf die anfechtungsfreundliche Rechtsprechung zu Lasten der Finanzbehörden (und auch der Sozialversicherungsträger) verwiesen.[337] Der Gesetzgeber hat mehrmals versucht, direkt die Vorschriften der Anfechtung zugunsten des Fiskus zu ändern.[338] Nach Einführung des § 55 Abs. 4 InsO stellt sich nun die Frage, welche Auswirkungen dies auf die insolvenzrechtlichen Anfechtungsregeln hat.

aa) Anfechtungsgegenstand

Zunächst ist zu klären, welche Rechtshandlung angefochten werden könnte.

(1) Erfüllung einer Steuerverbindlichkeit

Die Erfüllung der fiktiven Masseverbindlichkeiten erfolgt regelmäßig erst nach Eröffnung des Verfahrens. Erst ab diesem Zeitpunkt gelten die Forderungen gem. § 55 Abs. 4 InsO als Masseverbindlichkeiten und sind daher als solche in vollem Umfang zu begleichen (§ 53 InsO). Damit besteht während des vorläufigen

---

333 *Henckel*, in: Jaeger, InsO, § 38 Rn 126.

334 Siehe dazu *Henckel*, in: Jaeger, InsO, § 38 Rn 127 ff; *Jarchow*, in: HambKomm-InsO, § 55 Rn 84; vor allem zur Umsatzsteuer wird sich der Streit zwischen BGH sowie insolvenzrechtlicher Literaturansichten und dem BFH fortsetzen; auf diese unterschiedlichen Ansichten wird unter § 6 eingegangen.

335 So auch *Reischl*, Insolvenzrecht, Rn 41; *Fischer*, DB 2012, 885, 889; *Loose*, in: Tipke/Kruse, AO, § 251 Rn 70b.

336 So auch *Onusseit*, ZInsO 2011, 641 ff; *Fischer*, DB 2012, 885, 887.

337 S. oben § 6III.

338 S. oben § 6II.2, § 6IV.

Insolvenzverfahrens noch keine Pflicht zur Begleichung dieser Steuerverbindlichkeiten, weshalb der Insolvenzverwalter die Erfüllung regelmäßig erst nach Eröffnung des Verfahrens vornehmen wird. Die Erfüllungshandlung ist somit kein tauglicher Ansatzpunkt für die Anfechtung, wenn sie nach der Eröffnung stattfindet, da gem. § 129 InsO die Anfechtung nur Rechtshandlungen vor der Eröffnung des Verfahrens umfasst. Es ist auf das Grundgeschäft des Insolvenzschuldners abzustellen und zu prüfen, ob sich daraus Anfechtungsmöglichkeiten ergeben.

Erfüllt der vorläufige Insolvenzverwalter trotzdem die späteren Masseverbindlichkeiten, bleibt die Erfüllungshandlung selbst anfechtbar, da die Erfüllung ein Rechtsgeschäft vor Verfahrenseröffnung darstellt.[339] Dies wäre somit für den vorläufigen Insolvenzverwalter eine Möglichkeit, im späteren Verfahren die direkte Anfechtung der Erfüllungshandlung zu eröffnen. Dennoch sollte der vorläufige Insolvenzverwalter nicht allein vor diesem Hintergrund die fiktiven Masseverbindlichkeiten bereits während des vorläufigen Verfahrens erfüllen, da dem vorläufigen Insolvenzverwalter Haftungsgefahren drohen können. Der Insolvenzverwalter muss vor Befriedigung einzelner Massegläubiger prüfen, ob die Masse für die Befriedigung aller Masseverbindlichkeiten ausreicht und wenn ja, in welcher Reihenfolge und ob die jeweilige Masseverbindlichkeit zu befriedigen ist.[340] Kommt er dem nicht nach, macht er sich möglicherweise gem. §§ 60, 61 InsO gegenüber den Massegläubigern haftbar. Diese Vorschriften gelten auch für den vorläufigen Insolvenzverwalter.[341] Damit besteht die Gefahr, dass der vorläufige Insolvenzverwalter für die Begleichung der späteren Masseverbindlichkeiten haftet, wenn nach Eröffnung nicht genügend Masse für die Massegläubiger zur Verfügung steht.

(2) Anfechtung des Grundgeschäftes

Geht man also davon aus, dass die Anfechtbarkeit der Erfüllungshandlung eher die Ausnahme sein wird, bleibt es auf das Grundgeschäft des Schuldners abzustellen und dort nach einer Anfechtungsmöglichkeit zu suchen. Dabei kann man zunächst daran denken, das gesamte Rechtsgeschäft anzufechten.

Dazu stellt sich zunächst die Frage, wie sich die Anfechtung des „Grundgeschäfts", also des Rechtsgeschäftes, wodurch die Steuerverbindlichkeit entsteht, auf die Steuerverbindlichkeit auswirkt. Bei dem Grundgeschäft, das im Eröffnungsverfahren mit Zustimmung des schwachen vorläufigen Insolvenzverwalters geschlossen wird, handelt es sich regelmäßig um eine Insolvenzforderung. Wird

339 *Kreft,* in: Kreft, HK-InsO, § 129 Rn 13.
340 *Lohmann,* in: Kreft, HK-InsO, § 60 Rn 21.
341 *Schoppmeyer*, in: MünchKomm-InsO, § 60 Rn 71a und § 61 Rn 34.

dieses Grundgeschäft nach Insolvenzeröffnung vom Insolvenzverwalter angefochten, entsteht gem. § 143 InsO ein schuldrechtlicher Rückgewähranspruch. Die daraus entstandene Umsatzsteuerforderung ist gem. § 17 UStG zu berichtigen. Die Umsatzsteuerforderung wird aber nun nach Insolvenzeröffnung zur Masseverbindlichkeit. Kann also eine Anfechtung diese Umsatzsteuerforderung betreffen?[342] Grundsätzlich müssten die Berichtigungsvorschriften weiterhin anwendbar sein. Auch wenn die Steuerverbindlichkeit unabhängig vom Rest des Grundgeschäfts zur Masseverbindlichkeit wird, kann sie nicht völlig getrennt davon behandelt werden. Die Höhe muss sich gerade nach dem Grundgeschäft bemessen. Wird das Grundgeschäfts rückgängig gemacht, muss das auch für die Steuerverbindlichkeit gelten.

Damit wirkt sich die Anfechtung des Grundgeschäfts nur mittelbar auf die Steuerverbindlichkeit aus. Die Anfechtung des Grundgeschäfts hat die Berichtigung der Steuerverbindlichkeit zur Folge. Das Entstehen der Steuerverbindlichkeit kann dadurch nicht rückgängig gemacht werden. Die Anfechtung des Grundgeschäfts führt damit nicht zum gewünschten Ergebnis. Im Regelfall wird der Insolvenzverwalter auch wenig Interesse daran haben, das gesamte Grundgeschäft rückabzuwickeln, nur um die Steuerverbindlichkeit zu vermeiden.

(3) Anfechtung des Werthaltigmachens der Steuerforderung

Weitere Möglichkeit wäre, alleine die Handlungen anzufechten, durch die die Steuerverbindlichkeit entsteht, nämlich die Leistungserbringung und das Inrechnungstellen.[343] Das Werthaltigmachen von Forderungen kann als eigenständige Rechtshandlung angefochten werden.[344] Dies hätte jedoch denselben Effekt wie bei der Anfechtung des Grundgeschäfts, da dadurch nicht unmittelbar die Steuerverbindlichkeit entfällt, sondern nur über die Rückabwicklung des Rechtsgeschäfts die Steuer berichtigt werden müsste.

(4) Zwischenergebnis

Als möglicher Ansatzpunkt für die Anfechtung kommen damit die mögliche Erfüllungshandlungen in Betracht. Die Anfechtung des Grundgeschäfts oder des Werthaltigmachens der Steuerverbindlichkeit führt hingegen zur Berichtigung.

---

342 Problem angedeutet bei *Smid,* DZWIR 2011, 133, 135 f mit Bezugnahme auf BGH Urt. v. 09.07.2009 – IX ZR 86/08, DZWIR 2009, 515 („Bierbrau-Entscheidung“).

343 S. dazu genauer unter § 7I.1.b)cc)(1)(a) und § 8.

344 *Reischl,* Insolvenzrecht, Rn 605; *Kreft,* in: HK-InsO, § 129 Rn 13.

bb) Anfechtbarkeit von Rechtshandlungen des vorläufigen Insolvenzverwalters oder von Rechtshandlungen mit seiner Zustimmung

Zu klären ist nun, ob die gerade dargestellten Handlungen anfechtbar sind. Festzuhalten ist zunächst, dass eine Anfechtung nicht dadurch ausgeschlossen wird, dass die Personen des vorläufigen Insolvenzverwalter und des späteren Insolvenzverwalters identisch sind.[345]

Die Frage, ob Rechtshandlungen des schwachen vorläufigen Insolvenzverwalters mit Zustimmungsvorbehalt oder solchen, die mit seiner Zustimmung vorgenommen wurden, überhaupt anfechtbar sind, ist strittig. Teilweise wird vertreten, dass alle Rechtshandlungen, die mit seiner Zustimmung vorgenommen wurden, anfechtbar sind.[346] Dem ist nicht zuzustimmen, da ansonsten die Zustimmung für den Gläubiger wertlos wäre.[347] Erteilt der vorläufige Insolvenzverwalter seine Zustimmung, muss sich der Gläubiger darauf verlassen können, dass diese Verfügung des Schuldners Bestand haben wird. Dies ist gem. § 242 BGB auf den geschaffenen Vertrauenstatbestand zurückzuführen. Verfügungen des Schuldners, zu denen der vorläufige Insolvenzverwalter seine (vorbehaltslose) Zustimmung erteilt hat, dürfen nicht anfechtbar sein. Dies entspricht auch der herrschenden Meinung, die die Anfechtung bei erteilter Zustimmung einschränkt.[348] Der BGH schränkt dies noch konkreter ein, als die Zustimmung zur Erfüllung einer neu begründeten vertraglichen Leistung erfolgen muss[349] oder die Zustimmung zur Erfüllung einer Altverbindlichkeit erteilt wird, welche wiederum im Zusammenhang mit neuen Leistungen des Gläubigers an das insolvente Unternehmen

---

345 So schon BGH Urt. v. 11.06.1992 – IX ZR 255/91, BGHZ 118, 374, 380 f zur KO bzgl. Verhältnis Sequester – Konkursverwalter; diese Ansicht wurde – soweit ersichtlich – im Grundsatz auch auf die InsO übertragen; so ebenfalls *Vallender,* in: Uhlenbruck, InsO, § 22 Rn 239 und BGH Urt. v. 17.12.2004 – IX ZR 185/03, NZI 2005, 218, 219.

346 *Dauernheim*, in: FK-InsO, § 129 Rn 30 mit Verweis auf BGH Urt. v. 09.12.2004 – IX ZR 1008/04, ZIP 2005, 314, 315 ff; ebenfalls nicht weiter differenzierend *Gerhardt*, in: Jaeger, InsO, § 22 Rn 231.

347 BGH Urt. v. 09.12.2004 – IX ZR 108/04, NZI 2005, 218 ff; *Kirchhof,* in: MünchKomm-InsO, § 129 Rn 46; *Vallender,* in: Uhlenbruck, InsO, § 22 Rn 241; *Reischl,* Insolvenzrecht, Rn 605.

348 Vgl. Fußnote 330.

349 BGH Urt. v. 15.12.2005 – IX ZR 156/04, NZI 2006, 227 ff; *Kirchhof,* in: MünchKomm-InsO, § 129 Rn 46a.

stehen muss.[350] Dies ist überzeugend. Denn nur in diesen Fällen sind die jeweiligen Gläubiger schutzwürdig, da sie auf eine Gegenleistung für die Erbringung ihrer Leistung vertrauen dürfen. Daneben fehlt es weiter an einer Schutzwürdigkeit des Gläubigers, wenn er die Verfügung bzw. die Zustimmung zur Verfügung unter der Ausnutzung einer Drucksituation oder aufgrund seiner besonderen Marktmacht erreicht hat, z. B. wenn der vorläufige Insolvenzverwalter auf eine Lieferung des Gläubigers zur Fortführung des Unternehmens angewiesen ist und ersichtlich nur deshalb seine Zustimmung erteilt. Auf den Bestand einer solchen Zustimmung kann sich der Gläubiger nicht verlassen.[351] Die Anfechtung ist damit nur eingeschränkt möglich.

cc) Anfechtbarkeit auch bei der Begründung von fiktiven Masseverbindlichkeiten?

Wie eben dargestellt, ist die Anfechtbarkeit bei Rechtshandlungen des vorläufigen Insolvenzverwalters oder bei mit seiner Zustimmung vorgenommenen Rechtshandlungen, die Anfechtung nur eingeschränkt möglich. Wie wirkt es sich aber nun aus, dass durch § 55 Abs. 4 InsO fiktive Masseverbindlichkeiten begründet werden? Hindert dies die Anfechtung vollständig?

(1) Vergleich zur Anfechtung von Rechtshandlungen des starken vorläufigen Insolvenzverwalters, die gem. § 55 Abs. 2 InsO Masseverbindlichkeiten begründen

Rechtshandlungen, die gem. § 55 Abs. 2 InsO Masseverbindlichkeiten begründen, sind nicht anfechtbar.[352] Überwiegend wird dafür auf § 242 BGB verwiesen, da

---

350 BGH Urt. v. 09.12.2004 – IX ZR 108/04, NZI 2005, 218 ff; BGH Urt. v. 15.12.2005 – IX ZR 156/04, ZInsO 2006, 208, 209; *Kirchhof*, in: MünchKomm-InsO, § 129 Rn 46b; *Zeuner*, Anfechtung in der Insolvenz, § 2 Rn 21.

351 Offen gelassen von BGH Urt. v. 09.12.2004 – IX ZR 108/04, NZI 2005, 218 ff; bejaht BGH Urt. v. 15.12.2005 – IX ZR 156/04, ZInsO 2006, 208, 209; *Kirchhof*, in: MünchKomm-InsO, § 129 Rn 44, 46; *Vallender*, in: Uhlenbruck, InsO, § 22 Rn 242; *Zeuner*, Anfechtung in der Insolvenz, § 2 Rn 21; anstatt der Anfechtbarkeit wird in diesem Fall teilweise die Unwirksamkeit bzw. Nichtigkeit der erzwungenen Handlung angenommen, so z.B. Henckel, in: Jaeger, InsO, § 55 Rn 90 (weitere Nachweise dazu bei *Kirchhof*, in: MünchKomm-InsO, § 129 Rn 44); im Ergebnis ist jedenfalls nach beiden Ansichten der Insolvenzverwalter nach Eröffnung des Insolvenzverfahrens an diese Zustimmung nicht mehr gebunden, weshalb eine Streitentscheidung hier dahinstehen kann.

352 *Kirchhof*, in: MünchKomm-InsO, § 129 Rn 44; *Vallender*, in: Uhlenbruck, InsO, § 22 Rn 240; *Henckel*, in: Jaeger, InsO, § 55 Rn 90; angedeutet bei BGH Urt.

die Begründung von Masseverbindlichkeiten ein besonderes Vertrauen hervorruft. Die Gläubiger sollen sich weitergehend darauf verlassen können als bei der Zustimmung des schwachen vorläufigen Insolvenzverwalters zu Rechtshandlungen des Schuldners, da der starke vorläufige Insolvenzverwalter gerade eigene Befugnisse besitzt und seine Stellung der des Insolvenzverwalters erheblich angenähert ist.[353] Im Ergebnis ist dem natürlich zuzustimmen. Wenn man sich schon auf die Zustimmung des schwachen vorläufigen Insolvenzverwalters (mit Zustimmungsvorbehalt) verlassen darf, dann erst Recht auf die Handlungen des starken vorläufigen Insolvenzverwalters, auf den die Verfügungsbefugnis übergegangen ist.[354]

Allerdings bedarf es nicht des Rückgriffs auf diese allgemeinen Rechtsgrundsätze des Vertrauensschutzes. Schon aus dem Gesetz ergibt sich, dass Rechtshandlungen, durch die Masseverbindlichkeiten begründet werden, nicht der Anfechtung unterliegen. §§ 130 und 131 InsO regeln in Abs. 1 ausdrücklich, dass nur solche Rechtshandlungen anfechtbar sind, die einem Insolvenzgläubiger eine Sicherung oder Befriedigung gewähren oder ermöglichen. Bei § 55 Abs. 2 InsO handelt es sich aber um Massegläubiger. Weiter liegt keine Handlung des Schuldners vor, sondern die des starken vorläufigen Insolvenzverwalters. Ihm stehen eigene Befugnisse zu, er handelt nicht wie der schwache Insolvenzverwalter für den Schuldner.[355] Hinzu kommt – was auch für alle anderen Anfechtungstatbestände gilt –, dass die Insolvenzgläubiger durch die Befriedigung von Masseverbindlichkeiten nicht benachteiligt werden. Denn die Masseschulden standen der Insolvenzmasse zur Verteilung an die Insolvenzgläubiger nie zur Verfügung. Auch nach Eröffnung des Insolvenzverfahrens hätten diese die volle Deckung erhalten.[356]

---

v. 09.12.2004 – IX ZR 108/04, NZI 2005, 218, 219; a.A. *Dauernheim*, in: FK-InsO, § 129 Rn 30 der eine Anfechtung grundsätzlich für möglich hält (insbesondere nach § 133 InsO).

353 *Vallender*, in: Uhlenbruck, InsO, § 22 Rn 242; *Zeuner*, Anfechtung in der Insolvenz, § 2 Rn 21; *Kirchhof*, in: MünchKomm-InsO, § 129 Rn 44; *de Bra*, in: Braun, InsO, § 129 Rn 21; *Roth*, ZInsO 2011, 1779, 1780.

354 Einen völlig anderen Ansatz wählt *Dauernheim*, in: FK-InsO, § 129 Rn 30, der lediglich eine Anfechtbarkeit nach § 133 InsO bejaht. Die Anfechtungstatbestände des §§ 130–132 InsO seien dadurch ausgeschlossen, dass die Bevorzugung aufgrund der Begründung von Masseverbindlichkeiten einer unmittelbaren tatsächlichen Leistung so ähnlich sei, dass man von einem Bargeschäft und damit von der Anwendbarkeit des § 142 InsO ausgehen müsse. Bei § 133 InsO ist aber ausdrücklich eine Rechtshandlung des Schuldners nötig, sodass dieser auf den vorläufigen Insolvenzverwalter nicht anwendbar ist, so auch *Kirchhof*, in: MünchKomm-InsO, § 133 Rn 7 ff.

355 *Reischl*, Insolvenzrecht, Rn 605.

356 *Henckel*, in: Jaeger, InsO, § 55 Rn 90 und § 130 Rn 33; *Onusseit*, ZInsO 2011, 641, 646.

Es fehlt an der nötigen Gläubigerbenachteiligung. Damit scheidet eine Anfechtbarkeit solcher Rechtshandlung nach §§ 130, 131 InsO aus. Das gleiche Ergebnis muss auch für den vorläufigen schwachen Insolvenzverwalter gelten, der aufgrund von Einzelermächtigungen des Insolvenzgerichtes ebenfalls Masseverbindlichkeiten begründen kann.[357]

(2) Aufrechterhaltung dieser Ansicht auch für § 55 Abs. 4 InsO?

Zu hinterfragen ist nun, ob diese (grundsätzliche) Nicht-Anfechtbarkeit von begründeten Masseverbindlichkeiten auch im Rahmen des § 55 Abs. 4 InsO gilt. Aus dem Wortlaut des § 55 Abs. 4 InsO, dass es sich um rein fiktive Masseverbindlichkeiten („gelten") handelt, ergibt sich kein anderes Ergebnis.[358] Denn nach dem identischen Wortlaut des § 55 Abs. 2 InsO sind die durch den starken vorläufigen Insolvenzverwalter begründeten Verbindlichkeiten ebenfalls nur fiktive Masseverbindlichkeiten.

(a) Nicht-Anfechtbarkeit aufgrund Vertrauensschutzes?

Der Vertrauensschutz, wie er oben für die Nicht-Anfechtbarkeit von Masseverbindlichkeiten dargestellt wurde[359], ist nicht zu bejahen.[360] Steuerforderungen entstehen kraft Gesetzes und stehen in keinem Zusammenhang zu einer Leistung. Der Vertrauensschutz wurde im Fall der Zustimmung eines schwachen vorläufigen Insolvenzverwalters mit Zustimmungsvorbehalt zu einem Rechtsgeschäft des Schuldners angenommen, wenn der Gläubiger auch selbst eine Leistung erbringen muss. Der Gläubiger darf sich auf die Zustimmung und auf den Bestand des Rechtsgeschäfts verlassen. Dies ist bei den Finanzbehörden anders, da keine Leistung in das Vermögen des Schuldners fließt. Ein besonderer Vertrauensschutz kann auch nicht daraus gefolgert werden, dass durch die Zustimmung eine Masseverbindlichkeit begründet wird. Es handelt kein starker vorläufiger Insolvenzverwalter, auf den die Verfügungsbefugnis übergegangen ist und der für den Schuldner tätig wird. Aufgrund des bloßen Zustimmungsvorbehaltes kann dieser die Masse gerade nicht verpflichten. Die Sachverhalte sind nicht vergleichbar. Die Begründung

---

357 *Vallender,* in: Uhlenbruck, InsO, § 22 Rn 240; *Kirchhof,* in: MünchKomm-InsO, § 129 Rn 45; *Dauernheim,* in: FK-InsO, § 129 Rn 30; offen gelassen von *Zeuner,* Anfechtung in der Insolvenz, § 2 Rn 21.

358 Angedeutet bei *Onusseit,* ZInsO 2011, 641, 646.

359 S. oben § 7I.1.c)cc).

360 So auch *Roth,* ZInsO 2011, 1779, der wohl generell einen Vertrauensschutz bei Handlungen des schwachen vorläufigen Insolvenzverwalters ablehnt.

einer Masseverbindlichkeit durch die Zustimmung ist auch keine bewusste Entscheidung des vorläufigen Insolvenzverwalters, sondern ein Nebeneffekt. Ein besonderer Vertrauensschutz kann den Finanzbehörden deshalb nicht zugebilligt werden.

(b) Gesetzeslage

Allerdings kann dieser fehlende Vertrauensschutz nichts an der rechtlichen Lage ändern. Wie bereits oben dargestellt, kommt es nach dem Gesetz darauf schon gar nicht an, da es bei der Befriedigung von Masseverbindlichkeiten im Rahmen der Anfechtung an der nötigen Gläubigerbenachteiligung fehlt. Dies gilt auch bei Masseverbindlichkeiten nach § 55 Abs. 4 InsO. Eben weil es sich bei diesen Steuerforderungen nun nach Verfahrenseröffnung um Masseverbindlichkeiten handelt, stehen diese Beträge den Insolvenzgläubigern nicht zur Befriedigung zur Verfügung.[361] Eine Anfechtung ist damit auch in diesem Fall ausgeschlossen.[362]

(3) Ergebnis

Die §§ 129 ff. InsO sind nicht anwendbar, wenn es um Steuerverbindlichkeiten geht, die gem. § 55 Abs. 4 InsO nach Verfahrenseröffnung als Masseverbindlichkeiten fingiert werden.

dd) Die Sichtweise des BMF

Zum selben Ergebnis kommt auch das BMF im BMF-Schreiben vom 17.01.2012, wobei ein anderer Ansatzpunkt gewählt wird. Demnach sei die Erfüllung dieser (fiktiven) Masseverbindlichkeiten – soweit die Voraussetzungen eines Anfechtungstatbestandes vorliegen – grundsätzlich anfechtbar, da es sich vor der Insolvenzeröffnung um bloße Insolvenzforderungen handele. Wenn der Insolvenzverwalter die Zahlung nun anfechte, lebe diese Forderung als Masseverbindlichkeit gem. § 144 Abs. 1 InsO wieder auf. Deshalb könne der Insolvenzverwalter die Zahlung nicht zurückverlangen, da er sie sofort wieder an die Finanzbehör-

---

361 So auch *Onusseit*, ZInsO 2011, 641, 646; *Sinz/Oppermann*, DB 2011, 2185, 2192; *Heinze*, ZInsO 2011, 603, 609; a.A. *Depré/Lambert*, KSI 2012, 114, 118; *Roth*, ZInsO 2011, 1779, 1781; *Kahlert*, ZIP 2011, 401, 404, der eine Nichtanwendung der Insolvenzanfechtungsregeln und des damit verbundenen Aufrechnungsverbotes als nicht mit dem Zweck des § 55 Abs. 4 InsO vereinbar ansieht.

362 Dies gilt zumindest solange, als keine Masseunzulänglichkeit angezeigt wird; darauf wird an späterer Stelle eingegangen.

de leisten müsste.[363] Es handelt sich hierbei um die zivilrechtliche „dolo-agit-Einrede“[364]. Das BMF trennt dabei streng zwischen Insolvenzforderung und fiktiver Masseverbindlichkeit nach Verfahrenseröffnung. Allerdings ist unklar, weshalb erst durch die Anfechtung die Insolvenzforderung wieder zur Masseverbindlichkeit aufleben soll. Mit Verfahrenseröffnung wird die Steuerforderung zur Masseverbindlichkeit. Es handelt sich letztlich um eine aufschiebend bedingt entstandene Masseverbindlichkeit.[365] Mit Verfahrenseröffnung treten sämtliche Wirkungen einer Masseverbindlichkeit ein und damit auch die Unanfechtbarkeit. Dogmatisch überzeugender ist es daher, die Anfechtbarkeit schon grundsätzlich nicht zu zulassen.

ee) Zusammenfassende Betrachtung

Durch § 55 Abs. 4 InsO wird die Anfechtbarkeit von Leistungen an die Finanzbehörden in der Krise erheblich eingeschränkt. Werden solche Steuerforderungen erfüllt, die als fiktive Masseverbindlichkeiten gelten, sind die §§ 129 ff. InsO nicht anwendbar, da dort stets die Gläubigerbenachteiligung Voraussetzung ist. Völlig ist die Anfechtbarkeit aber auch in diesen Fällen nicht ausgeschlossen worden, wie sich später bei der Problematik der Masseunzulänglichkeit zeigen wird.

Abschließend stellt sich die Frage, was von der umfangreichen ursprünglich als anfechtungsfreundliche Rechtsprechung des BGH, die oben bereits dargestellt wurde[366], nach Einführung des § 55 Abs. 4 InsO bleibt. Auf den ersten Blick könnte man meinen, dass sie nicht mehr oft einschlägig sein wird. Dies ist aber nicht der Fall. Erfüllt der vorläufige Insolvenzverwalter Steuerforderungen und soll diese Rechtshandlung nach Verfahrenseröffnung angefochten werden, ist zu trennen, welche Art von Steuerforderung gegeben ist. Liegt eine Steuerverbindlichkeit i. S. d. § 55 Abs. 4 InsO vor, ist die Anfechtbarkeit ausgeschlossen.[367] Daneben werden aber auch in der Krise regelmäßig noch Steuerverbindlichkeiten erfüllt werden, die bereits vor der Antragsstellung begründet wurden und daher bloße Insolvenzforderungen sind. Auf die Erfüllung dieser Verbindlichkeiten, die auch

---

363 BMF-Schreiben vom 17.01.2012, BStBl. I 2012, 120, Ziff. 40 = ZInsO 2012, 213, 216.

364 „dolo agit, qui petit, quod statim redditurus est“ = Pflicht zur alsbaldigen Rückgewähr, gefolgert aus § 242 BGB, s. dazu *Grüneberg*, in: Palandt, BGB, § 242 Rn 52.

365 *Loose,* in: Tipke/Kruse, AO, § 251 Rn 70a.

366 S. dazu oben § 6III.

367 S. dazu oben§ 7I.1.c)cc)(2)(b) .

einen erheblichen Teil ausmachen dürften, bleibt diese Rechtsprechung weiterhin anwendbar.

d) Weitere Anwendungsprobleme des § 55 Abs. 4 InsO

§ 55 Abs. 4 InsO wirft neben bereits Dargestelltem weitere Anwendungsprobleme auf. Da eine ausführliche Behandlung dieser Themen, den Rahmen der Arbeit sprengen würde, sollen sie zur Vollständigkeit nur angerissen werden.

aa) Probleme bei der Steuererklärung und Steuerabführung

§ 55 Abs. 4 InsO bereitet Probleme bei der Steuererklärung und Steuerabführung. Während des Insolvenzeröffnungsverfahrens können Insolvenzforderungen und Steuerforderungen gegenüber dem Finanzamt nach § 55 Abs. 4 InsO nicht getrennt behandelt (abgeführt) werden, da die Fiktion erst nach Insolvenzeröffnung eintritt. Damit hat nach Insolvenzeröffnung eine Berichtigung der abgegebenen Steuererklärungen stattzufinden. Oft ist es aber schwer, die Forderungen nach § 55 Abs. 4 InsO zu zuordnen, da während des Insolvenzeröffnungsverfahrens weiterhin der Insolvenzschuldner die Steuererklärungen abzugeben hat. Der Insolvenzverwalter, aber auch das Finanzamt, trifft nicht nur auf erhöhten Verwaltungsaufwand, sondern vermehrt auch auf Unklarheiten.[368] So ist z. B. auch noch nicht endgültig geklärt, wie und gegen wen das Finanzamt die fiktiven Masseverbindlichkeiten durchsetzen kann.[369]

bb) Haftung des Verwalters

Weitere Fragen haben sich mit Einführung des § 55 Abs. 4 InsO zur Haftung des Insolvenzverwalters aufgetan.[370] Dies folgt vor allem aus den Problemen mit der Steuererklärung und Steuerabführung, da der vorläufige Insolvenzverwalter nun

---

368 S. dazu *Sinz/Oppermann*, DB 2011, 2185, 2192 ff; *Rennert-Bergenthal/Dähling*, ZInsO 2010, 1922, 1924 ff; *Heinze*, ZInsO 2011, 603, 607 f; *Sterzinger*, BB 2011, 1367, 1371 f; *Fischer*, in: Vallender/Undritz, Praxis InsR, Kap. 14 Rn 54; mit Blick auf die Ertragssteuern s. *Beck*, ZIP 2011, 551, 552 ff.

369 S. dazu nun FG Düsseldorf, Beschl. v. 21.03.2012 – 1 V 152/12, NZI 2012, 524, das davon ausgeht, dass ein einfaches Leistungsgebot an den Insolvenzverwalter ausreicht, wenn die Steuer bereits gegenüber dem Insolvenzschuldner festgesetzt worden war.

370 S. dazu *Sinz/Oppermann*, DB 2011, 2185, 2193 f; *Sterzinger*, BB 2011, 1367, 1371; *Onusseit*, ZInsO 2011, 641, 647; *Kahlert*, ZIP 2011, 405 f; *Schmittmann*, ZIP 2011, 1125, 1129; *Hefermehl*, in: MünchKomm-InsO, § 55 Rn 246.

schon vor der Insolvenzeröffnung darauf achten muss, dass er Masseverbindlichkeiten begründet. Auch wenn sie erst nach Eröffnung als solche gelten, sollte der vorläufige Verwalter schon während des Eröffnungsverfahrens eine getrennte Behandlung der Verbindlichkeiten vornehmen.[371] Kann der Insolvenzverwalter nach Eröffnung eine solche fingierte Masseverbindlichkeit nicht begleichen, stellt sich die Frage der Haftung. Nach Rechtsprechung des BGH kommt weder eine Haftung nach §§ 34, 69 AO, noch nach § 60 InsO oder nach § 61 InsO für diesen Fall in Betracht.[372] Die Begründung einer Steuerpflicht stellt keine Verletzung einer steuerlichen Pflicht nach §§ 191, 69, 34 AO dar, für die der Insolvenzverwalter nach §§ 34, 69 AO haftet; eine Haftung nach § 60 InsO scheidet aus, weil der Verwalter durch die Begründung von Steuerforderungen keine spezifisch insolvenzrechtliche Pflicht gegenüber der jeweiligen Finanzbehörde verletzt und § 61 InsO nur dem Schutz von solchen Gläubigern dient, die auch eine Gegenleistung in die Masse erbringen, was bei Finanzbehörden gerade nicht der Fall ist.[373]

cc) Auswirkung auf die Rechtsprechung zur Aufrechnung

In der Literatur wird vertreten, dass wegen § 55 Abs. 4 InsO die bisherige Rechtsprechung zur Aufrechnung überholt sei, da die Aufrechnung nur noch eingeschränkt möglich sei.[374] Ob dies vom Wortlaut des § 55 Abs. 4 InsO tatsächlich umfasst ist, ist mehr als fraglich. Diese Auslegung überdehnt den Anwendungsbereich des § 55 Abs. 4 InsO.[375] Auch nach Ansicht des BMF hindert § 55 Abs. 4 InsO die Aufrechnung nicht.[376] Aus praktischer Sicht besteht dabei für die Finanzbehörden kein zwingendes Bedürfnis mehr für die Aufrechnung. Zuvor war die Aufrechnung ein probates Mittel dafür, es zu vermeiden, Forderungen (z. B. aus Vorsteuerabzügen) voll an die Masse zahlen zu müssen und selbst als Insolvenzgläubiger nur auf die Quote verwiesen zu werden.[377] Da der Fiskus nun aber für die während der vorläufigen Insolvenzverwaltung begründeten Forderungen Massegläubiger ist, werden diese Forderungen in voller Höhe ersetzt und er

---

371 *Sinz/Oppermann*, DB 2011, 2185, 2192; *Rennert-Bergenthal/Dähling*, ZInsO 2010, 1922, 1924.

372 *Hefermehl*, in: MünchKomm-InsO, § 55 Rn 246.

373 BGH, Beschl. v. 14.10.2010 – IX ZB 224/08, NZI 2011, 60, 61; *Schmittmann*, ZIP 2011, 1125, 1129; s. dazu auch nochmals unten § 7I.4.d).

374 *de Weerth*, EWiR 2011, 87, 88.

375 So auch *Lechner/Johann*, DB 2011, 1131, 1134; *Kahlert*, ZIP 2011, 185, 186.

376 BMF-Schreiben vom 17.01.2012, BStBl. I 2012, 120, Ziff. 29 = ZInsO 2012, 213, 215.

377 *Marchal*, BB 2013, 33, 34.

wird gerade nicht mehr auf die Quote verwiesen. Er muss sich also nicht mehr des Instrumentes der Aufrechnung bedienen, um seinen Forderungen zu sichern. Dies gilt natürlich nur für die fingierten Masseverbindlichkeiten. Für die Forderungen, bei denen der Fiskus weiterhin Insolvenzgläubiger ist, bleibt es bei der Anwendung der Rechtsprechung zur Aufrechnung.[378]

dd) § 55 Abs. 4 InsO in der vorläufigen Eigenverwaltung und im Schutzschirmverfahren

Unklar ist auch die Anwendbarkeit des § 55 Abs. 4 InsO während der vorläufigen Eigenverwaltung gem. § 270a InsO und im Schutzschirmverfahren nach § 270b InsO. Die Stellung des dort tätigen vorläufigen Sachwalters ist anders als die des vorläufigen Insolvenzverwalters. Soweit keine andere Anordnung durch das Gericht getroffen wird, hat der Sachwalter gem. § 275 InsO seine Zustimmung nur zu solchen Verbindlichkeiten zu erteilen, die für den Geschäftsbetrieb nicht gewöhnlich sind. Im Übrigen verwaltet der Schuldner sein Unternehmen selbst. Der Sachwalter nimmt eine rein überwachende Stellung ein. Dadurch soll gerade die Sanierung erreicht werden. Von der Intention und dem Ablauf der Verfahren nach §§ 270a und 270b InsO dürfte daher § 55 Abs. 4 InsO nicht anwendbar sein.[379] Aufgrund der bestehenden Unklarheit wird derzeit in der Praxis § 55 Abs. 4 InsO zunächst angewandt und die Steuern an das Finanzamt gezahlt, um etwaige Haftungen zu vermeiden. Gleichzeitig wird das Finanzamt von der Zahlungsunfähigkeit des Schuldners in Kenntnis gesetzt, um nach Eröffnung des Verfahrens die Zahlung anfechten zu können.[380]

---

378 Auf die jüngst dazu ergangene Rechtsprechung des BFH wird unter § 8III.2 eingegangen.

379 *Kahlert,* ZIP 2012, 2089, 2090 f; *Frotscher,* Besteuerung bei Insolvenz, S. 81; dahingehend äußerte sich auch BFH-Richter *Wäger* auf dem Insolvenzverwalterkongress 2012, s. INDat-Report 08/2012, S. 26; so wohl auch Stellungnahme des Bundesrates v. 15.04.2011, BR-Drucks. 127/11 (B), S. 5, wo der Bundesrat eine gesetzliche Klarstellung zur Anwendung des § 55 Abs. 4 InsO auch auf den vorläufigen Sachwalter fordert, welche aber nicht erfolgt ist.

380 Dies ergab eine Nachfrage bei einer in der Insolvenzberatung tätigen Kanzlei; so auch *Buchalik* im Rahmen eines Vortrages auf dem Insolvenzverwalterkongress 2012, zugehörige Präsentation abrufbar unter: http://www.vid.de/images/stories/veranstaltungen/deutscher_insolvenzverwalterkongress_2012/robert%20buchalik_vid-kongress_2012.pdf (Stand: 21.10.2013), dort Folie 16 und 17.

2. Qualifikation als Fiskusvorrecht

In der Literatur wird bzgl. § 55 Abs. 4 InsO nicht einheitlich von einem Fiskusvorrecht gesprochen. Einigkeit besteht überwiegend dahingehend, dass eine Privilegierung zugunsten des Fiskus vorliegt.[381] Allerdings wird der Umfang dieses Privilegs unterschiedlich bewertet. So handelt es sich z. B. nach der Ansicht von *Gundlach/Rautmann* nur um einen *„abgeschwächten Fiskusvorrang"*[382]. *Bisle* spricht lediglich von einem *„Fiskusprivileg ‚light'"*[383]. Weshalb diese Einschränkungen vorgenommen werden, ist nicht nachvollziehbar, da die Autoren auch keine expliziten Begründungen für diese Einschränkungen nennen. Die Auswirkungen und der Umfang dieser Privilegierung wurden oben bereits dargestellt.[384] Der Fiskus erhält für die betroffenen Steuerforderungen eine erhebliche Verbesserung seiner Position im Vergleich zur Rechtslage vor dem 01.01.2011. Als Vergleichsmaßstab ist dabei die Gruppe der Insolvenzgläubiger heranzuziehen, zu welcher der Fiskus vor der Gesetzesänderung gehörte. Die Forderungen der übrigen Insolvenzgläubiger bleiben Insolvenzforderungen, auch wenn sie wie Steuerforderungen ebenfalls während des Insolvenzeröffnungsverfahrens durch den schwachen vorläufigen Insolvenzverwalter oder durch den Schuldner mit Zustimmung dessen begründet werden. Das bedeutet nicht nur eine geringfügige, sondern eine deutliche Besserstellung. Der Fiskus wird letztlich aus der Gruppe der Insolvenzgläubiger herausgehoben. Ob diese Besserstellung gerechtfertigt ist, gilt es an anderer Stelle zu beurteilen. Festzustellen ist aber, dass der Fiskus bzgl. der Steuerforderungen eindeutig und nicht nur bloß eingeschränkt privilegiert wird. Es wurde ein neues Fiskusvorrecht geschaffen.[385]

---

381 S. nur *Sinz/Oppermann*, DB 2011, 2185, 2194; *Weiland*, DZWIR 2011, 224, 231; *Onusseit*, ZInsO 2011, 641, 643; *Marotzke*, ZInsO 2010, 2163, 2180; *Heinze*, ZInsO 2011, 603, 604; a.A. *Zimmer*, ZInsO 2010, 2299, 2306 mit der Begründung, dass schon ein Lieferantenprivileg und ein Arbeitnehmerprivileg bestehen, sodass kein Privileg einer der drei Hauptgläubigergruppen besteht, sondern eine Gleichbehandlung; *Trottner*, NWB 2011, 309, 312.

382 *Gundlach/Rautmann*, DStR 2011, 82, 84.

383 *Bisle*, GWR 2011, 352.

384 S. oben § 7I.1.a).

385 So auch *Heinze*, ZInsO 2011, 603, 604; *Onusseit*, ZInsO 2011, 641 ff; *Bäuerle/Schneider*, in: Braun, InsO, § 55 Rn 69; *Werres*, ZInsO 2010, 2055, 2058; *Schmittmann*, ZInsO 2011, 439; *Loose*, in: Tipke/Kruse, AO, § 251 Rn 70a; *Frotscher*, Besteuerung bei Insolvenz, S. 78; a.A. wohl *Trottner*, NWB 2011, 309, 312.

3. Vergleich zum Fiskusvorrecht der Konkursordnung

Dass hier ein Fiskusvorrecht vorliegt, zeigt sich auch aus einem Vergleich zur Konkursordnung. In zeitlicher Hinsicht geht § 55 Abs. 4 InsO nicht so weit wie § 62 Abs. 1 Nr. 2 KO. In der KO wurden alle Steuerforderungen, die im letzten Jahr vor der Eröffnung des Verfahrens entstanden sind, als vorrangige Konkursforderung berücksichtigt. § 55 Abs. 4 InsO hingegen gilt nur für Steuerforderung, die im Insolvenzeröffnungsverfahren begründet wurden. Der zeitliche Umfang ist also dem Wortlaut nach eingeschränkt.[386] Allerdings ist dabei zu beachten, dass der Zeitraum der vorläufigen Verwaltung in manchen Fällen nicht unbedeutend sein kann. Weiter ist der Zeitpunkt des Wirkungseintritts zu betrachten. Dieser ist bei § 55 Abs. 4 InsO wesentlich gravierender als bei § 62 Abs. 1 Nr. 2 KO. Das Vorrecht der KO wirkte sich erst bei der Verteilung der Masse und damit am Ende des Insolvenzverfahrens aus. Zu einem früheren Zeitpunkt wurde das Insolvenzverfahren nicht beeinträchtigt. § 55 Abs. 4 InsO greift nun aber unmittelbar nach Verfahrenseröffnung ein, da die Masseverbindlichkeiten vorweg aus der Masse zu befriedigen sind. Während des Insolvenzverfahrens wird also bereits Liquidität abgezogen.[387] Dies beeinträchtigt die Masse wesentlich mehr als das Vorrecht der KO. Daneben geht auch der Umfang der Befriedigung des Fiskus bei § 55 Abs. 4 InsO über den des § 62 Abs. 1 Nr. 2 KO hinaus. Durch § 55 Abs. 4 InsO werden die Steuerforderungen als Masseverbindlichkeit qualifiziert und nicht mehr wie in der KO nur als bloße Konkurs- bzw. Insolvenzforderung, die lediglich vor den anderen Konkurs- bzw. Insolvenzgläubigern befriedigt wird.[388]

Zusammengefasst ist festzustellen, dass zwar der Geltungszeitraum gegenüber der KO eingeschränkt wurde, aber der Umfang des Fiskusvorrechts wesentlich ausgeweitet wurde. In der InsO befindet sich nun ein Fiskusvorrecht, dessen Wirkungen weiter gehen und gravierender sind als zu Zeiten der KO.

4. Reaktionsmöglichkeiten auf diese Vorschrift in der Praxis

Wie oben dargestellt[389], wird der Masse durch diese Regelung erheblicher Umfang entzogen, wenn die Steuerforderungen als Masseverbindlichkeiten zu befriedigen sind. Es schließt sich deshalb unmittelbar die Frage an, wie in der Praxis reagiert

---

386 So auch *Onusseit*, ZInsO 2011, 641, 642.

387 *Werres*, ZInsO 2010, 2055, 2057.

388 So auch *Onusseit*, ZInsO 2011, 641, 642.

389 S. § 7I.1 ff.

werden kann, um die Wirkungen des § 55 Abs. 4 InsO auszuschließen. Schon aus der Gesetzesformulierung ergeben sich dafür Ansatzpunkte.

a) Die Art des Insolvenzverwalters

Zunächst besteht die Möglichkeit beim Insolvenzverwalter selbst anzusetzen. Wie schon aus dem Gesetzeswortlaut folgt, ist für § 55 Abs. 4 InsO ein schwacher vorläufiger Insolvenzverwalter nötig, wobei auch ausdrücklich auf den Zustimmungsvorbehalt abgestellt wird. Man könnte also sowohl am Punkt des „Zustimmungsvorbehaltes" aber auch schon früher, nämlich am Punkt des „vorläufigen Insolvenzverwalters" ansetzen.[390]

aa) Einsetzung eines Gutachters

Zunächst ist es denkbar, schon gar keinen vorläufigen Insolvenzverwalter mit den Befugnissen der InsO zu bestellen. Das Gericht könnte lediglich einen Gutachter/ Sachverständigen einsetzen und dem Schuldner zur Seite stellen. Dieser betreut den Schuldner im vorläufigen Insolvenzverfahren und überwacht ihn folglich in gewisser Weise, nimmt aber keine eigenen Tätigkeiten vor.[391] Bei einer solchen Vorgehensweise ist natürlich die Person des Schuldners von entscheidender Bedeutung. Lässt dieser sich nicht auf die dennoch wichtige Position des Gutachters ein und wirtschaftet ohne Rücksicht auf dessen Vorschläge weiter, könnte der Zweck des Insolvenzverfahrens gefährdet sein. Allerdings wird dies durch das Institut der Anfechtung nach Eröffnung des Insolvenzverfahrens etwas abgeschwächt. Zusätzlich besteht die Möglichkeit der Anordnung von Sicherungsmöglichkeiten gem. § 21 InsO, um diese Gefahr zu minimieren. Durch § 21 Abs. 1 InsO wird dem Insolvenzgericht dabei ein weiter Spielraum gesetzt, einen uneinsichtigen Schuldner einzuschränken, ohne ihn gleichzeitig an die Zustimmung eines Insolvenzverwalters zu binden oder diesem die Begründung von Verbindlichkeiten zu ermöglichen. Man könnte zum Beispiel an die Auferlegung eines Zahlungsverbotes ab einer gewissen Höhe des Zahlbetrages denken. Auch für die mit dem Schuldner in vertraglichen Verbindungen stehenden Gläubiger, insbesondere Lieferanten, ist eine solche Vorgehensweise nicht nachteilig, wenn es sich um ein Bargeschäft handelt und damit eine Anfechtung gem. § 142 InsO ausgeschlossen

---

390 So auch *Jungclaus/Keller*, NZI 2010, 808, 810.

391 *Leithaus*, NZI 2005, 436, 437; *Marotzke*, ZIP 2005, 2144, 2147; kritisch demgegenüber *Waza/Uhländer/Schmittmann*, Insolvenzen und Steuern, Rn 696; ablehnend *Onusseit*, ZInsO 2011, 641, 650.

werden kann. Der Gutachter kann im Rahmen seiner Tätigkeit dafür Sorge tragen, dass die Geschäfte als solche Bargeschäfte abgewickelt werden.[392] Ein solcher Gutachter hätte letztlich eine vergleichbare Stellung zum vorläufigen Sachwalter in der vorläufigen Eigenverwaltung und im Schutzschirmverfahren (§§ 270a ff. InsO). Das Regelinsolvenzverfahren würde diesen beiden Verfahren bei einer solchen Vorgehensweise angenähert. Dass der Gesetzgeber solche Institute vorsieht, zeigt letztlich, dass ein Verfahren ohne die Bestellung eines vorläufigen Insolvenzverwalters funktionieren kann.

bb) Der vorläufige schwache Insolvenzverwalter ohne Zustimmungsvorbehalt

Daneben ist es denkbar, einen vorläufigen schwachen Insolvenzverwalter zu bestimmen, dabei aber auf den Zustimmungsvorbehalt zu verzichten. Wie sich schon aus dem Wortlaut des § 21 InsO ergibt, handelt es sich bei den dort aufgezählten Sicherungsmaßnahmen um eine beispielhafte Aufzählung („insbesondere"). Das Insolvenzgericht muss daraus keine Maßnahme auswählen, sondern kann auch eigene Sicherungsmaßnahmen treffen. Demnach besteht grundsätzlich die Möglichkeit einen vorläufigen schwachen Insolvenzverwalter einzusetzen, wobei der Schuldner aber keinem Zustimmungsvorbehalt unterliegen soll.[393] Das Ergebnis ist dann selbiges wie gerade dargestellt. Der vorläufige Insolvenzverwalter steht wieder als Gutachter an der Seite des Schuldners, da der Schuldner in keinster Weise in seiner Verfügungsbefugnis eingeschränkt wird. Es sollten durch das Gericht also zusätzliche Sicherungsanordnungen getroffen werden. Der vorläufige Insolvenzverwalter sollte wiederum dafür Sorge tragen, dass die Vertragspartner nach Eröffnung des Insolvenzverfahrens nicht der Anfechtung ausgesetzt sind, wenn er das Geschäft unterstützt und gefördert hat.

Diesen Weg hat nun auch das AG Düsseldorf gewählt, indem es den vorläufigen Insolvenzverwalter lediglich dazu ermächtigte, Rechte, Ansprüche und sonstige

392 S. dazu auch: *Leithaus*, NZI 2005, 436, 437; a.A. *Marotzke*, ZIP 2005, 2144, 2147, der davon ausgeht, dass auch ein Gutachter Tätigkeiten eines vorläufigen Insolvenzverwalters übernehmen wird und damit trotzdem als vorläufiger Insolvenzverwalter zu behandeln ist; nach obiger Darstellung ist diese Ansicht jedoch abzulehnen.

393 *Leithaus,* in: Andres/Leithaus, InsO, § 55 Rn 20; *Lohmann,* in: Kreft, HK-InsO, § 55 Rn 33; *Jungclaus/Keller,* NZI 2010, 808, 810; *Leithaus*, NZI 2005, 436, 437; *Frotscher,* Besteuerung bei Insolvenz, S. 79; a.A. *Marotzke*, ZIP 2005, 2144, 2147 (s. dazu bereits oben).

Forderungen aus bestimmten Genussrechts-Beteiligungen zu sichern, durchzusetzen und deren Erlöse einzuziehen.[394] Nach Ansicht des AG Düsseldorf verbiete sich seit Inkrafttreten des § 55 Abs. 4 InsO eine schematische Bestellung eines schwachen vorläufigen Insolvenzverwalters mit Zustimmungsvorbehalt. Dies widerspräche dem Grundsatz der Verhältnismäßigkeit.[395] Es sah auch keinen Anlass, „*eine Sicherungsmaßnahme zu ergreifen, die nach Verfahrenseröffnung die Insolvenzmasse mit nicht notwendigen Masseverbindlichkeiten belastet*“[396]. Dass ein Gericht dies so ausdrücklich feststellt, erstaunt, vor allem im Hinblick auf § 42 AO.[397] Letztlich ist dem AG Düsseldorf aber zuzustimmen.

Fraglich ist nun, ob diese Reaktionsmöglichkeit nach dem BMF-Schreiben vom 17.01.2012 zu § 55 Abs. 4 InsO weiterhin durchsetzbar ist. Wie oben bereits angesprochen, kommt es nach Ansicht des BMF nicht darauf an, ob der Insolvenzschuldner einem Zustimmungsvorbehalt unterliegt. Es will alle Handlungen des Insolvenzschuldners und nicht nur Verfügungen unter § 55 Abs. 4 InsO fallen lassen.[398] Dann käme es auf die Art der Anordnung des Gerichts nicht mehr an. Dem kann nicht gefolgt werden.[399] Wie die Gerichte dies behandeln werden, bleibt abzuwarten.

b) Die nicht erteilte, aber auch nicht verweigerte Zustimmung

Als weitere Möglichkeit könnte am Punkt der „Zustimmung“ angesetzt werden. Nach § 55 Abs. 4 InsO muss der vorläufige Insolvenzverwalter der Begründung der Verbindlichkeit zustimmen. Was aber, wenn er weder ausdrücklich zustimmt, noch ausdrücklich seine Zustimmung verweigert, das Rechtsgeschäft also einfach geschehen lässt? Man könnte davon ausgehen, dass keine Zustimmung vorliegt, was die Wirkungen des § 55 Abs. 4 InsO nicht eintreten lassen würde. Diese Vorgehensweise ist jedoch bedenklich. Die Gefahr, dass eine konkludente Zustimmung[400] oder eine zur Anscheins- und Duldungsvollmacht ähnliche

394 AG Düsseldorf Beschl. v. 08.02.2011 – 503 IN 20/11, ZInsO 2011, 438; Zusammenfassung des Urteils bei *Kahlert/Rühland,* Insolvenzsteuerrecht, Rn 7.85 f.

395 AG Düsseldorf Beschl. v. 08.02.2011 – 503 IN 20/11, ZInsO 2011, 438, 439.

396 AG Düsseldorf Beschl. v. 08.02.2011 – 503 IN 20/11, ZInsO 2011, 438, 439.

397 S. dazu *Schmittmann,* ZInsO 2011, 439, 440; *Sinz/Oppermann*, DB 2011, 2185, 2187.

398 S. oben § 7I.1.b)cc)(1)(d).

399 So auch *Fischer,* DB 2012, 885, 889; ebenfalls zweifelnd *Hefermehl*, in: MünchKomm-InsO, § 55 Rn 244; s. auch schon oben § 7I.1.b)cc)(1)(d).

400 *Ellenberger*, in: Palandt, BGB, § 182 Rn 3.

Konstruktion von der Rechtsprechung angenommen wird, scheint groß.[401] Wie oben bereits angesprochen, wird der Begriff der Zustimmung weit gefasst.[402] Auch das BMF-Schreiben vom 17.01.2012 stellt für die Finanzverwaltung ausdrücklich klar, dass die Zustimmung durch konkludentes Handeln (Tun, Dulden, Unterlassen) erfolgen kann.[403]

c) Verbindlichkeit contra Verfügung

§ 55 Abs. 4 InsO verlangt, dass eine Verbindlichkeit mit Zustimmung des vorläufigen Insolvenzverwalters begründet wird. § 21 Abs. 2 Nr. 2 InsO hingegen regelt, dass „Verfügungen" nur mit Zustimmung des vorläufigen Insolvenzverwalters wirksam werden. Wie bereits oben dargestellt, findet sich aufgrund dieses Widerspruchs kein Anwendungsbereich des § 55 Abs. 4 InsO, da entweder die Handlung des Insolvenzschuldners nicht der Zustimmung des vorläufigen Insolvenzverwalters bedarf, weil es sich um keine Verfügung handelt, oder die Verfügung, zu der die Zustimmung erteilt wird, keinen Steuertatbestand auslöst.[404] Man könnte daher annehmen, dass – wie *Leithaus* es ausdrückt – *„Abs. 4 allein aufgrund seines zweifelhaften Wortlautes ins Leere geht*"[405]. Wie aber ebenfalls oben dargelegt, eröffnet dies die Möglichkeit zur Auslegung der Norm. Im Rahmen der Auslegung kommt man dabei zum Ergebnis, dass die Norm entgegen des Wortlauts einen Anwendungsbereich hat.[406] Alleine auf den zweifelhaften Wortlaut des Gesetzes zu setzen und dadurch zu einer Nichtanwendung des § 55 Abs. 4 InsO zu kommen, scheint daher riskant. Schon allein vor dem Hintergrund der Ansicht des BMF, das den Anwendungsbereich nochmals weiter ausdehnt[407], sollte von dieser Vorgehensweise nicht Gebrauch gemacht werden.

---

401 So auch *Onusseit*, ZInsO 2011, 641, 650; *Marotzke*, ZIP 2005, 2144, 2147, der darüber hinaus noch darauf hinweist, dass ein Insolvenzverwalter ein solches Verhalten wohl nicht durchhalten kann; dies scheint aber aufgrund der vorausgehenden Darstellungen als durchaus möglich.

402 S. dazu schon oben § 7I.1.b)cc)(3).

403 BMF-Schreiben vom 17.01.2012, BStBl. I 2012, 120 Ziff. 3 = ZInsO 2012, 213, 214; so nun auch das FG Düsseldorf, Urt. v. 27.09.2013 – 1 K 3372/12 U, NZI 2014, 43.

404 S. oben § 7I.1.b)cc)(1)(a).

405 *Leithaus,* in: Andres/Leithaus, InsO, § 55 Rn 19, im Ergebnis aber offen lassend.

406 S. oben § 7I.1.b)cc)(1)(b).

407 S. oben § 7I.1.b)cc)(1)(d).

d) „Flucht in die Masseunzulänglichkeit" nach Eröffnung des Insolvenzverfahrens?

Wie bereits oben angesprochen[408], wird vermehrt Masseunzulänglichkeit angezeigt werden. Aber könnte darin nicht auch eine Chance für die Insolvenzmasse und für den Insolvenzverwalter liegen?[409]

aa) Folgen der Masseunzulänglichkeitsanzeige

Der Fall der drohenden Masseunzulänglichkeit i. S. d. § 209 Abs. 1 S. 2 InsO wird bei erheblichen Steuerverbindlichkeiten nun früher bzw. öfter bejaht werden können. Natürlich bedarf jeder Sachverhalt einer sorgfältigen Prüfung der Voraussetzungen der (drohenden) Masseunzulänglichkeit, da im Fall einer fehlerhaften Anzeige dem Insolvenzverwalter die Haftung nach §§ 60, 61 InsO droht.[410] Eine rein vorbeugende Anzeige ist gerade nicht zulässig.[411] Kann aber Masseunzulänglichkeit durch den Insolvenzverwalter bejaht werden und zeigt er diese dem Insolvenzgericht an, hat dies hinsichtlich der Altmasseverbindlichkeiten nach § 209 Abs. 1 Nr. 3 InsO und damit auch für die Steuerverbindlichkeiten die Folge, dass diese „eingefroren" werden.[412] Auch wenn am Ende die Masseverbindlichkeiten doch bezahlt werden müssen, kann sich der Insolvenzverwalter zunächst vor Zugriffen der Finanzbehörden schützen. Insbesondere ist die Vollstreckung wegen einer Masseverbindlichkeit

---

408 S. oben § 7I.1.a)bb).

409 Angedeutet bei *Ries,* in: Uhlenbruck, InsO, § 208 Rn 1, wonach die Anzeige nicht selten *„vorschnell und in der Sache unberechtigt erfolgt, um unliebsamen Vollstreckungen der Massegläubiger abzuwenden"*.

410 *Ries,* in: Uhlenbruck, InsO, § 208 Rn 10, 14; *Reischl,* Insolvenzrecht, Rn. 777; *Hefermehl,* in: MünchKomm-InsO, § 208 Rn 77 ff, der aber die Haftungsrisiken zu Recht gering einschätzt, da zum Einen die Massegläubiger nur schwer einen aus der Anzeige entstehenden Schaden beweisen werden können und zum Anderen sich der Insolvenzverwalter darauf berufen kann, dass im Zeitpunkt der Anzeige aus einer ex-ante-Sicht der Eintritt der Masseunzulänglichkeit tatsächlich drohte. Nur wenn diese Einschätzung vorwerfbar unrichtig war, was wiederum die Massegläubiger beweisen müssen, ist der Insolvenzverwalter haftbar, s. dazu auch BGH Urt. v. 17.12.2004 – IX ZR 185/03, NZI 2005, 222.

411 *Kießner,* in: FK-InsO, § 208 Rn 12; *Hefermehl,* in: MünchKomm-InsO, § 208 Rn 77; *Ries,* in: Uhlenbruck, InsO, § 208 Rn 10, der aber darauf hinweist, dass eine solche Praxis dennoch üblich ist.

412 S. dazu *Ries,* in: Uhlenbruck, InsO, § 208 Rn 17 f; *Hefermehl,* in: MünchKomm-InsO, § 208 Rn 43 ff; *Sinz/Oppermann,* DB 2011, 2185, 2193; zur Problematik des „richtigen Zeitpunktes" der Anzeige s. *Klaas/Zimmer,* ZInsO 2011, 666.

gem. § 210 InsO nicht mehr möglich. Dies gilt auch für die Finanzbehörden. Da sich diese ihre Vollstreckungstitel gem. §§ 249, 328, 336 AO selbst und damit schnell schaffen können, wird die Masse durch die Anzeige der Masseunzulänglichkeit vor einem Zugriff der Finanzbehörden zunächst geschützt. Stellt sich später heraus, dass die Masse doch zur Erfüllung aller Masseverbindlichkeiten (also sowohl der Neu- als auch der Altmasseverbindlichkeiten) ausreicht, kann – der h. M. folgend – wieder in das Regelinsolvenzverfahren zurückgekehrt werden.[413] Jedenfalls kann der Insolvenzverwalter – ob nun im Rahmen des Verfahrens der Masseunzulänglichkeit oder im normalen Verfahren – die Masseverbindlichkeiten befriedigen, wenn die Masse ausreicht. Dadurch werden die Massegläubiger so gestellt, als sei keine Masseunzulänglichkeit angezeigt worden und als hätten sie bzgl. ihrer Forderung keinerlei Schaden erlitten.

bb) Behandlung neu entstehender Umsatzsteuer nach Anzeige der Masseunzulänglichkeit

Für die Begründung neuer Steuerforderungen besteht nach Anzeige der Masseunzulänglichkeit ein weiterer Vorteil für die Verwaltungstätigkeit des Insolvenzverwalters mit Blick auf die Umsatzsteuer: Nach Beschluss des BGH vom 14.10.2010[414] gehört die nach eingetretener Masseunzulänglichkeit aus einer Veräußerung von Massegegenständen resultierende Umsatzsteuer nicht zu den vorrangig zu berichtigenden Kosten des Insolvenzverfahrens. Die Umsatzsteuerforderungen stellen Neumasseverbindlichkeiten i. S. d. § 209 Abs. 1 Nr. 2 InsO dar. Der BGH folgert dies daraus, dass die Umsatzsteuerforderungen nicht in § 54 InsO enthalten sind, der die Kosten des Insolvenzverfahrens definiert. Daneben handelt es sich nach Meinung des BGH auch nicht um „*unausweichliche Verwaltungskosten*“, die nach teilweiser im Schrifttum vertretener Ansicht[415] zu den Kosten des Insolvenzverfahrens zu zählen seien. Die Umsatzsteuer sei nur Nebeneffekt einer Veräußerung. Handele es sich nun um ein für die Masse unausweichliches Veräußerungsgeschäft, sei die daraus entstehende Umsatzsteuer keine notwendige Voraussetzung zur Durchführung des Geschäftes und damit nicht unausweichlich.[416]

---

413 *Hefermehl*, in: MünchKomm-InsO, § 208 Rn 53 ff; *Ries*, in: Uhlenbruck, InsO, § 208 Rn 31 ff; *Kießner*, in: FK-InsO, § 208 Rn 27 ff; die einzelnen Voraussetzungen für die Rückkehr (formelle Anzeige? Notwendigkeit eines Beschluss des Insolvenzgerichts?) sind strittig.

414 BGH Beschl. v. 14.10.2010 - IX ZB 224/08, NZI 2011, 60.

415 S. z. B. *Kießner*, in: FK-InsO, § 207 Rn 7.

416 BGH Beschl. v. 14.10.2010 - IX ZB 224/08, NZI 2011, 60 f.

Interessant für den Insolvenzverwalter sind die folgenden Ausführungen des BGH: Führt der Insolvenzverwalter die Umsatzsteuerschuld nicht an das Finanzamt ab, sondern benutzt diesen Erlös zur Deckung der Verfahrenskosten (und damit insbesondere auch für seinen eigenen Vergütungsanspruch), droht ihm keine persönliche Haftung. Es komme weder hinsichtlich des Abschlusses des Geschäftes noch hinsichtlich der Verwendung des Umsatzsteueranteils für die Verfahrenskosten eine Haftung nach § 69 AO oder nach §§ 60, 61 InsO in Betracht. § 69 AO sanktioniere nicht die Begründung von Steuerpflichten. § 60 InsO scheidet mit Blick auf den Abschluss des Geschäftes aus,

> *„(...) weil der Verwalter durch den Abschluss eines derartigen Geschäfts keine insolvenzspezifischen Pflichten gegenüber dem Fiskus verletzt“*[417].

Auch wenn der Insolvenzverwalter die Umsatzsteuer zur Deckung der Verfahrenskosten verwendet, ist § 60 InsO nicht einschlägig,

> *„(...) weil der Verwalter mit der insolvenzrechtlich vorgeschriebenen vorrangigen Befriedigung der Verfahrenskosten keine insolvenzspezifischen Pflichten verletzt. (...) Denn der Umsatzsteueranteil am Veräußerungserlös stand wegen des Vorrangs der Verfahrenskosten und fehlender sonstiger ausreichender Masse nicht zur Befriedigung des Finanzamts zur Verfügung“*[418].

Eine Haftung nach § 61 InsO scheidet ebenfalls aus. § 61 InsO schützt nur die Gläubiger,

> *„(...) die für oder im Zusammenhang mit ihrem Anspruch gegen die Masse eine Gegenleistung erbringen. Dies ist beim Gläubiger einer Steuerforderung nicht der Fall“*[419].

Daneben werde von dieser Norm auch nur die pflichtwidrige Begründung von Masseverbindlichkeiten umfasst und nicht spätere Pflichtverletzungen, sodass sich auch hinsichtlich der Verwendung des Veräußerungserlöses für die Verfahrenskosten aus § 61 InsO keine Ersatzpflicht des Insolvenzverwalters ergebe.[420] Dieser Entscheidung des BGH ist zuzustimmen. Die insbesondere klar strukturierte Prüfung überzeugt. Zusammengefasst mit den Worten des BGH gilt also, dass „*die Nichterfüllung der Umsatzsteuerschuld (...) unter diesen Umständen bereits nicht pflichtwidrig* [ist].“[421]

---

417 BGH Beschl. v. 14.10.2010 - IX ZB 224/08, NZI 2011, 60, 61.
418 BGH Beschl. v. 14.10.2010 - IX ZB 224/08, NZI 2011, 60, 61.
419 BGH Beschl. v. 14.10.2010 - IX ZB 224/08, NZI 2011, 60, 61.
420 BGH Beschl. v. 14.10.2010 - IX ZB 224/08, NZI 2011, 60, 61.
421 BGH Beschl. v. 14.10.2010 - IX ZB 224/08, NZI 2011, 60, 61 (letzter Satz).

cc) Auswirkung auf die Anfechtungsmöglichkeit

Wie bereits oben angedeutet, wurden durch die Einführung des § 55 Abs. 4 InsO die Anfechtungsmöglichkeiten von Rechtshandlungen in der Krise gegenüber den Finanzbehörden erheblich – aber gerade nicht völlig – eingeschränkt. Diese Ausnahme zeigt sich nach Anzeige der Masseunzulänglichkeit.

Erfüllt der vorläufige Insolvenzverwalter eine Steuerforderung, bei der es sich gem. § 55 Abs. 4 InsO um eine fiktive Masseverbindlichkeit handelt, und zeigt der Insolvenzverwalter nach Eröffnung des Insolvenzverfahrens die Masseunzulänglichkeit an, muss die Anfechtung dieser Erfüllungshandlung wieder möglich sein.[422] Gem. § 209 Abs. 1 Nr. 3 InsO sind solche Masseverbindlichkeiten, die nach der Anzeige der Masseunzulänglichkeit zu Alt-Masseverbindlichkeiten werden, auf dem dritten Rang zu befriedigen. Wird eine solche Steuerschuld erfüllt, werden die anderen vorrangigen Gläubiger, also insbesondere die Neu-Massegläubiger, benachteiligt, da ihnen die vorrangige Befriedigung zugestanden hätte.[423] Als Anfechtungstatbestand dürfte in solchen Fällen regelmäßig § 130 Abs. 1 Nr. 2 InsO einschlägig sein. Die Anfechtung ist auch nach Anzeige der Masseunzulänglichkeit möglich. Ihr steht nicht entgegen, dass die Insolvenzgläubiger trotz der Anfechtung keine höheren Befriedigungsquoten zu erwarten hätten. Für die Gläubigerbenachteiligung ist es – der Ansicht des BGH folgend – vielmehr ausreichend, dass die Befriedigungsaussichten der Insolvenzgläubiger im Allgemeinen verringert wurden. Eine konkrete Verbesserung der Befriedigungsaussichten ist nicht nötig.[424]

Mit Anzeige der Masseunzulänglichkeit lebt das Anfechtungsrecht hinsichtlich solcher Verbindlichkeiten aus § 55 Abs. 4 InsO folglich wieder auf.[425] Dies liegt

---

422 So auch *Onusseit*, ZInsO 2011, 641, 646; *Sinz/Oppermann*, DB 2011, 2185, 2192; *Heinze*, ZInsO 2011, 603, 609; *Depré/Lambert*, KSI 2012, 114, 118; *Roth*, ZInsO 2011, 1779, 1780.

423 *Onusseit*, ZInsO 2011, 641, 646; *Sinz/Oppermann*, DB 2011, 2185; *de Bra* in: Braun, InsO, § 129 Rn 27.

424 BGH Urt. v. 19.07.2001 – IX ZR 36/99, NJW-RR 2001, 1699, 1701; BGH Urt. v. 28.02.2008 – IX ZR 213/06, ZInsO 2008, 374; *Hirte*, in: Uhlenbruck, InsO, § 129 Rn 10; *Ries*, in: Uhlenbruck, InsO, § 208 Rn 29; a.A. *Windel*, in: Jaeger, InsO, § 208 Rn 105, der eine Anfechtung gegenüber Massegläubigern generell für unzulässig hält; ebenso *Häsemeyer*, Insolvenzrecht, Rn 21.25; weitergehend: *Klinck*, Grundlagen der Insolvenzanfechtung, S. 145 f, der die Anfechtung in diesem Fall für verfassungswidrig hält.

425 A.A. *Depré/Lambert*, KSI 2012, 114, 118, wonach das Anfechtungsrecht nie ausgeschlossen war.

letztlich daran, dass nun auch die Voraussetzung der Gläubigerbenachteiligung zu bejahen ist, was im regulären Verfahren aufgrund der Qualifikation als Masseverbindlichkeit gerade nicht der Fall ist.

dd) Zusammenfassende Betrachtung

In Zusammenschau mit den Folgen der Masseunzulänglichkeitsanzeige gilt somit jedenfalls hinsichtlich der Umsatzsteuer, die i. d. R. den umfassendsten Teil der Steuerforderungen ausmacht[426], Folgendes: Zeigt der Insolvenzverwalter Masseunzulänglichkeit an, sind die bereits entstandenen Steuerforderungen zunächst nicht mehr durchsetzbar, insbesondere nicht vollstreckbar. Diese Steuerverbindlichkeiten muss der Insolvenzverwalter damit (vorerst) nicht erfüllen. Aber auch die im Laufe der weiteren Insolvenzverwaltung durch Veräußerung von Massegegenständen entstehende Umsatzsteuer muss der Insolvenzverwalter nicht an die Finanzbehörden abführen, wenn anderenfalls die Begleichung der Verfahrenskosten nicht mehr vorrangig möglich ist. Durch die Anzeige der Masseunzulänglichkeit kann der Insolvenzverwalter also – immer unter der Maßgabe, dass die Voraussetzungen für eine solche Anzeige sowie die weiteren oben dargestellten Voraussetzungen vorliegen – die Zahlung der vor Insolvenzeröffnung entstandenen Umsatzsteuerforderungen und auch der erst nach Insolvenzeröffnung durch Veräußerung von Massegegenständen entstehenden Umsatzsteuer zunächst aufschieben. Der Insolvenzverwalter kann folglich besser wirtschaften, da er nicht mit der Zahlung der Umsatzsteuerverbindlichkeiten belastet ist. Weiter eröffnen sich im Verfahren der Masseunzulänglichkeit die Anfechtungsmöglichkeiten wieder. Bereits erfolgte Zahlungen können wirksam angefochten werden. Die Anzeige der Masseunzulänglichkeit scheint daher eine Möglichkeit zu sein, sich vorerst von der Belastung der Steuerforderungen befreien zu können. Eine „Flucht in die Masseunzulänglichkeit“ stellt – soweit die Voraussetzungen gegeben sind – daher eine taugliche Möglichkeit dar, um den Wirkungen des § 55 Abs. 4 InsO zu entkommen.

e) Ergebnis

Es sind grundsätzlich Ansatzpunkte vorhanden, um den Eintritt der Wirkungen des § 55 Abs. 4 InsO zu verhindern. Ob und welcher Punkt sich in der Praxis durchsetzen wird, bleibt abzuwarten. Jedenfalls ist wohl absehbar, dass sich die Verfahren,

---

426 S. schon oben § 2.

in denen Masseunzulänglichkeit angezeigt wird, häufen werden und dies nicht zuletzt auch aus gerade dargestellten Gründen.

5. Zusammenfassende Bewertung des § 55 Abs. 4 InsO

Durch § 55 Abs. 4 InsO wurde ein neues Fiskusvorrecht geschaffen. Dieses privilegiert den Fiskus. Das Vorrecht hat einen weiteren Wirkungsbereich als das ursprüngliche Fiskusvorrecht des § 61 Abs. 1 Nr. 2 KO. Der Gesetzgeber hat sich im Hinblick auf die zu erwartende Höhe der Befriedigung (von der vorab zu befriedigenden Insolvenzforderung hin zur Masseforderung) nicht nur ein wesentlich umfassenderes Vorrecht geschaffen, sondern er schließt durch diese Regelung auch die Anfechtung solcher Zahlungen aus. In das ursprünglich als vorrechtsfrei geplante System der InsO wird damit gravierend eingegriffen. Ob dieser Eingriff gerechtfertigt ist, gilt es an späterer Stelle zu beurteilen. Festzustellen ist jedenfalls, dass durch diese Regelung Steuerforderungen in der Insolvenz umfassend abgesichert werden.

II. § 14 InsO

Das HBeglG 2011 hat § 14 InsO um Absatz 1 Satz 2 und Satz 3 sowie um einen Absatz 3 ergänzt. Eine ebenfalls in dieselbe Richtung gehende Änderung war bereits im *Entwurf des Gesetzes zum Pfändungsschutz der Altersvorsorge und zur Anpassung des Rechts der Insolvenzanfechtung vorgesehen.*[427]

§ 14 InsO lautet nun seit dem 01.01.2011 wie folgt:

(1) Der Antrag eines Gläubigers ist zulässig, wenn der Gläubiger ein rechtliches Interesse an der Eröffnung des Insolvenzverfahrens hat und seine Forderung und den Eröffnungsgrund glaubhaft macht. War in einem Zeitraum von zwei Jahren vor der Antragstellung bereits ein Antrag auf Eröffnung eines Insolvenzverfahrens über das Vermögen des Schuldners gestellt worden, so wird der Antrag nicht allein dadurch unzulässig, dass die Forderung erfüllt wird. In diesem Fall hat der Gläubiger auch die vorherige Antragstellung glaubhaft zu machen.

(2) Ist der Antrag zulässig, so hat das Insolvenzgericht den Schuldner zu hören.

(3) Wird die Forderung des Gläubigers nach Antragstellung erfüllt, so hat der Schuldner die Kosten des Verfahrens zu tragen, wenn der Antrag als unbegründet abgewiesen wird.

---

427 Art. 2 Nr. 1 des RegE, BR-Drucks. 618/05 v. 12.08.2005, S. 2.

Für die Beurteilung, ob auch dadurch ein Fiskusvorrecht geschaffen wurde, sind im Wesentlichen nur die oben genannten neu hinzugefügten Sätze interessant.

1. Hintergrund dieser Erweiterung des § 14 InsO

Dem Wortlaut nach richtet sich § 14 InsO an alle Gläubiger. Tatsächlich hatte der Gesetzgeber bei Schaffung dieser Regelungen aber nur zwei Gläubiger vor Augen: den Fiskus in Form der Finanzbehörden und die Sozialversicherungsträger, wie sich aus den Begründungen des Gesetzgebers zur Einführung dieser Änderungen ergibt.[428] Dem liegt zu Grunde, dass diese beiden Gläubiger häufig von der Rücknahme oder Erledigungserklärung des Insolvenzantrages betroffen sind, wenn der Schuldner die fälligen Forderungen nach Stellung des Insolvenzantrages doch begleicht, da von diesen beiden Gläubigern die meisten Anträge gestellt werden. Die Insolvenzforderung kann folglich gem. § 14 Abs.1 S.1 InsO nicht glaubhaft gemacht werden, da sie nicht mehr besteht. Der Insolvenzantrag des Gläubigers müsste als unzulässig abgewiesen werden. Um die dadurch entstehenden Kosten zu verringern, wird deshalb regelmäßig der Insolvenzantrag zurückgenommen oder für erledigt erklärt, wenn die beglichene Forderung nicht durch eine andere Forderung ersetzt werden kann.[429] Die Rücknahme bzw. Erledigungserklärung des Insolvenzantrages hat auch zu erfolgen, obwohl der Gläubiger oder das Gericht absehen können, dass künftig entstehende Forderungen aufgrund der eigentlich bestehenden Zahlungsunfähigkeit des Schuldners ebenfalls nicht beglichen werden können. Das Gericht darf das Insolvenzverfahren dennoch nicht eröffnen.[430] Im Ergebnis bedeutet das für jede neue Forderung, die nicht beglichen wird, die Stellung eines neuen Insolvenzantrages. Soweit der Schuldner die jeweiligen Forderungen kurzfristig erfüllen konnte, konnte er vor Änderung des § 14 InsO beliebig oft in dieser Weise vorgehen. Neben der Folge der Antragsrücknahme

---

428 vgl. RegE v. 27.09.2010, BT-Drucks. 17/3030, S. 42; *Marotzke,* ZInsO 2011, 841, 844.

429 Bei einer übereinstimmenden Erledigungserklärung wird gem. § 91a ZPO nur über die bereits entstandenen Kosten entschieden, was eine Verringerung der Kosten bedeutet. Aber auch im Falle der Antragsrücknahme, wo die Kostentragungspflicht aus §§ 4 InsO i. V. m. 269 Abs. 3 S. 2 ZPO folgt, und bei einer einseitigen Erledigungserklärung sind im Rahmen der Kostenentscheidung nicht die Kosten der vorläufigen Insolvenzverwaltung und anderer gerichtlicher Maßnahmen anzusetzen, s. zur gesamten Kostentragungsproblematik:
Pape/Uhlenbruck/Voigt-Salus, Insolvenzrecht, Kap. 18, Rn 52 ff.

430 *Reischl,* Insolvenzrecht, Rn 77, 82.

haben diese Zahlungen nach Stellung eines Insolvenzantrages für die Gläubiger eine zusätzliche Bedeutung: Wurde nach Rücknahme des Insolvenzantrages später das Insolvenzverfahren eröffnet, hatte das i. d. R. die Anfechtbarkeit der zuvor empfangenen Zahlungen zur Folge.[431] Insbesondere für die Finanzbehörden und die Sozialversicherungsträger bedeutete dies, dass sie den gestellten Insolvenzantrag zurücknehmen bzw. für erledigt erklären mussten, dabei Gefahr der Kostentragung liefen und anschließend nach erfolgreicher Anfechtung durch den Insolvenzverwalter die empfangene Zahlung an die Insolvenzmasse herausgeben mussten. Allerdings ist dabei stets im Auge zu behalten, dass Insolvenzanträge gerade auch als Druckmittel zur Begleichung der Forderung („Druckanträge") genutzt werden.

2. Rechtsfolgen dieser neuen Regelungen

a) § 14 Abs. 1 S. 2 und 3 InsO

aa) Inhalt

Gem. § 14 Abs. 1 S. 2 InsO wird ein zweiter innerhalb von zwei Jahren gestellter Insolvenzantrag nun nicht (mehr) dadurch unzulässig, dass der Insolvenzschuldner die ausstehende Forderung begleicht. Durch § 14 Abs. 1 InsO sollen sogenannten „Stapelanträge"[432], also das wiederholte Stellen von Insolvenzanträgen, vor allem durch die Finanzbehörden oder die Sozialversicherungsträger, und das Hinauszögern von Insolvenzverfahren durch den Schuldner vermieden werden. Dies dient einem Hauptziel der InsO, insolvente Unternehmen frühzeitig aus dem Wirtschaftskreislauf herauszuziehen, deren Gläubiger bzw. die gesamte Wirtschaft dadurch vor solchen Schuldnern zu schützen und die Sanierungschancen durch ein frühzeitig durchgeführtes Insolvenzverfahren zu verbessern.[433]

Dem Wortlaut des § 14 Abs. 1 S. 2 InsO nach kommt es bzgl. des ersten gestellten Insolvenzantrages nicht auf die Erfüllung der Forderung durch Zahlung des

---

431 s. dazu auch *Leithaus*, in: Andres/Leithaus, InsO, § 14 Rn 10 ff; die Anfechtbarkeit folgt (i.d.R.) aus § 130 Abs. 1 Satz 1 Nr.2 InsO, da der Gläubiger seinen eigenen Eröffnungsantrag kennt; eine Ausnahme von der Anfechtbarkeit ist nach § 142 InsO möglich, wenn es sich um ein Bargeschäft handelt, was aber bei Steuerforderungen und Sozialversicherungsabgaben regelmäßig nicht der Fall ist.

432 *Leithaus*, in: Andres/Leithaus, InsO, § 14 Rn 11.

433 *Gundlach/Rautmann*, DStR 2011, 82; RegE v. 27.09.2010, BT-Drucks. 17/3030, S. 42.

Schuldners an, sondern nur darauf, dass ein Antrag auf Eröffnung des Insolvenzverfahrens gestellt worden war. Dies entspricht aber nicht dem Zweck des § 14 Abs. 1 S. 2 InsO.[434] Satz 2 wurde gerade für den Fall der wiederholten Zahlung durch den Schuldner eingefügt. Es ist daher eine einschränkende Auslegung des § 14 Abs. 1 S. 2 InsO dahingehend vorzunehmen, dass innerhalb der letzten zwei Jahre bereits ein Insolvenzantrag gestellt wurde und dieser aufgrund Erfüllung der Forderung des Gläubigers durch den Schuldner unzulässig geworden ist.[435] Derselbe Vorgang muss sich innerhalb von zwei Jahren wiederholen. Der Schuldner erhält letztlich einmal die Möglichkeit sich von dem Insolvenzverfahren freizukaufen. Will er aber ein zweites Mal das Insolvenzverfahren durch Begleichung der Forderung nach Stellung des Insolvenzantrages verhindern, hat er diese Möglichkeit verbraucht und das Insolvenzverfahren wird – soweit alle übrigen Voraussetzungen vorliegen – trotz der Zahlung durchgeführt.[436] Das Gesetz regelt auch nicht, welche Voraussetzungen an diesen Erstantrag zu stellen sind, also insbesondere nicht, ob er zulässig gewesen sein musste. Dem Wortlaut nach reicht es aus, dass in irgendeiner Art und Weise früher ein Antrag gestellt worden war. Dies kann aber ebenfalls nicht ausreichend sein. Ansonsten könnte auf einen Antrag Bezug genommen werden, der damals schon nicht zur Durchführung des Insolvenzverfahrens führen konnte, weil er bereits ohne die Erfüllung der Forderung unzulässig oder unbegründet war. Dies ist nicht gerechtfertigt, schon mit Blick auf die Kostenfolge des § 14 Abs. 3 InsO. Es ist deshalb davon auszugehen, dass nur solche Erstanträge im Rahmen des § 14 Abs. 1 InsO herangezogen werden, die sowohl zulässig als auch begründet waren und nur wegen der Erfüllung der Forderung nicht zur Durchführung des Insolvenzverfahrens geführt haben.[437]

Gem. § 14 Abs. 1 S. 3 InsO muss der Gläubiger weiter die vorherige Antragsstellung glaubhaft machen. Dass der Gläubiger selbst diesen ersten Antrag gestellt haben muss, ergibt sich aus der Vorschrift nicht.[438] Im Regelfall dürfte zur

---

434 *Schmerbach*, in: FK-InsO, § 14 Rn 88e zitiert dazu folgende Gesetzesbegründung: *„... soll (....) ein Insolvenzantrag nach Erfüllung der zugrunde liegenden Forderung künftig nur dann aufrecht erhalten werden können, wenn gegen den Schuldner in einem Zeitraum von zwei Jahren vor der Antragstellung bereits einmal ein Insolvenzantrag gestellt und das vorangegangene Verfahren nach der Begleichung der Forderung nicht fortgeführt wurde.“*; die genaue Fundstelle dieses Zitats war nicht auffindbar.

435 So auch *Schmerbach*, in: FK-InsO, § 14 Rn 88e; *Reischl,* Insolvenzrecht, Rn 82.

436 So auch *Leithaus,* in: Andres/Leithaus, InsO, § 14 Rn 11.

437 *Marotzke,* ZInsO 2011, 841, 851.

438 Durch diese Formulierung wird aber auch der Schuldnerantrag nicht ausgeschlossen, s. dazu *Marotzke,* ZInsO 2011, 841, 850, der die Frage letztlich offen lässt. Fordert

Glaubhaftmachung der Verweis auf den ersten Insolvenzantrag ausreichen, da der jeweilige Gläubiger in diesem ersten Antrag bereits nach § 14 Abs. 1 S. 1 InsO die Insolvenzforderung und den Eröffnungsgrund glaubhaft machen musste.[439] Voraussetzung dafür aber ist, dass entweder die Akten von diesem Insolvenzantrag beim Insolvenzgericht vorhanden sind oder der Gläubiger sie selbst noch hat, wenn er in diesem Verfahren bereits Antragssteller war. Ansonsten wird dem Gläubiger die Glaubhaftmachung nur gelingen, wenn in dem Eröffnungsverfahren Sicherungsmaßnahmen getroffen wurden, die gem. §§ 23, 9 InsO veröffentlicht wurden, da er ansonsten von einer Antragsstellung kaum Kenntnis erlangen konnte.[440] Der BGH hat inzwischen klargestellt, dass das Insolvenzgericht zu diesem ersten Antrag auch nähere Feststellungen treffen muss; der bloße Verweis auf ein Aktenzeichen genügt nicht.[441]

bb) Sinnhaftigkeit des § 14 Abs. 1 S. 2 InsO

Smid weist zu Recht auf die fehlende Sinnhaftigkeit dieser Regelung hin.[442] Wenn der Schuldner die ausstehende Forderung nach Stellung des Insolvenzantrages bezahlt und der Gläubiger daraufhin den Antrag zurücknimmt, sind solche Zahlungen regelmäßig anfechtbar, wenn später das Insolvenzverfahren eröffnet wird. I. d. R. handelt es sich dabei um Druckanträge.[443] Hält der Gläubiger nun selbst an seinem Antrag fest, läuft er erst recht Gefahr der Anfechtung. Liegen alle Voraussetzungen vor, wird das Insolvenzverfahren schon aufgrund dieses Antrages eröffnet, somit früher als wenn ein weiterer Antrag zu einem späteren Zeitpunkt gestellt wird.[444] Der Gläubiger, der befriedigt wurde, wird in den meisten Fällen

---

man, wie oben dargestellt, auch für den Erstantrag die Begleichung der Forderung, fällt der Schuldnerantrag nicht unter § 14 InsO.

439 Der Regelungswert des § 14 Abs. 1 S. 3 InsO wird von *Gundlach/Rautmann* daher zu Recht angezweifelt (s. *Gundlach/Rautmann*, DStR 2011, 82, 84). Wenn schon im ersten Insolvenzantrag der Eröffnungsgrund nicht glaubhaft gemacht werden kann (unabhängig betrachtet von einer später erfolgten Zahlung) wie § 14 Abs. 1 S. 1 InsO es verlangt, dann wird i. d. R. der Insolvenzantrag schon gar nicht gestellt werden. Warum wird dann eine nochmalige Glaubhaftmachung verlangt?

440 *Frind*, ZInsO 2010, 2183, 2184.

441 BGH Beschl. v. 11.04.2013 – IX ZB 256/11, NJW 2013, 2119.

442 *Smid*, DZWIR 2011, 133, 136.

443 S. dazu schon § 7II.1.

444 *Smid*, DZWIR 2011, 133, 136.

deshalb kein Interesse daran haben, dass sein Insolvenzantrag zulässig bleibt.[445] In der Praxis erklärt aus diesem Grund laut INDat-Report weiterhin die Mehrheit der Krankenkassen die Erledigung, das Stehenlassen der Anträge seien Einzelfälle.[446] Ob damit das Ziel der Regelung – die Verhinderung von Stapelanträgen – erreicht wird, ist mehr als fraglich.

b) § 14 Abs. 3 InsO

aa) Inhalt

Obwohl der Insolvenzantrag bei Erfüllung der Forderung durch das Verhalten des Schuldners unzulässig wird, legten die Gerichte häufig dem Antragssteller gemäß § 91a ZPO die Kosten auf.[447] § 14 Abs. 3 InsO enthält nun eine Kostenregelung für den Fall, dass der Schuldner nach Antragsstellung die Forderung begleicht und der Insolvenzantrag als unbegründet abgewiesen wird. § 14 Abs. 3 InsO wird ergänzt durch § 23 Abs. 1 S. 4 GKG, wonach nicht der Gläubiger als Antragsstellers die Gebühr des Verfahrens trägt, wenn diese gem. § 14 Abs. 3 InsO der Schuldner tragen muss. § 14 Abs. 3 InsO gilt nur für den Fall, dass der Antrag als unbegründet abgewiesen wird. Als unbegründet wird ein Antrag abgewiesen, wenn der Schuldner weder zahlungsunfähig, noch bei juristischen Personen zusätzlich überschuldet oder bei Schuldnerantrag drohend zahlungsunfähig ist.[448] Der Schuldner muss also die Verfahrenskosten tragen, wenn ein Insolvenzantrag gestellt wurde und er die Forderung begleicht, weil er gerade nicht insolvent ist und sie daher auch begleichen kann.[449]

bb) Sinnhaftigkeit dieser Regelung

Dass diese Regelung heftig kritisiert wird[450], ist nachvollziehbar. Weshalb soll der Schuldner gerade für den Fall, dass er zahlungsfähig ist und der Gläubiger damit zu Unrecht einen Insolvenzantrag gestellt hat, die Verfahrenskosten tragen? Vergleicht man den Sachverhalt des § 14 Abs. 3 InsO zu einem zivilprozessrechtlichen

---

445 *Smid,* DZWIR 2011, 133, 136; *Smid* weist weiter darauf hin, dass es wesentlich sinnvoller wäre, dass derartige Druckanträge gerade nicht zurückgenommen werden können, was einen interessanten Ansatzpunkt darstellt.

446 INDat-Report 08/2012, S. 10 ff.

447 *Reischl,* Insolvenzrecht, Rn 82.

448 *Reischl,* Insolvenzrecht, Rn 91 f.

449 *Marotzke*, ZInsO 2010, 2163, 2168; *Gundlach/Rautmann*, DStR 2011, 82, 84.

450 Exemplarisch dazu *Schacht*, ZInsO 2011, 1048, 1049.

Verfahren, in dem die Klage des Klägers von Anfang an unbegründet ist, folgt daraus ein widersprüchliches Ergebnis. Reagiert der Kläger bei Unbegründetheit der Klage nicht, z. B. durch eine Rücknahme der Klage, muss er gem. § 91 ZPO die Kosten tragen, da er mit seinem Antrag unterlegen wäre. Aber auch im Falle der Klagerücknahme muss der Kläger deswegen regelmäßig gem. § 269 Abs. 3 Satz 2 ZPO und im Falle der Erledigungserklärung gem. § 91a ZPO die Kosten tragen. Diese allgemeinen Regeln des Zivilprozessrechts werden durch § 14 Abs. 3 InsO für das Insolvenzverfahren umgekehrt. Demnach sind auch die Bedenken gegen diese Vorschrift zu unterstützen. In der Literatur wurden bereits mehrfach Befürchtungen vorgebracht, dass § 14 Abs. 3 InsO mutwillige Insolvenzanträge zu Lasten des Schuldners fördern wird.[451] *Marotzke* bezeichnet § 14 Abs. 3 InsO sogar als „*willkürlich und ausgesprochen gefährlich*"[452]. Dem ist beizupflichten. Wenn einen Gläubiger im Fall der Unbegründetheit des Insolvenzantrages keinerlei Kostenfolgen treffen, was soll ihn davon abhalten, einen Insolvenzantrag als Druckmittel zur Begleichung der Forderung zu stellen? Im Ergebnis provoziert § 14 Abs. 3 InsO die Stellung von unbegründeten Insolvenzanträgen.

Es ist daher *Gundlach/Rautmann* zuzustimmen, die eine einschränkende Auslegung dieser Vorschrift fordern.[453] Ob und wie man eine derart eindeutig formulierte Vorschrift auslegen kann, ist problematisch. Man könnte daran denken, § 14 Abs. 3 InsO nur anzuwenden, wenn der Insolvenzantrag tatsächlich als unbegründet zurückgewiesen wird.[454] Dies ist nur der Fall, wenn der Gläubiger prozessual nicht auf die Zahlung reagiert, also z. B. den Antrag für nicht erledigt erklärt oder zurücknimmt. Der Wortlaut des § 14 Abs. 3 InsO umfasst solche Reaktionen gerade nicht. Stellt man in solchen Fällen nicht auf § 14 Abs. 3 InsO ab, könnten dadurch (über § 4 InsO) die allgemeinen Regeln der Zivilprozessordnung wieder zur Anwendung kommen. Allerdings wird wohl kaum ein Antragssteller den Antrag für erledigt erklären oder zurücknehmen, wenn er dadurch Gefahr der Kostentragung läuft, sondern wird dann – quasi erst Recht – einen abweisenden Beschluss gegen sich ergehen lassen.

Weitere Möglichkeit ist es, § 14 Abs. 3 InsO nur für die Fälle des § 14 Abs. 1 InsO anzuwenden, wodurch dem Schuldner nur die Kostentragungspflicht auferlegt wird, wenn der Insolvenzantrag zwar trotz der Befriedigung gem. § 14

---

451 s. nur *Weiland*, DZWIR 2011, 224, 231; *Frind*, ZInsO 2010, 2183, 2185.

452 *Marotzke*, ZInsO 2010, 2163, 2168.

453 *Gundlach/Rautmann*, DStR 2011, 82, 84, die allerdings keinen Vorschlag zur Auslegung machen.

454 Angedeutet bei *Frind*, ZInsO 2010, 2183, 2185.

Abs. 1 S. 2 InsO zulässig bleibt, aber aus für den Gläubiger nicht erkennbaren Gründen dennoch unbegründet ist.[455] Wie oben angesprochen, ist der Insolvenzantrag unbegründet, wenn der Schuldner nicht zahlungsunfähig oder überschuldet ist.[456] Dadurch wird dem Schuldner zwar auch die Kostentragung auferlegt, obwohl kein Insolvenzgrund bestand.[457] Es ist aber zu berücksichtigen, dass in diesem Fall dem Gläubiger die Glaubhaftmachung im Rahmen des § 14 Abs. 1 S. 3 InsO gelungen ist und der Insolvenzantrag darauf beruht, dass der Schuldner nicht gezahlt hat, obwohl er es hätte können.[458] Vor diesem Hintergrund scheint eine Kostenauferlegung gerechtfertigt. Diese einschränkende Auslegung wird dem § 14 Abs. 3 InsO am gerechtesten und belastet den Schuldner nicht unverhältnismäßig.

Das *AG Deggendorf* ist noch einen Schritt weiter gegangen. Es ist der Ansicht, dass § 14 Abs. 3 InsO verfassungswidrig sei und hat die Norm dem Bundesverfassungsgericht vorgelegt.[459] Das Bundesverfassungsgericht hat die Vorlage allerdings als unzulässig abgewiesen und damit in der Sache nicht darüber entschieden.[460]

3. Qualifikation als Fiskusvorrecht?

Bei allen Bedenken gegen diese neu eingefügten Vorschriften gilt es auch hier zu beurteilen, ob durch diese Regelungen ein Fiskusvorrecht geschaffen wurde. Die Änderungen an § 14 InsO sind – wie bereits mehrfach angesprochen – überwiegend auf die Finanzbehörden und auf die Sozialversicherungsträger zugeschnitten und vom Gesetzgeber letztlich zu deren Gunsten geschaffen worden. Daraus kann aber nicht unmittelbar das Bestehen eines Fiskusvorrechts gefolgert werden. Es gilt dazu die Wirkungen des § 14 InsO zu beurteilen. Schon dem Wortlaut nach können von § 14 InsO grundsätzlich alle Gläubiger betroffen sein. Auch private Gläubiger stellen Insolvenzanträge und sind bei Erfüllung der Forderung durch den Schuldner ebenfalls gezwungen, ihren Insolvenzantrag zurückzunehmen oder

455 *Schmahl/Vuia,* in: MünchKomm-InsO, § 14 Rn 151 ff; *Marotzke,* ZInsO 2011, 841, 842.

456 Vgl. oben § 7II.2.b)aa).

457 So auch *Marotzke,* ZInsO 2011, 841, 842.

458 So auch *Schmahl/Vuia,* in: MünchKomm-InsO, § 14 Rn 156.

459 AG Deggendorf Vorlagebeschl. v. 03.08.2011 – IN 102/11, ZInsO 2011, 1801.

460 Dies ergab eine Nachfrage beim AG Deggendorf. Die Entscheidung des Bundesverfassungsgerichts wurde nicht veröffentlicht; zum selben Ergebnis kamen auch *Schmahl/Vuia,* in: MünchKomm-InsO, § 14 Rn 151 (Fn. 331).

für erledigt zu erklären, um die Kosten möglichst gering zu halten. Zwar stellen diese kaum derart oft Insolvenzanträge wie die Finanzämter oder Sozialversicherungsträger („Stapelanträge"). Es ist aber nicht ausgeschlossen, dass auch ein solcher Gläubiger innerhalb von zwei Jahren mehr als einmal einen Insolvenzantrag gegen denselben Schuldner stellt. Abgesehen davon wird für die Anwendung von § 14 Abs. 1 S. 2 InsO – wie oben angesprochen – gar nicht verlangt, dass derselbe Gläubiger mehrfach innerhalb von zwei Jahren einen Insolvenzantrag stellt; es reicht aus, wenn bereits zuvor schon innerhalb der Zweijahresfrist von einem anderen Gläubiger ein solcher gestellt wurde.[461] Befriedigt der Schuldner einen privaten Gläubiger nach Insolvenzantrag, wird der private Gläubiger gem. § 14 InsO ebenso behandelt wie die öffentlich-rechtlichen Gläubiger. Der Antrag wird – soweit alle Voraussetzungen vorliegen – nicht unzulässig, egal von welcher Art Gläubiger er gestellt wird. Wie bereits angesprochen, ist Zweck des § 14 Abs. 1 S. 2 InsO gerade, insolvente Schuldner aus dem Wirtschaftskreislauf herauszuziehen, die Gläubiger vor ihnen zu schützen und die Sanierungsmöglichkeiten zu verbessern. § 14 Abs. 1 S. 2 InsO dient damit allen Gläubigern (und letztlich der gesamten Wirtschaft) und nicht nur Einzelnen von ihnen. Ob dieses Ziel dadurch erreicht wird, ist eine andere Frage. Von einem Privileg kann hier jedoch nicht gesprochen werden.

Selbiges Ergebnis ergibt sich für § 14 Abs. 3 InsO. Auch diese Änderung der Kostentragungspflicht durch § 14 Abs. 3 InsO betrifft alle Gläubiger. Zusätzlich wird durch diese Vorschrift nicht die Rechtsstellung der einen Gläubiger zu Lasten anderer Gläubiger verbessert. Die Regelung geht allein zu Lasten des Schuldners. Nur seine Rechtsstellung wird beeinträchtigt. Man kann hier folglich ebenfalls nicht von einem Fiskusvorrecht sprechen.

4. Zusammenfassende Betrachtung

Zusammengefasst wird der Fiskus zwar durch die Einführung dieser Regelungen besser gestellt als durch die vorherige Gesetzeslage. Ein gestellter Insolvenzantrag wird durch die Erfüllung der Forderung nicht mehr generell unzulässig. Es müssen deshalb faktisch keine „Stapelanträge" mehr gestellt, wodurch weitere Kosten gespart werden können. Daneben besteht sogar die Möglichkeit, dass der Schuldner die Kosten des Insolvenzantrages tragen muss. Allerdings gilt diese verbesserte Stellung nicht im Vergleich und vor allem nicht zu Lasten anderer Gläubigergruppen. Auf diese sind die Änderungen ebenfalls anwendbar. Der Fiskus wird nicht

461 Zu den Anforderungen an den Erstantrag s. oben § 7II.2.a)aa).

alleine besser gestellt. Eine solche Vorrechtsstellung macht aber gerade ein Privileg aus. Festzuhalten ist damit, dass der neue § 14 InsO zwar erhebliche inhaltliche Probleme aufweist, er aber kein Fiskusvorrecht enthält.

III. Der nicht eingeführte § 96 Abs. 3 InsO

Im Regierungsentwurf zum HBeglG 2011 war neben den Änderungen der §§ 55 und 14 InsO zusätzlich die Einfügung eines § 96 Abs. 3 InsO vorgesehen. Dieser sollte lauten:

> *„Absatz 1 sowie § 95 Abs. 1 S. 3 stehen der Aufrechnung von Ansprüchen aus dem Steuerschuldverhältnis durch Finanzbehörden des Bundes, der Länder oder der Gemeinden nicht entgegen"*[462].

Der Beschlussempfehlung des Bundestagshaushaltsausschusses folgend wurde dieses Vorhaben wieder fallengelassen.[463] Dennoch soll – wie bereits am Anfang dieses Kapitels angesprochen – kurz auf diese geplante Regelung eingegangen werden. Aufgrund der bisherigen Entwicklung und Geschichte der Fiskusvorrechte in der InsO kann damit gerechnet werden, dass auch bzgl. dieser Regelung mindestens ein erneuter Versuch zur Einführung unternommen werden wird.[464]

1. Inhalt und Folgen dieser Regelung

Der Gesetzgeber hatte diese Regelung – zumindest auf den ersten Blick – eindeutig und unmissverständlich formuliert (im Gegensatz zu den oben behandelten Paragraphen, bei denen sich doch sofort einige Fragen auftaten): Der Fiskus in Form der Finanzbehörden wird hinsichtlich seiner Ansprüche aus dem Steuerschuldverhältnis von sämtlichen Aufrechnungsregelungen bzw. den darin enthaltenen Beschränkungen der InsO befreit. §§ 95 Abs. 1 S. 3 und 96 InsO wären für Ansprüche aus dem Steuerschuldverhältnis nicht mehr anwendbar. Folglich wäre der Fiskus im Gegensatz zu den anderen Gläubigern keinen Beschränkungen im Rahmen der Aufrechnung unterworfen gewesen. Er hätte mit jeglichen Ansprüchen aus dem Steuerschuldverhältnis aufrechnen können, unabhängig davon wann

---

462 Gesetzesentwurf v. 27.09.2010, BT-Drucks. 17/3030, S. 17; *Marotzke*, ZInsO 2010, 2163, 2176.

463 Beschlussempfehlung des BT-Haushaltsausschusses v. 26.10.2010, BT-Drucks. 17/3406, S. 28.

464 Sehr anschaulich dazu *Marotzke*, ZInsO 2010, 2163, 2177.

und wie sie entstanden sind. Besonders wichtig schien für den Gesetzgeber dabei der Ausschluss der § 96 Abs. 1 Nr. 2 und Nr. 3 InsO, wie sich aus dem Regierungsentwurf ergibt.[465]

Für die Masse und damit auch für die übrigen Gläubiger hätte dies erhebliche Verringerungen und Einschnitte bedeutet, wenn die Finanzbehörden ihre Ansprüche an der InsO vorbei hätten einfordern können. Durch die Aufrechnungsregeln solle aber gerade die Masse vor Schmälerungen und dadurch auch die Gläubiger geschützt sowie deren Gleichbehandlung im Insolvenzverfahren sichergestellt werden.[466] Demnach ist dem Bericht des Bundeshaushaltsausschusses zuzustimmen, der zur Streichung dieser Vorschrift geführt hat:

> *„Die Regelung im Regierungsentwurf hätte die Liquidität des insolventen Unternehmens im Eröffnungsverfahren und der Insolvenzmasse im eröffneten Verfahren beeinträchtigt. Vor dem Hintergrund des mit der Maßnahme angestrebten Einsparvolumens wären die negativen Auswirkungen nicht gerechtfertigt gewesen. Deshalb wird die Regelung aus dem Regierungsentwurf herausgenommen"*[467].

2. Qualifikation als Fiskusvorrecht

Der geplante § 96 Abs. 3 InsO stellt ein Fiskusvorrecht dar. Der Fiskus hätte dadurch im Insolvenzverfahren im Vergleich zu allen anderen Gläubigern eine deutlich privilegierte Stellung eingeräumt bekommen. Wesentliche Regeln der InsO wären nicht mehr anwendbar gewesen. Der Fiskus hätte ohne jegliche Beschränkungen der InsO aufrechnen können. Die Aufrechnungsvoraussetzungen wären alleine nach dem BGB und nach der AO zu bestimmen gewesen. Alle anderen Gläubiger hingegen wären weiter durch die Aufrechnungsregeln der InsO gebunden gewesen, die die Aufrechnung insbesondere nach Insolvenzeröffnung nur eingeschränkt zulassen. Kurz gesagt: Für die einen Gläubiger würden die Beschränkungen durch die Aufrechnungsregelungen gelten, für den Fiskus bzgl. seiner Ansprüche aus Steuerforderungen hingegen nicht. Dies hätte eine erhebliche Privilegierung des Fiskus bedeutet.[468]

---

465 S. dazu RegE v. 27.09.2010, BT-Drucks. 17/3030, S. 43.

466 *Leithaus*, in: Andres/Leithaus, InsO, § 96 Rn 2; *Bauer*, ZInsO 2010, 1917, 1920 f; zu weiteren Folgen s. *Werres*, ZInsO 2010, 2055, 2057; *Bernsau*, in: FK-InsO, § 94 Rn 3.

467 BT-Drucks. 17/3452 v. 27.10.2010, S. 7.

468 So auch *Bauer*, ZInsO 2010, 1917, 1920 f; *Werres*, ZInsO 2010, 2055, 2057; *Marotzke*, ZInsO 2010, 2163, 2177.

3. Zusammenfassende Betrachtung

Da § 96 Abs. 3 InsO keine Gesetzeskraft erlangt hat, soll es bei dieser kurzen Abhandlung bleiben. Diese Regelung hätte einen erheblichen Einschnitt in die Grundsätze der InsO bedeutet. Sie wäre für die InsO nicht tragbar gewesen.[469] Es bleibt an dieser Stelle nur zu hoffen, dass der Gesetzgeber von einem wiederholten Versuch der Einführung absehen wird.

IV. Ergebnis

Nach über zehnjährigen Diskussionen hat der Gesetzgeber mit § 55 Abs. 4 InsO wieder ein Fiskusvorrecht in die InsO aufgenommen, dessen Wirkungen weiterreichen als zu Zeiten der KO. Die Änderungen des § 14 InsO stellen hingegen kein Vorrecht dar und sind deshalb im Folgenden zu vernachlässigen. § 96 Abs. 3 InsO wurde nicht eingeführt.

Abzuwarten ist, ob dies der endgültige Regelungsstand hinsichtlich des Fiskusvorrechts in der InsO bleibt oder ob der Gesetzgeber weitergehende und damit noch tiefergreifende Regelungen einführen wird. Wie bereits oben ausgeführt, ist ein erneuter Versuch der Einführung des im HBeglG nicht durchgesetzten § 96 Abs. 3 InsO oder zumindest einer ähnlichen Regelung nicht unwahrscheinlich. Wann und in welchem Gesetz dieser erneute Versuch stattfinden wird, ist natürlich nicht absehbar. Jedenfalls scheint auch die Einführung einer solchen Regelung außerhalb der InsO nicht abwegig, wie das bisherige Vorgehen des Gesetzgebers zeigt. Anscheinend ist beim Gesetzgeber weiterhin die Tendenz vorhanden, auch das Anfechtungsrecht zugunsten der Finanzverwaltung zu ändern – konkret die Anfechtung gegenüber den Finanzbehörden völlig auszuschließen, was bereits im *Entwurf eines Gesetzes zum Pfändungsschutz der Altersvorsorge und zur Anpassung des Rechts der Insolvenzanfechtung* 2005 als Folge vorgesehen war. Dann wäre auch nach Anzeige der Masseunzulänglichkeit eine Anfechtung nicht mehr möglich. Dieser völlige Ausschluss der Anfechtung wurde schon im bereits oben dargestellten „No-Name-Paper" gefordert.[470] Durch eine solche Regelung, nach der die Anfechtungstatbestände generell nicht mehr auf die Finanzbehörden anwendbar wären, würde nicht nur durch § 55 Abs. 4 InsO eigentliche Insolvenzforderungen als Masseverbindlichkeiten fingiert, wodurch erfolgte Zahlungen schon vor der Anfechtung abgesichert werden, sondern gleichzeitig würde auch

---

469 So auch *Marotzke*, ZInsO 2010, 2163, 2177; *Werres*, ZInsO 2010, 2055, 2057.
470 S. oben § 6II.1.

die Anfechtung nach Anzeige der Masseunzulänglichkeit ausgeschlossen. Käme dann noch eine dem nicht eingeführten § 96 Abs. 3 InsO vergleichbare Aufrechnungsregelung hinzu, wären sämtliche Forderungen des Fiskus nach Eröffnung eines Insolvenzverfahrens durchsetzbar. Die Forderungen des Fiskus würden einen absoluten Sonderstatus einnehmen. Dass dieses Szenario für die InsO nicht völlig abwegig ist, zeigt sich aus den bisherigen Entwicklungen und auch aus den Begründungen des Gesetzgebers zur Einführung des § 55 Abs. 4 InsO.

Daneben ist der Gesetzgeber bei seinen Bemühungen, die Rechte des Fiskus in der Insolvenz zu stärken nicht allein. Selbiges erfolgt auch durch die Rechtsprechung des BFH. Dieser scheint teilweise ebenfalls die Rechte der Finanzverwaltung im Insolvenzverfahren über die Rechte aller anderen Beteiligten zu stellen. Wie sich diese Rechtsprechung konkret auswirkt, gilt es im Folgenden zu beurteilen. An dieser Stelle bleibt nur zu hoffen, dass die Einführung des § 55 Abs. 4 InsO das Ende der Änderungen der Insolvenzordnung zugunsten des Fiskus durch den Gesetzgeber darstellt.

§ 8 Erweiterung des Fiskusvorrechts durch den BFH, insbesondere mit Urteil vom 09.12.2010[471]

Wie gerade angesprochen, wird das Fiskusvorrecht im Insolvenzrecht auch durch den BFH vorangetrieben. Dies betrifft hauptsächlich die Umsatzsteuerforderungen des Fiskus. Kurz vor Inkrafttreten des HBeglG 2011 und der damit verbundenen Wiedereinführung des Fiskusvorrechts hatte der BFH – genauer gesagt der V. Senat – über die Qualifikation der Umsatzsteuerforderung für den Fall zu entscheiden, dass die Leistungserbringung vor Insolvenzeröffnung, die Vereinnahmung des Entgelts jedoch erst danach stattfindet. Der BFH will in dieser Konstellation die Umsatzsteuerforderung nun als Masseverbindlichkeit gem. § 55 Abs. 1 Nr. 1 InsO behandeln. Dabei wendet der BFH mehrere rechtliche „Kniffe“[472] an – unter anderem eine zweifache Steuerkorrektur nach § 17 UStG.

---

471 BFH Urt. v. 09.12.2010 – V R 22/10, BFHE 232, 301, BStBl. II 2011, 996 = NJW 2011, 1998 = NZI 2011, 336 = ZInsO 2011, 823; das Urteil wurde erst am 13.04.2011 mit BFH-Pressemitteilung Nr. 27/11 veröffentlicht.

472 So auch *Welte/Friedrich-Vache,* ZIP 2011, 1595, 1601; in der Literatur auch häufig als „Kunstgriff“ bezeichnet, s. z.B. *Schwarz,* NZI 2011, 613, 614; *Abenheimer,* FD-InsR 2011, 317525; *Werres,* NZI 2013, 603, 606: „*juristische Geisterfahrt*“; *Heinze,* DZWIR 2013, 45: „*phantastischen Konstruktion*“

In der Literatur und in der insolvenzrechtlichen Praxis ist dieses Urteil auf heftige Kritik gestoßen.[473] Der Verband Insolvenzverwalter Deutschland e.V., der Gravenbrucher Kreis und die Arbeitsgemeinschaft Insolvenzrecht und Sanierung des DAV richteten unmittelbar nach Bekanntwerden der Entscheidung ein gemeinsames Schreiben an Bundesjustizministerin und Bundesfinanzminister, in dem sie an den Gesetzgeber appellieren, *„durch geeignete Regelungen die drohenden Gefahren abzuwenden“*[474]. Im Antwortschreiben stellte die Bundesjustizministerin eine einschränkende Auslegung für vor Insolvenzantragsstellung erbrachte Leistungen samt gesetzlicher Klarstellung in Aussicht.[475] Eine solche wurde allerdings nie getroffen. Auch das BMF hat dazu nichts im BMF-Schreiben vom 09.12.2011 beigetragen.[476] Vielmehr wurde die Anwendung des BFH-Urteils vom 09.12.2010 bestärkt. Im Folgenden gilt es daher, die Grundsätze dieses Urteils darzustellen und auf ihre Richtigkeit hin zu untersuchen. Im Anschluss daran sollen der Umfang der Erweiterung des Fiskusvorrechts näher beleuchtet werden, insbesondere das Zusammenspiel mit § 55 Abs. 4 InsO.

I. Das Urteil des BFH vom 09.12.2010

1. Einführung in die Problematik des Urteils

a) Allgemeines zur Behandlung der Umsatzsteuer in der Insolvenz

Um eine Umsatzsteuerforderung als Insolvenzforderung oder Masseverbindlichkeit gem. § 38 InsO zu qualifizieren, muss geklärt werden, wann eine Umsatzsteuerforderung begründet wird. Aus rein steuerrechtlicher Sicht wäre die Steuerentstehung und

---

473 S. nur *Onusseit,* DZWIR 2011, 353, 354; *Kahlert,* DStR 2011, 921; *Welte/Friedrich-Vache,* ZIP 2011, 1595; *Heinze,* DZWIR 2011, 276, 277; Bisle, GWR 2011, 248; *Abenheimer,* FD-InsR 2011, 317525; *Schwarz,* NZI 2011, 613; *Commandeur,* NZG 2011, 618; *Wagner/Köhler,* BB 2011, 1511.

474 Schreiben vom 21.04.2011, S. 3, abrufbar unter: http://www.vid.de/images/stories/pdf_stellungnahmen-vid/05_brief_bmj_bfh-urteil_final_110421.pdf (Stand: 21.10.13)

475 Schreiben der Bundesjustizministerin Sabine Leutheusser-Schnarrenberger vom 26.05.2011, abrufbar unter: http://www.vid.de/images/stories/pdf_stellungnahmen-vid/02_schreiben_bundesjustizministerin_vom_26.05.2011.pdf (Stand: 21.10.13)

476 BMF-Schreiben vom 09.12.2011, BStBl. I 2011, 1273; man beachte das identische Datum zum BFH-Urteil.

damit § 13 UStG heranzuziehen. Diese Vorschrift stellt im Wesentlichen auf den Ablauf des jeweiligen Voranmeldungszeitraumes ab. Das dient aber nur der vereinfachten Erhebung der Steuer und begründet deshalb selbst keine Steuer.[477] Damit ist, wie auch bereits oben klargestellt, die Verwirklichung des zivilrechtlichen Tatbestands für die Begründung der Steuer entscheidend.[478] Es ist zu klären, welcher zivilrechtliche Tatbestand für die Umsatzsteuer maßgeblich ist. Dafür ist das (materielle) Steuerrecht zu betrachten, da sich daraus die tauglichen Tatbestände ergeben.[479] Zunächst käme der Zeitpunkt des Vertragsschlusses in Betracht. Das wäre allerdings verfrüht, da zu diesem Zeitpunkt noch nicht einmal klar ist, ob der Vertrag durchgeführt wird und ob überhaupt Umsatzsteuer anfallen kann. Damit verbleiben zwei wesentliche Zeitpunkte: (1) die Leistungserbringung und (2) die Vereinnahmung des Entgelts.

Zurückkehrend zur rein steuerrechtlichen Betrachtung nach § 13 UStG entsteht die Umsatzsteuer bei der Besteuerung nach vereinbarten Entgelten gem. § 13 Abs. 1 Buchst. a UStG („Sollbesteuerung") mit Ablauf des Voranmeldungszeitraums, in dem Leistungen ausgeführt worden sind, somit mit Leistungserbringung. Bei der Besteuerung nach vereinnahmten Entgelten gem. § 13 Abs. 1 Buchst. b UStG („Istbesteuerung") entsteht die Steuer hingegen mit Ablauf des Voranmeldungszeitraums, in dem die Entgelte vereinnahmt worden sind. Dies vorausgeschickt, gilt es sich nun den Ansichten des V. Senats des BFH zuzuwenden.

b) Sachverhalt und Ergebnis des Urteils vom 09.12.2010

Der Sachverhalt stellte sich für den BFH wie folgt dar, wobei dieser auf die wesentlichen Punkte reduziert wird:[480]

---

477 Ganz h.M.; *Weerth,* NZI 2009, 449; *Ehricke*, in: MünchKomm-InsO, § 38 Rn 88; *Sinz*, in: Uhlenbruck, InsO, § 38 Rn 78; *Waza/Uhländer/Schmittmann,* Insolvenzen und Steuern, Rn 1963; *Welte/Friedrich-Vache,* ZIP 2011, 1595, 1597; *Mitlehner,* EWiR 2011, 323, 324.

478 S. oben § 7I.1.b)cc)(4).

479 BFH Urt. v. 09.12.2010 – V R 22/10, NJW 2011, 1998 Rn 18; BFH Urt. v. 29.08.2007 – IX R 4/07, ZIP 2007, 2081, 2082; *Welte/Friedrich-Vache*, ZIP 2011, 1595, 1596; *Heinze,* DZWIR 2011, 276, 277; a.A. wohl *Sinz*, in: Uhlenbruck, InsO, § 38 Rn 68.

480 Sachverhalt s. BFH Urt. v. 09.12.2010 – V R 22/10, NJW 2011, 1998.

02.01.2004	Vertragsschluss zwischen B-GmbH, vertreten durch den vorläufigen Insolvenzverwalter, und einer KG (Mietvertrag über den Fuhrpark der B-GmbH)
29.02.2004	vereinbartes Vertragsende
04.03.2004	Eröffnung Insolvenzverfahren über die B-GmbH
14.07.2004	Zahlung der vereinbarten Miete + Umsatzsteuer an den Insolvenzverwalter

Die B-GmbH unterlag der Sollbesteuerung. Vor dem Urteil des BFH vom 09.12.2010 fiel die Umsatzsteuer der Masse zu. Die Umsatzsteuerforderungen waren Insolvenzforderungen gem. § 38 InsO und der Fiskus konnte sie nur zur Insolvenztabelle anmelden.[481] Nun behandelt der BFH die Umsatzsteuerforderung in einer solchen Konstellation (Leistungserbringung vor Insolvenzeröffnung und Vereinnahmung des Entgelts nach Insolvenzeröffnung) als Masseverbindlichkeit i. S. d. § 55 Abs. 1 Nr. 1 InsO.[482] Der Fiskus erhält damit die volle Befriedigung für diese Forderung.

c) Urteil des BFH zur Istbesteuerung

Bevor die Begründung dieses Ergebnisses dargestellt wird, ist zunächst auf das Urteil des BFH vom 29.01.2009[483] einzugehen. Dieses steht in engem Zusammenhang zum Urteil vom 09.12.2010. Dort hatte der BFH über dieselbe Konstellation im Rahmen der Istbesteuerung zu entscheiden. Auch für diesen Fall qualifizierte der V. Senat des BFH die Umsatzsteuerforderungen als Masseverbindlichkeiten gem. § 55 Abs. 1 Nr. 1 InsO.[484] Der BFH stellt dabei darauf ab, dass erst mit Vereinnahmung des Entgelts der die Umsatzsteuer begründende Tatbestand vollständig abgeschlossen ist.[485] Die überwiegende Ansichten in der Literatur[486]

481 *Schwarz,* NZI 2011, 613, 614; *Waza/Uhländer/Schmittmann,* Insolvenzen und Steuern, Rn 1972.

482 BFH Urt. v. 09.12.2010 – V R 22/10, NJW 2011, 1998, 1999 Rn 22.

483 BFH Urt. v. 29.01.2009 – V R 64/07, BFHE 224, 24 = BStBl. II 2009, 682 = NZI 2009, 447.

484 S. nur Leitsatz von BFH Urt. v. 29.01.2009 – V R 64/07, BFHE 224, 24.

485 BFH Urt. v. 29.01.2009 – V R 64/07, BFHE 224, 24, 26.

486 *Waza/Uhländer/Schmittmann,* Insolvenzen und Steuern, Rn 1971; *Onusseit,* ZInsO 2009, 1740, 1743; *Sinz,* in: Uhlenbruck, InsO, § 38 Rn 79; *Häsemeyer,* Insolvenzrecht, Rn 23.56; *Reischl,* Insolvenzrecht, Rn 395; *Roth,* Insolvenzsteuerrecht, Rn 4.328; *Frotscher,* Besteuerung bei Insolvenz, S. 217 f; so auch die Vorinstanz zum Besprechungsurteil: FG Sachsen-Anhalt Urt. v. 12.7.2007 – 1 K 806/06; a.A. wohl *Ehricke*, in: MünchKomm-InsO, § 38 Rn 87.

und auch Senate des BFH[487] vertreten hingegen die Meinung, dass die Leistungserbringung den Tatbestand der Umsatzsteuer begründet. Dem Ergebnis des V. Senats des BFH liegt hier die Regelung des § 13 Abs. 1 Buchst. b UStG zu Grunde.[488] Ohne eine weitere Bewertung dieses Ergebnisses vornehmen zu wollen[489], wäre es also konsequent gewesen, für die Sollversteuerung den Gedanken des § 13 Abs. 1 Buchst. a UStG anzuwenden und auf die Leistungserbringung abzustellen.[490]

2. Die Argumentation des BFH

Diesen Weg ist der BFH nicht gegangen. Auch im Rahmen der Sollbesteuerung will der V. Senat zur Begründung der Umsatzsteuerforderung auf den Zeitpunkt der Entgeltvereinnahmung abstellen. Wie bereits angekündigt, bedurfte es einiger rechtlicher Argumentationen, um zu diesem Ergebnis zu gelangen. Der wesentliche Schritt liegt dabei in der zweifachen Anwendung des § 17 UStG.

a) Erste Berichtigung nach § 17 Abs. 2 Nr. 1 S. 1UStG

Das erste Berichtigung des Steuerbetrages und des Vorsteuerabzuges gem. § 17 Abs. 2 Nr. 1 S. 1 i. V. m. Abs. 1 S. 1 UStG will der BFH zum Zeitpunkt der Insolvenzeröffnung vornehmen.[491]

Nach Ansicht des BFH wird das Entgelt für die erbrachte Leistung des Insolvenzschuldners hier uneinbringlich i. S. d. § 17 Abs. 2 Nr. 1 S. 1 UStG. Diesem Ergebnis liegen erneut zwei rechtliche Konstruktionen zu Grunde. Die Erste betrifft den Begriff der „Uneinbringlichkeit“. Nach ständiger Rechtsprechung des BFH ist Uneinbringlichkeit anzunehmen, wenn der Anspruch auf Entrichtung des Entgelts nicht erfüllt wird und bei objektiver Betrachtung davon auszugehen ist, dass der Leistende die Entgeltforderung jedenfalls auf absehbare Zeit rechtlich

---

487 BFH Urt. v. 06.10.2005 – VII B 309/04, BFH/NV 2006, 369; BFH Urt. v. 31.05.2005 – VII R 74/04, BFH/NV 2005, 1745; BFH Urt. v. 05.10.2004 – VII R 69/03, BStBl. II, 2005, 195; BFH Urt. v. 16.11.2004 – VII R 75/03, BFHE 208, 296 = BStBl. II 2006, 193; BFH Urt. v. 23.02.2011 – I R 20/10, DStR 2011, 1029, 1030 f Rn 12 ff.

488 So auch *Onusseit*, ZInsO 2009, 1740, 1742; *Onusseit,* DZWIR 2011, 353, 354.

489 ablehnend *Onusseit*, ZInsO 2009, 1740, 1742 f; *Sinz*, in: Uhlenbruck, InsO, § 38 Rn 79; *Weerth,* NZI 2009, 449; s. dazu auch *Uhländer*, AO-StB 2010, 81; *Frotscher,* Besteuerung bei Insolvenz, S. 212 ff.

490 So auch *Werres*, NZI 2013, 603, 605.

491 BFH Urt. v. 09.12.2010 – V R 22/10, NJW 2011, 1998, 1999 Rn 23–30.

oder tatsächlich nicht durchsetzen kann.[492] Dabei ist es nach Ansicht des BFH nun unerheblich, „*ob es sich um ein Entgelt für eine vom Unternehmer bezogene oder erbrachte Leistung handelt*“[493]. Im zweiten Schritt begründet der BFH die fehlende rechtliche Durchsetzbarkeit, die durch die obige Definition gefordert wird. Dazu teilt er das Unternehmen in drei Unternehmensteile auf: in (1) ein vorinsolvenzrechtliches Unternehmen, (2) die Insolvenzmasse und (3) das vom Insolvenzverwalter freigegebene Vermögen. Der Grundsatz der Unternehmenseinheit (§ 2 Abs. 1 S. 2 UStG) soll dadurch nicht beeinträchtigt werden. Zwischen diesen Unternehmensteilen seien umsatzsteuerliche Verrechnungen nicht möglich. Nach Insolvenzeröffnung könne das vorinsolvenzrechtliche Teilunternehmen, das Inhaberin der Entgeltforderung ist, diese Entgeltforderung nicht mehr vereinnahmen, weil es wegen § 80 InsO an der Empfangszuständigkeit fehle. Diese sei auf den Insolvenzverwalter übergangen. Deshalb sei das Entgelt für diesen vorinsolvenzrechtlichen Unternehmensteil uneinbringlich geworden und gem. § 17 Abs. 2 Nr. 1 S. 2 UStG zu berichtigen.[494]

b) Zweite Berichtigung nach § 17 Abs. 2 Nr. 1 S. 2 UStG

Vereinnahmt der Insolvenzverwalter das Entgelt nun später doch, sei eine erneute Berichtigung nach § 17 Abs. 2 Nr. 1 S. 2 UStG vorzunehmen. Gem. § 17 Abs. 2 Nr. 1 S. 2 i. V. m. Abs. 1 S. 7 UStG habe dies für den Zeitpunkt der Vereinnahmung und damit für den Unternehmensteil der Insolvenzmasse zu erfolgen. Diese Steuerberichtigung begründe nun eine Masseverbindlichkeit, da der berichtigte Steueranspruch erst mit Vereinnahmung des Entgelts vollständig verwirklicht und abgeschlossen sei. Die Umsatzsteuerforderung ist folglich erst gem. § 55 Abs. 1 Nr. 1 InsO nach Insolvenzeröffnung durch Verwaltung und Verwertung der Masse entstanden.[495]

c) Weitere Prämissen des Urteils

Der V. Senat des BFH will die Entgeltvereinnahmung als Tatbestandsvoraussetzung zur Begründung einer Umsatzsteuerforderung annehmen.[496] Durch die

---

492 BFH Urt. v. 09.12.2010 – V R 22/10, NJW 2011, 1998, 1999 Rn 24; BFH Urt. v. 20.07.2006 – V R 13/04, BFHE 214, 471; *Korn,* in: Bunjes, UStG, § 17 Rn 61; *Stadie,* UStG, § 17 Rn 51.

493 BFH Urt. v. 09.12.2010 – V R 22/10, NJW 2011, 1998, 1999 Rn 24.

494 BFH Urt. v. 09.12.2010 – V R 22/10, NJW 2011, 1998, 1999 Rn 28–30; *Onusseit,* DZWIR 2011, 353, 354.

495 BFH Urt. v. 09.12.2010 – V R 22/10, NJW 2011, 1998, 2000 Rn 31 f.

496 So auch *Onusseit,* DZWIR 2011, 353, 354.

doppelte Berichtigung gelangt er zu diesem Ergebnis. Dies diene auch *„dem Erfordernis, die Besteuerungsgleichheit zwischen Soll- und Istbesteuerung zu wahren“*[497]. Der V. Senat des BFH sieht dabei keinen Widerspruch zur Rechtsprechung des VII. Senats des BFH.[498] Der VII. Senat des BFH, der für Verfahrensrecht und damit für die Aufrechnung in der Insolvenz zuständig ist, stellt für die Begründung der Umsatzsteuerforderung auf die Leistungserbringung ab.[499] Nach Ansicht des V. Senats gelte diese Rechtsprechung aber nicht für die Abgrenzung zwischen Masseverbindlichkeit und Insolvenzforderung, sondern sei nur relevant für die Auslegung insolvenzrechtlicher Aufrechnungsverbote und für den Zeitpunkt, zu dem ein Anspruch eines Unternehmers auf Vorsteuerabzug begründet ist.[500]

3. Beurteilung dieser Betrachtungsweise

Dieses Urteil scheint ergebnisorientiert und konstruiert. Daher sind im Folgenden die einzelnen Schritte auf ihre Richtigkeit zu untersuchen.

a) Erste Berichtigung nach § 17 Abs. 2 Nr. 1 S. 1 i. V. m. Abs. 1 S. 1 UStG

aa) Verständnis des Begriffes der Uneinbringlichkeit

Die erste Grundlage, die der BFH für die Berichtigung nach § 17 Abs. 2 Nr. 1 S. 1 i. V. m. Abs. 1 S. 1 UStG setzt, betrifft den Begriff der Uneinbringlichkeit gem. § 17 Abs. 2 Nr. 1 S. 1 UStG. Der BFH will den Begriff der Uneinbringlichkeit auf den Leistungsempfänger und auf den Leistenden beziehen. Eine Berichtigung habe also auch zu erfolgen, wenn bei der Person des Leistenden Uneinbringlichkeit gegeben ist.[501] Dieses Verständnis widerspricht sowohl der eigenen Definition des BFH als auch dem Sinn und Zweck der Berichtigungsvorschrift.[502] Wesentlicher Teil der Definition des Begriffes Uneinbringlichkeit ist Folgender:

---

497 BFH Urt. v. 09.12.2010 – V R 22/10, NJW 2011, 1998, 2000 Rn 32.

498 BFH Urt. v. 09.12.2010 – V R 22/10, NJW 2011, 1998, 2000 Rn 35.

499 S. schon oben § 8I.1.c); nun aber ebenfalls einschränkend und dem V. Senat folgend bei Anwendung von § 17 Abs. 2 UStG BFH Urt. v. 25.07.2012 – VII R 29/11, DStR 2012, 2278.

500 BFH Urt. v. 09.12.2010 – V R 22/10, NJW 2011, 1998, 2000 Rn 35 mit Verweis auf BFH Urt. v. 29.01.2009, BFHE 224, 24 = BFH NZI 2009, 447, 449.

501 S. schon oben § 8I.2.a).

502 *Onusseit,* DZWIR 2011, 353, 354; ebenfalls kritisch: *Klenk,* in: Sölch/Ringleb, USt, § 17 Rn 102, 122; *Frotscher,* Besteuerung bei Insolvenz, S. 216.

„(...) und (...) davon auszugehen ist, dass der Leistende die Entgeltforderung (...) nicht durchsetzen kann“[503]. Es kommt also schon danach auf den Leistenden und auf die Durchsetzung seiner Entgeltforderung gegen den Leistungsempfänger an. Uneinbringlichkeit liegt dem Gesetz nach nur vor, wenn der Leistungsempfänger seine Gegenleistung nicht erbringt und gerade nicht wenn der Leistende die Gegenleistung nicht annehmen kann.[504]

Das ergibt sich auch aus dem Sinn und Zweck der Regelung des § 17 Abs. 2 Nr. 1 UStG. Nur den Leistenden kann Uneinbringlichkeit treffen. Wenn dieser das Entgelt nicht durchsetzen kann, das ihm aufgrund seiner Leistung gegen den Leistungsempfänger zusteht, muss er die daraus entstandene Steuerforderung nach § 17 UStG korrigieren können. Im Rahmen der Sollbesteuerung[505] hatte er hinsichtlich des vereinbarten Entgelts die Umsatzsteuer bereits abzuführen. Wenn sich das tatsächlich vereinnahmte Entgelt im Nachhinein anders darstellt oder überhaupt kein Entgelt gezahlt wird, muss der abgeführte Betrag folglich berichtigt werden, da sich dadurch auch die Umsatzsteuer verringert. Wie schon die Überschrift des § 17 UStG sagt: Es hat sich die Bemessungsgrundlage geändert. Die Umsatzsteuer bemisst sich gerade nach dem vereinnahmten Entgelt.[506] Dies ist Hintergrund des § 17 UStG. Zahlt der Leistungsempfänger das vereinbarte Entgelt bzw. will er es zahlen, hat gerade keine Berichtigung zu erfolgen – auch nicht wenn sich an der Person des Leistenden zwischenzeitlich etwas geändert hat. Selbst wenn die Forderung einem Dritten zusteht, weil der Leistende sie z. B. abgetreten oder verpfändet hat, ändert sich an der Höhe der Forderung und am Steuerbetrag nichts. Die Bemessungsgrundlage und damit der abzuführende Steuerbetrag bleiben gleich und es ist keine Berichtigung erforderlich. Allein die Änderung des Bezugsberechtigten, die in den meisten Fällen dem Leistungsempfänger nicht einmal bekannt sein dürfte, was auch Grund dafür ist, dass er weiter an den Leistenden zahlt, kann nicht zu einer Berichtigung führen. Zusammengefasst kommt eine Berichtigung nur bei einer Änderung der Höhe der Forderung, also der Bemessungsgrundlage, in Betracht und nicht bei Änderung des Inhabers. Was der Leistende mit seiner Forderung macht, ist somit für eine Berichtigung nicht

---

503 S. oben § 8I.2.a); *Klenk*, in: Sölch/Ringleb, USt, § 17 Rn 102.

504 *Onusseit*, DZWIR 2011, 353, 354; *Kahlert*, DStR 2011, 921, 925; *Welte/Friedrich-Vache*, ZIP 2011, 1595, 1599 f; *Werres*, NZI 2013, 603, 605.

505 Nur dort ist die Berichtigungsform der Uneinbringlichkeit anwendbar, vgl. *Korn*, in: Bunjes, UStG, § 17 Rn 59.

506 *Korn*, in: Bunjes, UStG, § 17 Rn 61; BFH Urt. v. 19.08.2008 – VII R 36/07, BStBl. II 2009, 90, 92; *Stadie*, UStG, § 17 Rn 55.

relevant. Uneinbringlichkeit kann beim Leistenden nicht vorliegen. Selbiges gilt für den Fall der Insolvenz. In der Insolvenz des Leistenden ändert sich ebenfalls nichts an der Höhe der Forderung. Eine Berichtigung hat daher auch in diesem Fall nicht zu erfolgen. Der BFH schafft hier ein neues Verständnis vom Begriff der Uneinbringlichkeit, indem er es auf den Leistenden bezieht. Dem kann nicht gefolgt werden.[507]

bb) Aufspaltung in drei Unternehmensteile

Zweiter Schritt des BFH im Rahmen der ersten Berichtigung ist die Aufspaltung des Unternehmens in drei Unternehmensteile. Dadurch kann der BFH begründen, dass die Forderung rechtlich nicht mehr durchsetzbar und damit uneinbringlich ist. Der V. Senat nimmt hier eine strikte Aufspaltung vor. Gleichzeitig will er darin den Grundsatz der Unternehmenseinheit nach § 2 Abs. 1 S. 2 UStG nicht verletzt sehen.[508] Allein dies scheint schon widersprüchlich. Angelehnt ist die Aufspaltung an die Rechtsprechung des VII. Senats des BFH.[509] Der V. Senat hat diese Rechtsprechung jedoch erweitert und verfehlt damit nicht nur den eigentlichen Zweck der Aufspaltung, sondern widerspricht auch der Rechtsprechung des BGH.

Die Aufspaltung dient aus insolvenzrechtlicher Sicht zur Abgrenzung der unterschiedlichen Forderungsarten (Insolvenzforderung?, Masseverbindlichkeit?, Forderung gegen das freie Vermögen?), der Zuordnung von Vermögen zur Masse und der Klärung der Frage, ob die Aufrechnung (§§ 94–96 InsO) zulässig ist.[510] Dadurch wird den Haftungsbereichen der InsO ausreichend Rechnung getragen. Die Aufspaltung erfolgt nur insoweit, als sie nötig ist. Daher verletzt sie auch nicht den Grundsatz der Unternehmenseinheit. Über diese Erfordernisse hinaus hat nach dem Insolvenzrecht keine weitere Aufspaltung zu erfolgen. Jede noch tiefergehende Teilung trifft hingegen den Grundsatz der Unternehmenseinheit.[511] Der VII. Senat hat diese Grundsätze richtig angewandt: Er teilt das Vermögen des

507 So auch *Welte/Friedrich-Vache,* ZIP 2011, 1595, 1599; *Onusseit,* DZWIR 2011, 353, 354; *Kahlert,* DStR 2011, 921, 925; *Kahlert/Rühland,* Insolvenzsteuerrecht, Rn 7.95; *Frotscher,* Besteuerung bei Insolvenz, S. 216; offen lassend: BFH Urt. v. 25.07.2012 – VII R 29/11, DStR 2012, 2278; *Stadie,* UStG, § 17 Rn 55; *Mitlehner,* EWiR 2011, 323, 324.

508 BFH Urt. v. 09.12.2010 – V R 22/10, NJW 2011, 1998, 1999 Rn 28.

509 BFH Beschl. v. 01.09.2010 – VII R 35/08, ZIP 2010, 2359 ; *Welte/Friedrich-Vache,* ZIP 2011, 1595, 1600.

510 *Onusseit,* DZWIR 2011, 353, 354; *Heinze,* DZWIR 2011, 276, 278; *Mitlehner,* EWiR 2011, 323, 324.

511 *Onusseit,* DZWIR 2011, 353, 354.

Schuldners in zwei Teilmassen (Insolvenzmasse und insolvenzfreies Vermögen des Schuldners), da diese „*strukturelle Unterscheidung zweier Vermögensmassen (...) der InsO zugrunde liegt*“[512]. Weiter sieht er aber gerade keine Notwendigkeit darin, „*(...) die Trennung der vorgenannten Vermögensmassen in jeder Hinsicht strikt durchzuführen (...)*“[513], denn die wirksame Verrechnung von Forderungen sei nicht Frage der Zuordnung zu einer der beiden Vermögensmassen, sondern von der Reichweite der insolvenzrechtlichen Aufrechnungsverbote abhängig.[514] Dem ist zuzustimmen. Der VII. Senat verwirklicht die insolvenzrechtlichen Grundsätze. Der V. Senat hingegen geht weiter. Er nimmt eine Dreiteilung durch Aufspaltung der Insolvenzmasse vor, obwohl eine solche nicht geboten erscheint, da die Insolvenzmasse sowohl vor als auch nach Insolvenzeröffnung dieselbe bleibt.[515] Weiter will er diese Teile strikt voneinander trennen und die Frage der Begründung von Forderungen alleine durch die Zuordnung zu einem Unternehmensteil klären. Dies wiederum widerspricht nicht nur sämtlichen insolvenzrechtlichen Wertungen, sondern auch der Rechtsprechung des BGH vom 25.04.2002.[516] Demnach führt die Insolvenzeröffnung gerade nicht zum Erlöschen des Erfüllungsanspruchs, sondern dieser bleibt bestehen. Der Insolvenzverwalter kann gemäß § 103 InsO über das weitere Schicksal entscheiden. Durch die strikte Trennung der Unternehmensteile wird aber das Erlöschen des Anspruchs vom BFH angenommen. Der Aufspaltung in drei Unternehmensteile kann daher ebenfalls nicht gefolgt werden.[517]

cc) Uneinbringlichkeit im vorinsolvenzrechtlichen Unternehmensteil

Letzter Schritt ist nun die Annahme des BFH, dass die Entgeltforderung in diesem vorinsolvenzrechtlichen Unternehmensteil wegen fehlender Empfangszuständigkeit uneinbringlich geworden sei. Nur der Unternehmsteil der Insolvenzmasse könne die Forderung noch einnehmen. Nach Ansicht des BFH ist die Forderung aus Rechtsgründen nicht mehr durchsetzbar. Mit Insolvenzeröffnung verliert der

---

512 BFH ZIP 2010, 2359, 2360 Rn 19.

513 BFH ZIP 2010, 2359, 2360 Rn 19.

514 BFH ZIP 2010, 2359, 2360 Rn 19.

515 So wohl auch *Welte/Friedrich-Vache,* ZIP 2011, 1595, 1600.

516 BGH Urt. v. 25.04.2002 – IX ZR 313/99, BGHZ 150, 353, 359 = ZInsO 2002, 577; fortgeführt in BGH Urt. v. 17.11.2005 – IX ZR 162/04, ZInsO 2006, 35; ArGe Insolvenzrecht und Sanierung DAV, ZInsO 2011, 1449; *Zimmer,* ZInsO 2011, 1081, 1089; a.A. *Wäger,* DStR 2011, 1925, 1928.

517 So auch *Welte/Friedrich-Vache,* ZIP 2011, 1595, 1600; *Onusseit,* DZWIR 2011, 353, 354; *Mitlehner,* EWiR 2011, 323, 324; a.A. *Widmann,* UR 2011, 555.

Schuldner die Verwaltungs- und Verfügungsbefugnis gem. § 80 InsO an den Insolvenzverwalter. Der Schuldner ist tatsächlich nicht mehr empfangszuständig, die Leistung hat daher an den Insolvenzverwalter zu erfolgen. Zu klären ist nun, ob wegen dieser fehlenden Empfangszuständigkeit die Forderung aus rechtlichen Gründen nicht mehr durchsetzbar ist.[518] Dies ist zu verneinen.[519] Zunächst ist dabei das Verhältnis zwischen Insolvenzschuldner und Insolvenzverwalter zu betrachten. Der BFH erweckt hier den Eindruck, als ob der Insolvenzverwalter nur den Unternehmensteil der Insolvenzmasse verwaltet und dabei völlig die Position des Schuldners einnimmt. Dies ist aber nicht der Fall. Wie der Name schon sagt: Der Insolvenzverwalter verwaltet das insolvenzbefangene Vermögen des Insolvenzschuldners. Auf ihn geht nur die Verwaltungs- und Verfügungsbefugnis über. Er übt die vom Schuldner abgespaltene Rechtsmacht aus. Die Rechtswirkungen solcher Handlungen treffen allerdings weiterhin den Schuldner. An der zivilrechtlichen Stellung des Insolvenzschuldners ändert sich nichts.[520] Damit nimmt der Insolvenzverwalter die Forderung für den Schuldner ein. Dass an den Insolvenzschuldner die Forderung nicht mehr geleistet werden darf, führt aber gerade nicht zur Uneinbringlichkeit, wie oben bereits dargestellt.[521] Daneben ist es aufgrund der Stellung des Insolvenzverwalters auch nicht nachvollziehbar, weshalb die Vereinnahmung des Entgelts dem Unternehmensteil der Insolvenzmasse und nicht dem vorinsolvenzrechtlichen Unternehmensteil zugerechnet wird. Die Entgeltforderung entstand vor Insolvenzeröffnung durch die erbrachte Leistung und ist damit dem vorinsolvenzrechtlichen Unternehmensteil zuzurechnen. Der Insolvenzverwalter verwaltet auch den vorinsolvenzrechtlichen Unternehmensteil. Vereinnahmt nun der Insolvenzverwalter diese Forderung, geschieht dies für den Insolvenzschuldner und damit für den Unternehmensteil, in dem die Forderung entstanden ist.[522]

---

518 Es wird dabei unterstellt, dass der Aufspaltung des Unternehmens in drei Teile zu folgen ist.

519 Im Ergebnis so auch *Heinze,* DZWIR 2011, 276, 278; *Mitlehner,* EWiR 2011, 323, 324.

520 *Waza/Uhländer/Schmittmann,* Insolvenzen und Steuern, Rn 481 ff; *Ott/Vuia,* in: MünchKomm-InsO, § 80 Rn 6 ff; *Uhlenbruck*, in: Uhlenbruck, InsO, § 80 Rn 6 ff.

521 S. § 8I.3.a)aa).

522 So auch *Onusseit,* DZWIR 2011, 353, 355; *Welte/Friedrich-Vache,* ZIP 2011, 1595, 1601; angedeutet bei *Klusmeier,* ZInsO 2011, 1340, 1341; a.A. *Widmann*, UR 2011, 555.

b) Zweite Berichtigung nach § 17 UStG

Die zweite Berichtigung ist Folge der Entgeltvereinnahmung. Dass der BFH diesen Schritt geht, kann ihm also nicht vorgeworfen werden. Allerdings überzeugt die Rechtsfolge, die der BFH aus dieser Berichtigung zieht, nicht. Der BFH geht hier davon aus, dass die zweite Berichtigung den Umsatzsteuertatbestand begründet. Dieser Ansicht ist nun auch der VII. Senat des BFH gefolgt.[523] § 17 Abs. 2 Nr. 1 S. 2 UStG kann aber einen solchen Tatbestand nicht begründen. Die Vorschrift ist reine Verfahrensvorschrift bzw. Berechnungsgrundlage.[524] Nach Ansicht des BGH handelt es sich um eine *„unselbstständige Besteuerungsgrundlage“*[525]. Dies zeigt sich auch an der Stellung im Gesetz. Zu finden ist die Vorschrift im fünften Abschnitt des UStG, wo aber ausschließlich verfahrensrechtliche Normen enthalten sind. § 17 Abs. 2 Nr. 1 S. 2 UStG regelt nur die Berichtigung eines bereits entstandenen Umsatzsteuertatbestandes und nicht dessen Begründung.[526]

c) Zu den weiteren Prämissen

Die weiteren im Urteil enthaltenen Prämissen, aus denen der BFH letztlich auch sein Ergebnis folgert, sind ebenfalls nicht stimmig.

aa) Entgeltvereinnahmung als Tatbestandsvoraussetzung

Der BFH kommt zu dem Ergebnis, dass die Entgeltvereinnahmung Tatbestandsvoraussetzung zur Begründung einer Umsatzsteuerforderung im Rahmen der Sollbesteuerung sei. Aus dem Gesetz ergibt sich ein solches Erfordernis nicht. § 1 UStG definiert die steuerbaren Umsätze. Dabei unterliegen gem. § 1 Abs. 1 Nr. 1 UStG Lieferungen und sonstige Leistungen gegen Entgelt der Umsatzsteuer. Der Zusatz „gegen Entgelt“ stellt dabei klar, dass ein Leistungsaustausch vereinbart sein muss; dass das Entgelt tatsächlich vereinnahmt werden muss, folgt daraus nicht.[527]

---

523 BFH Urt. v. 25.07.2012 – VII R 29/11, DStR 2012, 2278 (s. nur Leitsatz).

524 *Welte/Friedrich-Vache,* ZIP 2011, 1595, 1600; *Klenk,* in: Sölch/Ringleb, UStG, § 17 Rn 110; a.A. *Korn,* in: Bunjes, UStG, § 17 Rn 10.

525 BGH Urt. v. 19.07.2007 – IX ZR 81/06, ZIP 2007, 1612, 1613; so nun auch BFH Urt. v. 24.11.2011- V R 13/11, ZIP 2011, 2481, 2483 Rn 26.

526 *Welte/Friedrich-Vache,* ZIP 2011, 1595, 1601; *Stadie,* UStG, § 17 Rn 4; so wohl auch *Heinze,* DZWIR 2011, 276, 278; ebenfalls noch in diese Richtung gehend: BFH Urt. v. 19.08.2008 – VII R 36/07, BStBl. II 2009, 90, 92.

527 BFH Urt. v. 22.06.1989 - V R 37/84, BStBl. II 1989, 913, 915; *Robisch,* in: Bunjes, UStG, § 1 Rn 19; *Sinz,* in: Uhlenbruck, InsO, § 38 Rn 79.

Gem. § 13 Abs. 1 Buchst. a UStG ist für die Steuerentstehung bei der Sollbesteuerung die Leistungserbringung maßgeblich. Das ist Sinn und Zweck der Sollbesteuerung. Es sollen zunächst die vereinbarten Entgelte besteuert werden, unabhängig davon, ob die Entgelte bezahlt wurden oder nicht. Diese Vorfinanzierung der Steuer durch den Unternehmer dient nach der Gesetzesbegründung der „*Sicherung des Steueraufkommens*“[528]. Da auch der Vorsteuerabzug nach dem Soll-Prinzip erfolgt, könnten die Unternehmer im Falle der Istbesteuerung erhebliche Steuerbeträge vorab abziehen, ohne dass dem Staat gleichzeitig etwas zufließt. Die Istbesteuerung soll daher nur in Ausnahmefälle gelten.[529] Daraus zeigt sich ebenfalls, dass die Entgeltvereinnahmung für die Sollbesteuerung (zunächst) keine Rolle spielt. Erst im Rahmen einer Berichtigung wird auf die tatsächliche Entgeltvereinnahmung eingegangen. Der Besteuerungstatbestand war zu diesem Zeitpunkt aber längst beendet. Der Unternehmer musste die Steuer bereits abführen, was schon allein dafür spricht, dass der Steuertatbestand begründet war.

bb) Nötiger Gleichlauf von Soll- und Istbesteuerung

Aus dem Zweck von Soll- und Istbesteuerung ergibt sich zugleich, dass ein Gleichlauf hinsichtlich des Zeitpunkts der Versteuerung nicht nötig ist. Die Sollbesteuerung ist der gesetzliche Regelfall, wie aus § 20 UStG folgt, und dient der Vorfinanzierung der Steuer.[530] Zweck der Istbesteuerung ist die Entlastung kleiner Unternehmen durch eine vereinfachte Buchführung und durch die fehlende Vorfinanzierung.[531] Die Umsatzsteuer ist erst zu entrichten, wenn das Entgelt tatsächlich geflossen ist. Der Unternehmer muss nicht in Vorleistung treten. Der maßgebliche Unterschied zwischen Soll- und Istbesteuerung ist deshalb der Zeitpunkt der Versteuerung.[532] Ansonsten führen beide Besteuerungssysteme zu denselben steuerlichen Ergebnissen (vor allem hinsichtlich Steuerhöhe und Vorsteuerabzug), um den Grundsatz der Besteuerungsgleichheit zu wahren. Soll nun auch der Zeitpunkt der Versteuerung gleichlaufen, wie es der BFH letztlich

---

528 BT-Drucks. IV/1590, S. 40; *Korn,* in: Bunjes, UStG, § 20 Rn 7.

529 BT-Drucks. IV/1590, S. 40; die Sollbesteuerung dient letztlich dem Gleichlauf zum Vorsteuerabzug; krit. dazu beispielhaft *Stadie,* UStG, § 13 Rn 9 ff.

530 S. § 8I.3.c)aa).

531 *Korn,* in: Bunjes, UStG, § 20 Rn 9; *Stadie,* UStG, § 20 Rn 4.

532 *Stadie,* UStG, § 20 Rn 2; *Korn,* in: Bunjes, UStG, § 20 Rn 9.

fordert, wäre eine Unterscheidung zwischen Soll- und Istbesteuerung nicht länger nötig. Dies widerspricht dem geltenden System des UStG.[533]

cc) Kein Widerspruch zur Rechtsprechung des VII. Senats des BFH

Für den Fall der Istbesteuerung als auch für die Sollbesteuerung kommen der V. und der VII. Senat bzgl. der Begründung von Umsatzsteuerforderungen zu unterschiedlichen Ergebnissen. Der VII. Senat stellte (richtigerweise) auf die Leistungserbringung ab[534], der V. Senat auf die Entgeltvereinnahmung. Es ist nicht nachvollziehbar, wie darin kein Widerspruch gesehen werden kann. Auch die Begründung des V. Senats, dass die Ansicht des VII. Senats nur im Rahmen der Aufrechnung gelte, geht fehl. Sowohl für die Aufrechnung nach § 96 InsO als auch für die Abgrenzung von Insolvenzforderung und Masseverbindlichkeit nach § 38 InsO, ist der Anknüpfungspunkt derselbe: Es kommt in beiden Fällen darauf an, ob die Steuerforderung vor oder nach Insolvenzeröffnung begründet wurde. Weshalb sich die Behandlung unterscheiden soll, ist nicht erkennbar.[535] Vielmehr ist wohl offensichtlich das Gegenteil der Fall: Diese beiden Punkten müssen identisch behandelt werden. Dies folgt schon aus Rechtssicherheitsgründen und aufgrund der Wertung des Insolvenzrechts. Die Aufrechnung in der Insolvenz ist ein wesentlicher Teil des Insolvenzrechts und darf nicht gesondert behandelt werden, was der V. Senat hier aber tut. Festzuhalten bleibt damit, dass sich die Ansichten der beiden Senate widersprechen und es derzeit keine einheitliche Linie im BFH gab.[536] Allerdings hat der VII. Senat mit Urteil vom 25.07.2012 diesen Widerspruch teilweise aufgehoben. Soweit der Berichtigungstatbestand des § 17 Abs. 2 UStG einschlägig ist, will nun auch der VII. Senat für die Aufrechnung auf den Zeitpunkt der Verwirklichung des Berichtigungstatbestandes abstellen und nicht mehr auf den Begründungszeitpunkt der Leistungserbringung.[537]

---

533 So auch ArGe Insolvenzrecht und Sanierung DAV, ZInsO 2011, 1449; *Heinze,* DZWIR 2011, 276, 278; *Mitlehner,* EWiR 2011, 323, 324; a.A. *Widmann,* UR 2011, 555 f.

534 S. oben § 8I.1.c).

535 So auch BFH Urt. v. 25.07.2012 – VII R 29/11, DStR 2012, 2278, 2280 Rn 16; *Kahlert,* DStR 2011, 921, 923; *Kahlert,* DStR 2011, 1973, 1981.

536 So auch BFH Urt. v. 25.07.2012 – VII R 29/11, DStR 2012, 2278, 2280 Rn 16; *Kahlert,* DStR 2011, 921, 926; *Korn,* in: Bunjes, UStG, § 17 Rn 68; *Wagner/Köhler,* BB 2011, 1511; *Heinze,* DZWIR 2011, 276, 278.

537 BFH Urt. v. 25.07.2012 – VII R 29/11, DStR 2012, 2278; zur Behandlung dieser geänderten Rechtsprechung im Rahmen des § 55 Abs. 4 InsO s. *Debus/Schartl,* ZIP 2013, 350, 352.

dd) Zusammenfassende Betrachtung

Um es mit den Worten der Arbeitsgemeinschaft Insolvenzrecht und Sanierung des DAV zusammenzufassen: „*Die Entscheidung ist falsch*“[538]. Die Begründungen des V. Senats für seinen Lösungsweg und Ergebnisse sind fragwürdig. Es scheint, als ob mit diesem Urteil ein gewünschtes Ergebnis gezielt erreicht werden will. Wie bereits dargestellt, können die Begründungen dafür nicht überzeugen. Schwer wiegt vor allem der Umstand, dass der V. Senat mit diesem Urteil sämtliche insolvenzrechtliche Wertungen unterläuft und damit den Vorrang des Insolvenzrechts nicht beachtet.[539] Schon aus diesem Grund ist obigem Zitat zuzustimmen.[540]

Festzuhalten ist an dieser Stelle noch, dass die Entgeltvereinnahmung bei der Sollbesteuerung nicht als generelle Tatbestandvoraussetzung gesehen werden sollte. Die Begründung der Steuerforderung erfolgt – wie sich aus dem Urteil des BFH ergibt – letztlich nur aufgrund der zweiten Berichtigung nach § 17 UStG.[541] Die Entgeltvereinnahmung ist Voraussetzung für die zweite Berichtigung, begründet jedoch nicht selbst die Steuerforderung. Bis zur Berichtigung bleibt die Steuerforderung damit Insolvenzforderung.[542] Nur für den dem Urteil zu Grunde liegenden Sachverhalt sollte deshalb die Begründung einer Steuerforderung angenommen werden. Wie es sich in anderen Konstellationen verhält, hat der BFH nicht entschieden und bedarf daher gesonderter Überprüfung. Es wäre daher m. E. verfehlt, im Rahmen der Sollbesteuerung – anders hingegen bei der Istbesteuerung – generell auf die Entgeltvereinnahmung als Tatbestandsvoraussetzung abzustellen.[543]

---

538 ArGe Insolvenzrecht und Sanierung DAV, ZInsO 2011, 1449.

539 *Kahlert,* DStR 2011, 921, 923; ArGe Insolvenzrecht und Sanierung DAV, ZInsO 2011, 1449; *Heinze,* DZWIR 2011, 276, 278; *Heinze,* DZWIR 2013, 45.

540 Im Ergebnis so auch *Schwarz,* NZI 2011, 613, 614; *Onusseit,* DZWIR 2011, 353, 354 ff; *Wagner/Köhler,* BB 2011, 1511; *Commandeur,* NZG 2011, 618; *Heinze,* DZWIR 2011, 276, 277 ff; *Mitlehner,* EWiR 2011, 323, 324; *Reischl,* Insolvenzrecht, Rn 395; *Welte/Friedrich-Vache,* ZIP 2011, 1595, 1604; *Kahlert,* DStR 2011, 921, 924 ff; *Frotscher,* Besteuerung bei Insolvenz, S. 216; a.A.; *Wäger,* DStR 2011, 1925, 1927 ff; einschränkend: *Klusmeier,* ZInsO 2011, 1340, 1341 („*nachvollziehbar*“).

541 S. gerade oben § 8I.3.b).

542 *Fischer,* in: Vallender/Undritz, Praxis InsR, Kap. 14 Rn 194.

543 Angedeutet bei *Fischer,* in: Vallender/Undritz, Praxis InsR, Kap. 14 Rn 194; a.A. *Sterzinger,* NZI 2012, 63, 64.

4. Folgen dieser Rechtsprechung, Fiskusvorrecht

Durch dieses Urteil werden Umsatzsteuerforderungen, die zuvor als Insolvenzforderungen zu behandeln waren, zu Masseverbindlichkeiten gem. § 55 Abs. 1 Nr. 1 InsO. Diese Masseverbindlichkeiten führen zu einer weiteren Belastung und Verringerung der Masse.[544] Die Masse wird nun mit Steuerforderungen belastet, die aus insolvenzrechtlicher Sicht schon vor Insolvenzeröffnung begründet waren. Der BFH schafft damit eine weitere Besserstellung des Fiskus gegenüber den anderen Insolvenzgläubigern. War der Fiskus zunächst noch Insolvenzgläubiger hinsichtlich solcher Umsatzsteuerforderungen, wird er nun zum Massegläubiger. Der Fiskus wird vorab befriedigt, den Insolvenzgläubigern steht nochmals weniger an Masse zur Verfügung.[545] Dies folgt allein aus der besonderen Anwendung des § 17 UStG. Es handelt sich hier somit um ein Fiskusvorrecht.[546]

Dem steht auch nicht entgegen, dass die Masse zunächst wegen dieses Urteils angereichert werden kann. Der Insolvenzverwalter kann nach Verfahrenseröffnung für bisher nicht vereinnahmte Entgelte aufgrund erbrachter Leistung die erste Berichtigung gem. § 17 Abs. 2 Nr. 1 S. 1 i. V. m. Abs. 1 S. 1 UStG abgeben.[547] Dies führt zur Erstattung der bereits gezahlten Umsatzsteuer für die noch nicht vereinnahmten Forderungen im Rahmen des Vorsteuerabzugs.[548] Eine Aufrechnung der Finanzverwaltung mit Insolvenzforderungen wird regelmäßig wegen § 96 Abs. 1 Nr. 1 InsO nicht möglich sein, da die Berichtigung gem. § 17 Abs. 1 S. 7 UStG für den Besteuerungszeitraum nach Insolvenzeröffnung vorzunehmen ist.[549] Die erste Berichtigung kommt somit zunächst allen Insolvenzgläubigern zu Gute. Allerdings entstehen nach der Vereinnahmung nun Masseverbindlichkeiten aufgrund der zweiten Berichtigung nach § 17 Abs. 2 Nr. 1 S. 2 UStG. Der Insolvenzverwalter

---

544 *Schwarz,* NZI 2011, 613, 614; *Commandeur,* NZG 2011, 618; *Abenheimer,* FD-InsR 2011, 317525; nach *Schacht,* ZInsO 2011, 1787 führt dies zu einem um fast 1/5 geringeren Massezufluss.

545 *Commandeur,* NZG 2011, 618

546 So auch *Kahlert,* DStR 2011, 921, 924; *Schwarz,* NZI 2011, 613, 614; *Reischl,* Insolvenzrecht, Rn 395; *Kahlert/Rühland,* Insolvenzsteuerrecht, Rn 7.87; *Werres,* NZI 2013, 603, 605; wohl auch *Fischer,* in: Vallender/Undritz, Praxis InsR, Kap. 14 Rn 182.

547 Bisher noch offen ist, ob dies auch für den vorläufigen Insolvenzverwalter gilt, da er regelmäßig zur Forderungseinziehung ermächtigt wird und dann ebenfalls Uneinbringlichkeit anzunehmen wäre, bejahend *Wagner/Köhler,* BB 2011, 1511.

548 ArGe Insolvenzrecht und Sanierung DAV, ZInsO 2011, 1449, 1450; *Schwarz,* NZI 2011, 613, 614.

549 S. dazu BGH Urt. v. 19.07.2007 – IX ZR 81/06, ZIP 2007, 1612, 1613; *Heinze,* DZWIR 2011, 276, 279.

wird versuchen, alle Entgeltforderungen für bereits erbrachte Leistungen einzutreiben. Wenn dies auch nicht in allen Fällen gelingen wird, wird dennoch die Masse aufgrund der Vereinnahmungen entstehenden Umsatzsteuerforderungen erheblich belastet. Die zweite Berichtigung geht alleine zu Lasten der Insolvenzgläubiger. Dies kann die vorherige Anreicherung der Masse nicht beseitigen. Weiter ist zu berücksichtigen, dass den Insolvenzgläubigern keine solche Vorschrift bzw. Möglichkeit zur Verfügung steht, die den Entstehungszeitpunkt ihrer Forderungen gegen den Insolvenzschuldner ändert. Der Fiskus wird damit gegenüber den restlichen Insolvenzgläubigern bevorzugt[550], was ein Fiskusvorrecht gerade ausmacht.

Daneben erschwert diese Rechtsprechung die Sanierung insolventer Unternehmen.[551] Da die dazu nötige Masse weiter zugunsten des Fiskus abgeschöpft wird, gestalten sich Sanierungsmaßnahmen zunehmend schwieriger.[552] Vor allem Finanzierungsmöglichkeiten durch Kreditsicherheiten in Form von abgetretenen Forderungen werden sich verschlechtern, da nun auch die abgetretenen Forderungen niedriger zu bewerten sind. Die in den Forderungen enthaltene Umsatzsteuer ist abzuziehen, wenn es sich um Masseverbindlichkeiten nach den Grundsätzen des eben dargestellten Urteils handelt.[553]

5. Ergebnis

Mit diesem Urteil hat der V. Senat des BFH ein weiteres Fiskusvorrecht geschaffen. Es kann wohl nicht damit gerechnet werden, dass der BFH in absehbarer Zeit von seinen Ansichten abrücken wird. Im Urteil vom 24.11.2011 hält er ausdrücklich daran fest.[554] Der Vorgehensweise des BFH stehen dabei erhebliche Bedenken gegenüber. Der BFH stellt sich hier nicht nur gegen die Ansichten innerhalb des eigenen Gerichts und gegen den BGH, sondern auch gegen Wertungen der Rechtsordnung.

Der BFH sichert durch diese Rechtsprechung die Umsatzsteuerforderungen in der Insolvenz. Dadurch werden aber nicht nur weitere Anwendungsprobleme geschaffen[555], sondern dies geht alles zu Lasten der Insolvenzgläubiger. *Schmittmann* ist

---

550 So auch *Wagner/Köhler*, BB 2011, 1511.

551 *Wagner/Köhler*, BB 2011, 1511, 1512; *Weiland*, DZWIR 2011, 224, 232 f; *Schacht*, ZInsO 2011, 1787; *Klusmeier*, ZInsO 2011, 1340, 1342; *Sterzinger*, NZI 2012, 63, 67.

552 S. dazu schon oben § 7I.1.a).

553 S. dazu ausführlich *Dobler*, ZInsO 2011, 1775; *Wagner/Köhler*, BB 2011, 1511, 1512.

554 BFH Urt. v. 24.11.2011 – V R 13/11, ZIP 2011, 2481, 2487 Rn 54.

555 Zur Verknüpfung mit § 55 Abs. 4 InsO s. sogleich; zur Problematik der Berichtigung der Steuerforderung: s. *Schmittmann*, ZIP 2011, 1125, 1127 ff; *Dobler*, ZInsO 2011,

zuzustimmen, wenn er von einem „*weiteren Schritt in der Entrechtung der ungesicherten Gläubiger im Verhältnis zur Finanzverwaltung*“ spricht.[556] Dieses Vorgehen ist im Ergebnis nicht gutzuheißen.

Ähnliches hat nun auch das FG Berlin-Brandburg im Rahmen eines einstweiligen Rechtsschutzverfahrens festgestellt und sich damit ausdrücklich gegen die Rechtsprechung des BFH gestellt.[557] Nach Ansicht des FG Berlin-Brandenburg ist „*nicht frei von Zweifeln, dass allein der Übergang der Verfügungs- und Verwaltungsbefugnis (...) gem. § 80 I InsO zur Uneinbringlichkeit (...) führt.*“[558] Die Rechtsprechung des BFH kann nach Aussage des FG Berlin-Brandenburg nicht als feststehend bezeichnet werden.[559] Der XI. Senat des BFH hat ihm Rahmen des Beschwerdeverfahrens dazu keine Stellung genommen: Das Beschwerdeverfahren sei nicht die dazu geeignete Verfahrensart, zumal der V. Senat das BFH sich eingehend mit der bereits an seiner Rechtsprechung ergangenen Kritik auseinander gesetzt habe.[560]

II. Umfang der Erweiterung und Verhältnis zu 55 Abs. 4 InsO

Nach Bekanntwerden der Entscheidung vom 09.12.2010 wurden in der Literatur teilweise Hoffnungen gehegt, dass die Wirkungen des Urteils durch einen Nichtanwendungserlass des BMF verhindert werden könnte.[561] Dass bei einer neu geschaffenen Einnahmequelle dies unwahrscheinlich ist, liegt auf der Hand.[562] Mit BMF-Schreiben vom 09.12.2011[563] wurde der Umsatzsteuer-Anwendungserlass vom 01.10.2010[564] geändert und die Grundsätze des Urteils vom 09.12.2010 eingearbeitet.

1098 ff; dazu auch ArGe Insolvenzrecht und Sanierung DAV, ZInsO 2011, 1449 f; zur nun fehlenden Haftung von Gesellschaftern und Organträger s. *Zimmer,* ZInsO 2011, 1081, 1089.

556 *Schmittmann,* ZIP 2011, 1125, 1126.

557 FG Berlin-Brandenburg Beschl. v. 18.03.2013 – 7 V 7279/13, NZI 2013, 603.

558 FG Berlin-Brandenburg Beschl. v. 18.03.2013 – 7 V 7279/13, NZI 2013, 603, 604.

559 FG Berlin-Brandenburg Beschl. v. 18.03.2013 – 7 V 7279/13, NZI 2013, 603. 604; dazu *Werres,* NZI 2013, 603, 605: „*Eine mutige Entscheidung gegen einen allmächtig erscheinenden V. Senat des BFH!*“.

560 BFH Beschl. v. 11. 7. 2013 – XI B 41/13, NZI 2013, 992, 995.

561 *Kahlert,* DStR 2011, 921, 926;

562 So auch *Dobler,* ZInsO 2011, 1098.

563 BMF-Schreiben vom 09.12.2011, BStBl. I 2011, 1273.

564 Umsatzsteueranwendungserlass des BMF v. 01.10.2010, BStBl. I 2010 S. 846.

Damit ist es von der Finanzverwaltung nun in vollem Umfang seit dem 01.01.2012 anzuwenden.[565] In diesem BMF-Schreiben wird auch auf den Zusammenhang mit § 55 Abs. 4 InsO eingegangen.[566] Entgegen mancher Ansicht in der Literatur ist das Urteil vom 09.12.2010 durch § 55 Abs. 4 InsO nicht unanwendbar geworden.[567] Teilweise wird vertreten, dass § 55 Abs. 4 InsO leer laufe.[568] Auch dies ist nicht der Fall. Beides ist parallel anzuwenden, der Geltungsbereich des Fiskusvorrechts wird dadurch erweitert.[569] Es gilt deshalb nun, das Urteil des BFH vom 09.12.2011 und das zugehörige BMF-Schreiben vom 09.12.2011 mit § 55 Abs. 4 InsO in Einklang zu bringen und die Anwendungsbereiche aufzuzeigen.

1. Die relevanten Fälle

Zunächst ist der Kreis der im Folgenden zu behandelnden Fälle festzulegen. Das Urteil vom 09.12.2010 behandelt die Fallgruppe der Umsatzsteuer. Auf eine andere Steuerart ist dieses Urteil nicht übertragbar, da lediglich dort die Leistung und die Entgeltvereinnahmung Tatbestandsmerkmale sind. Weiter sind nur die Fälle von Interesse, in denen der Insolvenzschuldner der Leistungserbringer ist. Denn ausschließlich dort kommt es zu Steuerzahlungsansprüchen der Finanzverwaltung. Ist der Insolvenzschuldner der Leistungsempfänger bzw. Zahlungsverpflichtete, betrifft ihn der steuerbare Vorgang im Rahmen des Vorsteuerabzuges. Daraus ergibt sich ein Steuererstattungsanspruch gegen die Finanzverwaltung und kein Steuerzahlungsanspruch der Finanzverwaltung. Nur die Steuerzahlungsansprüche belasten die Insolvenzmasse. Daneben handelt es sich beim Vorsteuervergütungsanspruch auch nicht um Verbindlichkeiten aus dem Steuerschuldverhältnis, so dass § 55 Abs. 4 InsO darauf nicht anwendbar ist.[570] Im Folgenden werden deshalb

565 BMF-Schreiben vom 09.12.2011, BStBl. I 2011, 1273, 1274 (am Ende).

566 BMF-Schreiben vom 09.12.2011, BStBl. I 2011, 1273, 1274, Ziff. 13.

567 So z. B. *Kahlert,* DStR 2011, 921, 926; *Schmittmann,* ZIP 2011, 1125, 1130; ArGe Insolvenzrecht und Sanierung DAV, ZInsO 2011, 1449; wohl auch dahin tendierend *Waza/Uhländer/Schmittmann,* Insolvenzen und Steuern, Rn 1997.

568 *Klenk,* in: Sölch/Ringleb, UStG, § 17 Rn 122; *Weerth,* ZInsO 2011, 853, 854.

569 So wohl auch *Korn,* in: Bunjes, UStG, § 17 Rn 72; *Wäger,* DStR 2011, 1925, 1928; *Widmann,* UR 2011, 555, 556; *Bornemann,* in: FK-InsO, § 55 Rn 56; auch das BMF-Schreiben vom 17.01.2012, BStBl. I 2012, 120 verweist nochmals auf die Grundsätze des Urt. v. 09.12.2010, was auf eine Anwendung hindeutet.

570 BMF-Schreiben vom 17.01.2012, BStBl. I 2012, 120, Ziff. 7 = ZInsO 2012, 213, 214; *Korn,* in: Bunjes, UStG, § 17 Rn 72; *Waza/Uhländer/Schmittmann,* Insolvenzen und Steuern, Rn 2107.

nur Fälle der Umsatzsteuer betrachtet, bei denen der Insolvenzschuldner der Leistungserbringer und damit der Zahlungsempfänger ist.

2. § 55 Abs. 4 InsO und das Urteil des BFH vom 09.12.2010

Es ist zunächst zu klären, wie der im BFH-Urteil vom 09.12.2010 behandelte Fall nach Einführung des § 55 Abs. 4 InsO nun zu lösen ist, wenn die Tatbestandsvoraussetzungen des § 55 Abs. 4 InsO vorliegen. Unabhängig davon, welche Grundsätze angewandt werden, wird das Ergebnis gleich bleiben: die Begründung von Masseverbindlichkeiten.

a) Die Ansicht des BMF

Das BMF will § 55 Abs. 4 InsO als vorrangig behandeln.[571] Mit Eröffnung des Insolvenzverfahrens werde die eigentliche Insolvenzforderung durch § 55 Abs. 4 InsO sofort zur Masseverbindlichkeit qualifiziert. Eine Berichtigung sei daher nicht mehr möglich, da die Forderung mit Eröffnung schon dem Unternehmensteil der Insolvenzmasse angehöre.[572] Nach Ansicht des BMF kommt es damit auf die Konstruktion der zweifachen Berichtigung des BFH in diesen Fällen nicht mehr an. Daraus kann aber nicht geschlossen werden, dass der Weg des BFH leer läuft. Vor allem die aufgestellten Grundsätze sind auch für das BMF von hoher Relevanz, wie sich an späterer Stelle zeigen wird.

b) Überprüfung der Ansicht des BMF

Bei dieser Ansicht des BMF zeigen sich Unklarheiten hinsichtlich des Wortes „begründet“ bei § 55 Abs. 4 InsO und der Ansicht des BFH bzgl. des Zeitpunktes der Begründung von Steuerforderungen. Das BMF-Schreiben erweckt den Eindruck, als wäre für die Begründung der Umsatzsteuerforderung auf die Leistungserbringung abzustellen. Nach Ansicht des BFH kommt es aber sowohl bei der Ist- als auch bei der Sollbesteuerung auf die Entgeltvereinnahmung für die Begründung einer Umsatzsteuerforderung an. Damit ist durch die bloße Leistungserbringung die Steuerforderung nicht begründet. Diese Grundsätze erklärt

---

571 BMF-Schreiben vom 09.12.2011, BStBl. I 2011, 1273, 1274 Ziff. 13; BMF-Schreiben vom 17.01.2012, BStBl. I 2012, 120, Ziff. 14 = ZInsO 2012, 213, 214; so auch *Schmittmann,* ZIP 2011, 1125, 1130.

572 Im Ergebnis so auch *Korn,* in: Bunjes, UStG, § 17 Rn 72; a.A. wohl *Dobler,* ZInsO 2012, 208, 209 (Fn 7).

das BMF zwar für anwendbar[573], wendet sie hier jedoch selbst nicht an. In dieser Konstellation fehlt es gerade an der Entgeltvereinnahmung zum Zeitpunkt der Verfahrenseröffnung. M. E. kann bei Anwendung der BFH-Grundsätze deshalb nicht pauschal auf § 55 Abs. 4 InsO abgestellt werden, da die Steuerforderung unter Zugrundelegung der Grundsätze des BFH zum Zeitpunkt der Verfahrenseröffnung noch nicht begründet war und damit nicht zur Masseverbindlichkeit fingiert werden kann.

Zur Verdeutlichung dieses Ergebnisses und der nachfolgenden Ausführungen ist weiter zu unterscheiden, ob der vorläufige Insolvenzverwalter das Entgelt vor oder nach Insolvenzeröffnung einnimmt. Das BMF behandelt die Entgeltvereinnahmung vor Insolvenzeröffnung nicht.

Bei Anwendung der Grundsätze des BFH ergibt sich für diese beiden Konstellationen – entgegen den Ausführungen des BMF – nun Folgendes: Vereinnahmt der vorläufige Insolvenzverwalter das Entgelt vor Eröffnung des Verfahrens, entsteht mit Verfahrenseröffnung eine Masseverbindlichkeit gem. § 55 Abs. 4 InsO. Die Steuerforderung wurde mit Vereinnahmung begründet und wird mit Eröffnung zur Masseverbindlichkeit qualifiziert.[574] Vereinnahmt hingegen erst der Insolvenzverwalter nach Verfahrenseröffnung das Entgelt, muss bei strikter Anwendung der Grundsätze des BFH im Rahmen der Sollbesteuerung eine zweifache Berichtigung gem. § 17 UStG vorgenommen werden. § 55 Abs. 4 InsO ist in diesem Fall nicht anwendbar. Die Steuerforderung war zu diesem Zeitpunkt noch nicht begründet, da bisher alleine die Leistungserbringung stattgefunden hat. Den Grundsätzen des BFH zu Folge kommt es für die Begründung einer Steuerforderung aber auf die Entgeltvereinnahmung an. Die Steuerforderung gehört dabei zum vorinsolvenzrechtlichen Unternehmensteil und nicht zur Insolvenzmasse. § 55 Abs. 4 InsO qualifiziert die Steuerforderungen erst ab Insolvenzeröffnung als Masseverbindlichkeit. Das zeigt, dass sich an dem vorinsolvenzrechtlichen Unternehmensteil trotz § 55 Abs. 4 InsO zunächst nichts ändert und erst mit Verfahrenseröffnung der Unternehmensteil der Insolvenzmasse entsteht.[575] Mit Eröffnung des Verfahrens wird die Steuerforderung somit uneinbringlich und ist zum ersten Mal zu berichtigen. Aus der Entgeltvereinnahmung folgt die zweite Berichtigung. Damit ist eine Masseverbindlichkeit gem. § 55 Abs. 1 Nr. 1 InsO anzunehmen. Für die

573 BMF-Schreiben vom 09.12.2011, BStBl. I 2011, 1273, 1274 Ziff. 11.

574 So auch *Waza/Uhländer/Schmittmann,* Insolvenzen und Steuern, Rn 1996 f (jeweils Beispiel 1); zwischen Soll- und Istbesteuerung ergeben sich dabei keine Unterschiede.

575 So auch *Wäger,* DStR 2011, 1925, 1931; angedeutet bei *Loose,* in: Tipke/Kruse, AO, § 251 Rn 70a.

Istbesteuerung entsteht die Steuerforderung alleine durch die Entgeltvereinnahmung und damit ebenfalls nach § 55 Abs. 1 Nr. 1 InsO.[576]

Auch wenn das Ergebnis dasselbe bleibt, wendet das BMF die BFH-Grundsätze nicht konsequent an. Zusätzlich werden dadurch die Probleme bei der Auslegung des Wortes „begründet" in § 55 Abs. 4 InsO deutlich.

c) Verhältnis § 55 Abs. 4 InsO – BFH-Urteil vom 09.12.2010

In diesem Zusammenhang zeigt sich auch das Verhältnis von § 55 Abs. 4 InsO zu den Grundsätzen des BFH-Urteils vom 09.12.2010: Beides ergänzt sich und ist nebeneinander anzuwenden.[577] Nach den Grundsätzen des BFH ist zu bestimmen, wann eine Steuerforderung begründet ist. Ist sie bereits begründet, kommt § 55 Abs. 4 InsO zur Anwendung. Die Masseverbindlichkeiten entstehen dann gem. § 55 Abs. 4 InsO, soweit alle zusätzlichen Tatbestandsmerkmale vorliegen. Ist die Steuerforderung hingegen noch nicht begründet, bleibt es bei der Anwendung der Grundsätze des BFH, wodurch im Ergebnis ebenfalls Masseverbindlichkeiten entstehen werden. Wie schon oben festgestellt, bleibt das Ergebnis damit immer gleich. Allerdings werden dem Fiskus nun zwei verschiedene Wege an die Hand gegeben, um zu dem gewünschten Ergebnis der Masseverbindlichkeiten zu kommen.

d) Ergebnis

Festzuhalten ist an dieser Stelle, dass die Finanzverwaltung den Fall des BFH vom 09.12.2010 als Masseverbindlichkeiten gem. § 55 Abs. 4 InsO behandelt, auch wenn dies nach obigen Ausführungen nicht mit den vom BFH aufgestellten Grundsätzen vereinbar ist. Die Grundsätze des BFH-Urteils vom 09.12.2010 wendet die Finanzverwaltung nun darauf nicht mehr an, soweit die Tatbestandsvoraussetzungen des § 55 Abs. 4 InsO vorliegen. Den Fall des Urteils vom 29.01.2009 erwähnt das BMF hingegen nicht.

3. Auswirkungen auf andere Fälle

Das BMF hat noch zu zwei weiteren Konstellationen Stellung genommen. Diese Ansichten gilt es ebenfalls zu überprüfen. Einige Konstellationen werden hingegen

576 Im Ergebnis so auch *Dobler,* ZInsO 2012, 208, 210, der jedoch nicht weitergehend differenziert.

577 So wohl auch *Korn,* in: Bunjes, UStG, § 17 Rn 72; a.A. *Schmittmann,* ZIP 2011, 1125, 1130.

offen gelassen, wie sich schon oben gezeigt hat.[578] Im Folgenden wird deshalb ebenfalls versucht, alle Varianten zu durchdenken und zu klären, wie § 55 Abs. 4 InsO und das BFH-Urteil vom 09.12.2010 darauf anzuwenden sind.

a) Die weiteren vom BMF behandelten Konstellationen

aa) Leistungserbringung durch einen starken vorläufigen Insolvenzverwalter; Entgeltvereinnahmung vor oder nach Insolvenzeröffnung

Wird ein starker vorläufiger Insolvenzverwalter eingesetzt, begründet dieser gem. § 55 Abs. 2 InsO Masseverbindlichkeiten. Nach Ansicht des BMF entstehen daher gem. § 55 Abs. 2 S. 1 InsO Masseverbindlichkeiten, wenn der starke vorläufige Insolvenzverwalter eine Leistung selbst erbringt. Eine Berichtigung nach § 17 UStG habe nicht zu erfolgen, da diese Umsätze mit Eröffnung des Verfahrens zu Masseverbindlichkeiten werden und damit dem Unternehmensteil der Insolvenzmasse angehören.[579]

Dem Ergebnis des BMF ist zuzustimmen.[580] Das BMF wendet seine Grundsätze konsequent an. Letztlich ist auch hier auf die Unklarheiten zum Begründungszeitpunkt von Steuerforderungen zu verweisen, wie sie oben bereits behandelt wurden.[581] Demnach müsste auch in dieser Konstellation für den Fall der Entgeltvereinnahmung nach Verfahrenseröffnung die Berichtigung nach § 17 UStG vorgenommen werden. Allerdings ist anzumerken, dass die Grundsätze des BFH vorrangig in Bezug auf den schwachen vorläufigen Insolvenzverwalter gelten. Ob der BFH dies auch für den starken vorläufigen Insolvenzverwalter so beurteilen würde, ist fraglich.

bb) Leistungserbringung durch den Schuldner vor Antragsstellung; Entgeltvereinnahmung durch einen starken vorläufigen Insolvenzverwalter vor oder nach Insolvenzeröffnung

Das BMF will in dieser Konstellation schon für den Zeitpunkt der Antragsstellung eine erste Berichtigung nach §§ 17 Abs. 2 Nr. 1 S. 1 i. V. m. Abs. 1 S. 1 UStG

578 S. dazu auch *Sterzinger,* NZI 2012, 63.

579 BMF-Schreiben vom 09.12.2011, BStBl. I 2011, 1273, 1274 Ziff. 13; dieselbe Argumentation findet sich auch zu § 55 Abs. 4 InsO, s. oben Ausgangskonstellation A.

580 Im Ergebnis so auch *Dobler,* ZInsO 2012, 208, 210, der jedoch nicht weitergehend differenziert.

581 S. oben § 8II.2.b).

vornehmen. Da auf den starken vorläufigen Insolvenzverwalter die gesamte Verwaltungs- und Verfügungsbefugnis übergeht, trete bereits mit seiner Bestellung Uneinbringlichkeit sowie die Aufspaltung in den Unternehmensteil der Insolvenzmasse ein. Vereinnahmt der starke vorläufige Insolvenzverwalter das Entgelt, sei die zweite Berichtigung vorzunehmen, wodurch eine Masseverbindlichkeit gem. § 55 Abs. 2 InsO entsteht. Vereinnahmt erst der Insolvenzverwalter die Forderung, ergibt sich nach der zweiten Berichtigung eine Masseverbindlichkeit gem. § 55 Abs. 1 Nr. 1 InsO.[582]

Bei genauer Betrachtung hält diese Ansicht einer Überprüfung nicht stand.[583] Zunächst ist festzustellen, dass eine Trennung zwischen Ist- und Sollbesteuerung nicht erfolgt. Bei der Istbesteuerung ist eine Berichtigung nach § 17 UStG nicht nötig. Bei der Sollbesteuerung ist hingegen fraglich, ob hier die erste Berichtigung überhaupt möglich ist. Bei der Entgeltvereinnahmung während des vorläufigen Verfahrens ist stets derselbe vorinsolvenzrechtliche Unternehmensteil betroffen. Daran ändert sich auch durch die Einsetzung eines starken vorläufigen Insolvenzverwalters nichts. Gem. § 55 Abs. 2 InsO gelten die durch ihn begründeten Forderungen erst nach Insolvenzeröffnung als Masseverbindlichkeiten. Dem Gesetzeswortlaut zufolge, entstehen Masseverbindlichkeiten erst mit der Eröffnung des Verfahrens. Die Insolvenzeröffnung ist somit notwendige Voraussetzung für die Umqualifizierung.[584] Deshalb kann man davon ausgehen, dass sich an dem vorinsolvenzrechtlichen Unternehmensteil durch die Einsetzung eines starken vorläufigen Insolvenzverwalters zunächst nichts ändert und erst mit Verfahrenseröffnung der Unternehmensteil der Insolvenzmasse entstehen kann.[585] Innerhalb desselben Unternehmensteils ist aber eine erste Berichtigung gem. § 17 UStG nicht möglich, da keine Uneinbringlichkeit vorliegt. Eine Berichtigung scheitert auch, wenn man bereits vom Unternehmensteil der Insolvenzmasse ausgehen will. Die Frage der Uneinbringlichkeit kann nicht von einem zukünftigen Ereignis, nämlich der Insolvenzeröffnung, abhängig gemacht werden. Der Zeitpunkt der Berichtigung kann nur anhand von gegenwärtigen Tatsachen beurteilt werden.[586] Daran fehlt es hier jedoch.

---

582 BMF-Schreiben vom 09.12.2011, BStBl. I 2011, 1273, 1274 Ziff. 12.

583 So auch *Kahlert/Schmidt,* DB 2012, 202; *Wäger,* DStR 2011, 1925, 1931; *Fischer,* in: Vallender/Undritz, Praxis InsR, Kap. 14 Rn 186.

584 *Kahlert/Schmidt,* DB 2012, 197, 202.

585 so auch *Wäger,* DStR 2011, 1925, 1931; *Fischer,* in: Vallender/Undritz, Praxis InsR, Kap. 14 Rn 186; s. auch schon oben § 8II.2.b).

586 *Kahlert/Schmidt,* DB 2012, 197, 202; *Wäger,* DStR 2011, 1925, 1931.

Diese Konstellation ist daher wie folgt zu behandeln: Wird das Entgelt im Rahmen der Istbesteuerung erst nach der Insolvenzeröffnung vereinnahmt, werden Masseverbindlichkeiten gem. § 55 Abs. 1 Nr. 1 InsO begründet. Bei der Sollbesteuerung sind für die Vereinnahmung nach Insolvenzeröffnung die Grundsätze des BFH-Urteils vom 09.12.2010 anzuwenden, also eine zweifache Berichtigung vorzunehmen. Es handelt sich dann ebenfalls um Masseverbindlichkeiten gem. § 55 Abs. 1 Nr. 1 InsO. Anders verhält es sich hingegen bei der Vereinnahmung vor Insolvenzeröffnung durch den starken vorläufigen Insolvenzverwalter selbst. Für die Sollbesteuerung ist eine Berichtigung nach § 17 UStG nicht möglich, da es sich um denselben Unternehmensteil handelt. Folglich kann der starke vorläufige Insolvenzverwalter durch die bloße Vereinnahmung keine Masseverbindlichkeit begründen, weil es am „Entstehungstatbestand" der zweiten Berichtigung fehlt.[587] Die Steuerforderung ist damit als Insolvenzforderung gem. § 38 InsO zu qualifizieren. Selbiges Ergebnis ergibt sich aber auch für die Istbesteuerung. Die Entgeltvereinnahmung stellt keine Handlung des starken vorläufigen Insolvenzverwalters dar, durch die Masseverbindlichkeiten gem. § 55 Abs. 2 InsO begründet werden können.[588] Entgegen der Ansicht des BMF werden damit in dieser Konstellation bei Entgeltvereinnahmung vor Insolvenzeröffnung Insolvenzforderungen begründet und nicht Masseverbindlichkeiten.

b) Sonstige Konstellationen

Neben diesen eben dargestellten Konstellationen, die das BMF behandelt hat, gibt es noch weitere verschiedene Möglichkeiten, wie sich die Verhältnisse im Insolvenzverfahren darstellen können. Auch diese gilt es betrachten und genauer zu untersuchen. Vor allem ist der Blick darauf zu richten, dass zukünftig möglicherweise vermehrt schwache vorläufige Insolvenzverwalter eingesetzt werden, die gerade nicht unter § 55 Abs. 4 InsO fallen.[589]

587 S. dazu oben § 8I.2.b)

588 *Lohmann,* in: Kreft, HK-InsO, § 55 Rn 29; *Hefermehl* in: MünchKomm-InsO, § 55 Rn 215; *Sinz*, in: Uhlenbruck, InsO, § 55 Rn 94; im Ergebnis so auch *Dobler,* ZInsO 2012, 208, 210, der jedoch nicht weitergehend differenziert.

589 S. oben § 7I.4.a)bb).

aa) Leistungserbringung durch den Schuldner nach Antragsstellung, wofür keine Zustimmung des schwachen vorläufigen Insolvenzverwalters mit Zustimmungsvorbehalt nötig ist oder Leistungserbringung durch einen schwachen vorläufigen Insolvenzverwalter, der außerhalb der Einzelermächtigung tätig wird; Entgeltvereinnahmung nach Insolvenzeröffnung

Handelt ein vorläufiger Insolvenzverwalter, der nicht in den Anwendungsbereich des § 55 Abs. 4 InsO fällt, bleibt es bei den Grundsätzen des BFH. Im Rahmen der Sollbesteuerung ist die zweifache Berichtigung nach § 17 UStG vorzunehmen. Liegt ein Fall der Istbesteuerung vor, wird die Masseverbindlichkeit durch die Entgeltvereinnahmung begründet. In beiden Fällen ist eine Masseverbindlichkeit gem. § 55 Abs. 1 Nr. 1 InsO gegeben.

bb) Wie gerade aa), nur Entgeltvereinnahmung vor Insolvenzeröffnung

Die Steuerforderung wird in dieser Konstellation noch während der vorläufigen Insolvenzverwaltung begründet, unabhängig davon, ob dafür auf die Leistungserbringung oder auf die Entgeltvereinnahmung abgestellt wird. § 55 Abs. 4 InsO ist aufgrund der Art des vorläufigen Insolvenzverwalters jedoch nicht einschlägig. Auch das BFH-Urteil vom 09.12.2010 hilft in diesem Fall nicht, da das Entgelt gerade eingenommen wurde und damit keine Uneinbringlichkeit vorliegen kann. Es handelt sich somit um eine Insolvenzforderung gem. § 38 InsO. Dadurch zeigt sich nochmals, dass durch die Einsetzung solch schwacher vorläufiger Insolvenzverwalter ohne Zustimmungsvorbehalt die Entstehung von Masseverbindlichkeiten eingeschränkt werden kann.

cc) Wie gerade aa), nur erfolgt die Leistung noch vor Antragsstellung

Weder § 55 Abs. 4 InsO noch das BFH-Urteil vom 09.12.2010 sind in dieser Konstellation anwendbar. § 55 Abs. 4 InsO scheidet aus, da weder kein „tauglicher“ Insolvenzverwalter i. S. d. § 55 Abs. 4 InsO tätig wird noch die Leistung vor dem vorläufigen Insolvenzverfahren erbracht wurde. Auch hier ist das BFH-Urteil vom 09.12.2010 nicht anwendbar, da das Entgelt im vorläufigen Insolvenzverfahren eingenommen wurde. Es bleibt damit bei der Einstufung als Insolvenzforderung gem. § 38 InsO.

dd) Leistung des Schuldners vor Antragsstellung; Einsetzung eines schwachen vorläufigen Insolvenzverwalters mit Zustimmungsvorbehalt oder schwachen vorläufigen Insolvenzverwalters mit Einzelermächtigung; Entgeltvereinnahmung nach Insolvenzeröffnung

Obwohl das BMF den Fall der Leistungserbringung vor Stellung des Insolvenzantrages bei späterer Einsetzung eines starken vorläufigen Insolvenzverwalters erörtert hat, ist es auf denselben Fall bei Einsetzung eines schwachen vorläufigen Insolvenzverwalters nicht eingegangen. Diese Konstellation und auch die nachfolgende Konstellation werfen jedoch Probleme auf und hätten der Klarstellung bedurft.

Zur Lösung dieses Sachverhalts ist zunächst zwischen Ist- und Sollbesteuerung zu trennen. Bei der Istbesteuerung fällt die Lösung noch einfach. Es handelt sich dabei um den Fall des BFH zur Istbesteuerung. Wann die Leistung erbracht wird, ist für die Istbesteuerung nicht relevant. Es kommt auf die Entgeltvereinnahmung an. Bei Vereinnahmung nach Insolvenzeröffnung werden demnach Masseverbindlichkeiten gem. § 55 Abs. 1 Nr. 1 InsO begründet.[590]

Für die Sollbesteuerung stellt sich die Frage, ob eine erste Berichtigung gem. § 17 UStG vorgenommen werden kann. Der BFH hat einen solchen Fall bisher soweit ersichtlich nicht behandelt. Nach den im Urteil vom 09.12.2010 aufgestellten Grundsätzen wird dies aber wohl zu bejahen sein. Die Leistung ist dem vorinsolvenzrechtlichen Unternehmensteil zuzurechnen. Der Insolvenzantrag bzw. die Bestellung eines vorläufigen Insolvenzverwalters ändert gerade nichts an diesem Unternehmensteil nach Ansicht des BFH. Damit bleiben die weiteren Grundsätze des BFH ebenfalls anwendbar. Mit Eröffnung des Verfahrens wird die Forderung uneinbringlich und die erste Berichtigung ist gem. § 17 UStG vorzunehmen. Die Entgeltvereinnahmung des Insolvenzverwalters begründet anschließend durch die zweite Berichtigung nach § 17 UStG die Masseverbindlichkeit gem. § 55 Abs. 1 Nr. 1 InsO.

ee) Wie dd), aber Entgeltvereinnahmung noch vor Insolvenzeröffnung

Auch hier ist wieder zwischen Ist- und Sollbesteuerung zu unterscheiden. Im Rahmen der Istbesteuerung wird die Steuerforderung durch die Entgeltvereinnahmung begründet. Damit ist die Steuerforderung während der vorläufigen Insolvenzverwaltung entstanden und könnte mit Eröffnung des Verfahrens gem. § 55 Abs. 4 InsO zur Masseverbindlichkeit qualifiziert werden.[591] Allerdings erfordert § 55 Abs. 4 InsO für die Begründung einer Steuerforderung ein aktives Tun des vorläufigen Insolvenzverwalters. Die bloße Entgegennahme einer Leistung reicht gerade nicht aus.[592] Die Vereinnahmung von Entgelt ist aber eine solche Entgegennahme einer Leistung und kein aktives Handeln des vorläufigen Insolvenzverwalters. § 55 Abs. 4 InsO ist

590 Im Ergebnis so auch *Dobler*, ZInsO 2012, 208, 210, der jedoch nicht zwischen Soll- und Istbesteuerung differenziert.

591 So auch schon Konstellation 2

592 S. schon oben § 7I.1.b)cc)(2).

folglich nicht einschlägig und es bleibt bei der Qualifizierung als Insolvenzforderung gem. § 38 InsO.[593]

Für die Sollbesteuerung ist die Beurteilung hingegen problematisch. Eine erste Berichtigung nach § 17 UStG scheidet aus. Leistungserbringung und Entgeltvereinnahmung finden im selben vorinsolvenzrechtlichen Unternehmensteil statt, weshalb keine Uneinbringlichkeit vorliegen kann. Somit stellt sich die Frage, ob die Steuerforderung bereits i. S. d. § 55 Abs. 4 InsO begründet war. Das BFH-Urteil vom 09.12.2010 hilft dabei nicht weiter, da dort erst die zweite Berichtigung zur Begründung von Masseverbindlichkeiten führt. Dass alleine die Entgeltvereinnahmung die Steuerforderung begründet, ergibt sich – wie oben bereits dargestellt – aus dem Urteil nicht.[594] Die Grundsätze dieses BFH-Urteils sind folglich in dieser Konstellation nicht anwendbar. Deshalb ist zu klären, ob dennoch auf die Entgeltvereinnahmung oder bereits auf die Leistungserbringung für den Begründungszeitpunkt abzustellen ist, da § 55 Abs. 4 InsO den Begriff „begründet" selbst nicht definiert. Sinn und Zweck des § 55 Abs. 4 InsO ist es, dass Steuerforderungen, die aus Geschäften mit Zustimmung des vorläufigen Insolvenzverwalters und damit während des vorläufigen Insolvenzverfahrens entstehen, zu Masseverbindlichkeiten werden.[595] Hier liegt kein solches Geschäft vor, da die Leistung noch vor der Zeit des vorläufigen Insolvenzverfahrens erbracht wurde. Schon aus dem Sinn und Zweck ergibt sich, dass solche Verbindlichkeiten nicht in den Anwendungsbereich des § 55 Abs. 4 InsO fallen. Auch die Argumente des BFH, weshalb für die Sollbesteuerung ebenfalls die Entgeltvereinnahmung als Begründungszeitpunkt maßgeblich sein soll, können dies nicht ausreichend stützen.[596] Für diese Konstellation ist deshalb weiterhin der wohl herrschenden Meinung zu folgen, dass es für die Begründung von Steuerforderung auf die Verwirklichung des zivilrechtlichen Tatbestandes und damit auf die Leistungserbringung ankommt.[597] Aber auch für den Fall, dass man auf den Zeitpunkt der Entgeltvereinnahmung abstellen will, ergibt sich kein anderes Ergebnis. Wie

593 *Korn,* in: Bunjes, UStG, § 17 Rn 72; im Ergebnis so auch *Schmittmann,* ZIP 2011, 1125, 1130 und *Dobler,* ZInsO 2012, 208, 210, die allerdings nicht zwischen Soll- und Istbesteuerung differenzieren; a.A. *Waza/Uhländer/Schmittmann,* Insolvenzen und Steuern, Rn 1996 (Beispiel 2).

594 S. schon oben § 8I.3.c)dd).

595 S. dazu schon oben § 7I.1.a).

596 S. dazu schon oben § 8I.3 ff.

597 S. dazu schon oben § 8I.1.a) ff; so auch *Schmittmann,* ZIP 2011, 1125, 1130, der dann aber doch wieder auf die Vereinnahmung durch den Insolvenzverwalter zur Vermeidung eines Wertungswiderspruches abstellen will.

gerade für die Istbesteuerung dargestellt, fehlt es an einer Handlung des vorläufigen Insolvenzverwalters bei der Entgeltvereinnahmung. § 55 Abs. 4 InsO ist deshalb nicht einschlägig.[598] Auch für den Fall der Sollbesteuerung liegt folglich in dieser Konstellation eine Insolvenzforderung gem. § 38 InsO vor.[599]

Anders sieht dies nun das BMF, das zu dieser Konstellation im BMF-Schreiben vom 12.04.2013 Stellung genommen und Abschnitt 17.1. UStAE geändert hat.[600] Nach Ansicht des BMF entstehen Masseverbindlichkeiten gem. § 55 Abs. 4 InsO, wenn ein schwacher vorläufiger Insolvenzverwalter mit Zustimmungsvorbehalt handelt und nach § 55 Abs. 2 InsO wenn ein starker vorläufiger Insolvenzverwalter handelt. Dazu nimmt das BMF an, dass durch die Vereinnahmung des Entgelts eine zweite Berichtigung gem. § 17 Abs. 2 Nr. 1 S. 1 UStG zu erfolgen hat, wenn zuvor bereits eine erste Berichtigung nach § 17 Abs. 1 Nr. 1 S. 1 UStG stattgefunden hat, weil z. B. der Vertragspartner des nunmehrigen Insolvenzschuldners insolvent geworden war. Allein die Vereinnahmung begründe dann die Masseverbindlichkeit. Aufgrund obiger Darstellung hält diese Ansicht einer rechtlichen Überprüfung nicht stand. Sowohl für § 55 Abs. 2 InsO als auch für § 55 Abs. 4 InsO fehlt es an einer Handlung des vorläufigen Insolvenzverwalters, die eine Masseverbindlichkeit auslöst.

4. Ergebnis

Die obigen Ausführungen zeigen zunächst die Schwierigkeiten und Unklarheiten bei der Anwendung von § 55 Abs. 4 InsO und dem BFH-Urteil vom 09.12.2010. Daneben wird weiter deutlich, in wie vielen Fällen zugunsten des Fiskus nun Masseverbindlichkeiten begründet werden. In nur drei Fällen bleibt es bei der Begründung von Insolvenzforderungen. Zwei der drei Fälle bilden in der Praxis dazu wohl eher Ausnahmefälle. Zum dritten Fall hat nun das BMF eine andere Sichtweise in den UStAE eingearbeitet. Vor allem das Zusammenspiel von § 55 Abs. 4 InsO und dem BFH-Urteil vom 09.12.2010 und auch die Ansichten des BMF sind dabei für die vermehrte Anzahl von Masseverbindlichkeits-Konstellationen von Bedeutung. Vor Einführung des § 55 Abs. 4 InsO und vor Erlass des Urteils vom 09.12.2010 und vom 29.01.2009 führten hingegen alle Konstellationen zu Insolvenzforderungen.

---

598 *Korn,* in: Bunjes, UStG, § 17 Rn 72.

599 Im Ergebnis so auch *Waza/Uhländer/Schmittmann,* Insolvenzen und Steuern, Rn 1997 (Beispiel 2) mit anderer Begründung.

600 BMF-Schreiben v. 12.04.2013, ZInsO 2013, 819.

Seit dem Urteil vom 29.01.2009 steigerte sich die Bedeutung der Rechte des Fiskus im Rahmen der Umsatzsteuer erheblich. War zunächst nur die Istbesteuerung betroffen, folgten anschließend die Sollbesteuerung bei Entgeltvereinnahmung nach Eröffnung des Insolvenzverfahrens und durch § 55 Abs. 4 InsO schließlich alle weiteren Fälle des vorläufigen Insolvenzverfahrens. § 55 Abs. 4 InsO ist noch dazu nicht nur auf die Umsatzsteuer beschränkt, sondern betrifft alle Steuerarten. Dass es sich bei § 55 Abs. 4 InsO und auch bei dem Urteil vom 09.12.2010 um ein Fiskusvorrecht handelt, wurde bereits oben bejaht.[601] Zumindest hinsichtlich der Umsatzsteuer können nun kaum mehr Insolvenzforderungen entstehen. Das Zusammenspiel von § 55 Abs. 4 InsO und den BFH-Grundsätzen – wie oben gezeigt – ist dabei der maßgebliche, wenn auch vielleicht ungewollte, Punkt. Das BMF trägt ebenfalls seinen Teil zur Ausweitung des Fiskusvorrechts durch seine Anwendungsvorstellungen bei. Es ist festzuhalten, dass der Umfang des Fiskusvorrechts stetig zu nimmt und zu Gunsten des Fiskus nun überwiegend Masseverbindlichkeiten begründet werden.

III. Weitere neue Rechtsprechung des BFH

Zur Vollständigkeit sollen die neuesten BFH-Urteile dargestellt werden, durch die der BFH – genauer gesagt wieder der V. Senat – weiter die Rechte des Fiskus im Insolvenzverfahren hinsichtlich der Umsatzsteuer stärkt.

1. Umsatzsteuer bei der freihändigen Verwertung von Sicherungsgut durch den Insolvenzverwalter

Erstes zu erwähnendes Urteil ist dabei das Urteil des BFH vom 28.07.2011.[602] Leitsatz 2 des Urteils lautet: „*Eine steuerbare Leistung liegt auch bei der freihändigen Verwertung von Sicherungsgut durch den Insolvenzverwalter vor (Änderung der Rechtsprechung)*“[603]. Verwertet der Insolvenzverwalter freihändig bewegliche Gegenstände, an denen ein Absonderungsrecht besteht, fällt Umsatzsteuer an. Vor dieser ausdrücklichen Rechtsprechungsänderung ging der BFH davon aus, dass auch bei Vereinnahmung einer Verwertungskostenpauschale nach § 171 Abs. 2 InsO in diesem Fall keine entgeltliche Leistung an den

601 S. oben § 7I.2 und § 8I.4.

602 BFH Urt. v. 28.07.2011 – V R 28/09, ZInsO 2011, 1904.

603 BFH Urt. v. 28.07.2011 – V R 28/09, ZInsO 2011, 1904 (Leitsatz 2).

Grundpfandgläubiger vorliegt und deshalb keine Umsatzsteuer zu zahlen ist.[604] Nun will der BFH den Fiskus hingegen auch an solchen Veräußerungen teilhaben lassen. Dadurch wird die Masse weiter belastet, der Fiskus hingegen begünstigt. Diese Entscheidung ist nicht nur überraschend, sondern zusätzlich ohne jeglichen Zusammenhang zum zu entscheidenden Fall.[605] Darin ging es um die Verwertung von Grundstücken und nicht von beweglichen Sachen. Dennoch nimmt der V. Senat dies zum Anlass, seine Rechtsprechung erneut und dabei zu Lasten der Masse zu ändern.

2. Anwendung der Aufrechnungs- und Anfechtungsregelungen bei der Umsatzsteuer

Zusätzlich hat der V. Senat des BFH mit Urteil vom 24.11.2011[606] die Anwendung der insolvenzrechtlichen Aufrechnungs- und Anfechtungsregelungen für die Steuerberechnungsvorschriften der §§ 16 ff. UStG ausgeschlossen: „*Die Steuerberechnung gem. § 16 ff. UStG unterliegt weder den Beschränkungen der Insolvenzaufrechnung noch denen der Insolvenzanfechtung*“[607]. Dies bedeutet eine weitere erhebliche Aufwertung der umsatzsteuerrechtlichen Ansprüche des Fiskus im Insolvenzverfahren nun auch hinsichtlich seiner Insolvenzforderungen gem. § 38 InsO.[608]

Die Steuerberechnung nach §§ 16 ff. UStG sei keine Aufrechnung, sodass sie auch nicht den Beschränkungen der §§ 94 ff. InsO unterliegt.[609] Denn

> „(…) *die im Rahmen der Steuerberechnung nach §§ 16 ff. UStG miteinander zu saldierenden Steueransprüche, Vorsteuerbeträge und Berichtigungen* [sind] *lediglich unselbständige Besteuerungsgrundlagen innerhalb einer Steuerberechnung und –festsetzung, nicht aber Ansprüche mit verfahrensrechtlichem Eigenleben* (…)“[610].

Dieser (überaus knappen) Begründung ist zuzustimmen.[611] Hinsichtlich § 17 UStG wurde bereits festgestellt, dass es dabei um eine bloße Verfahrensvorschrift handelt.[612] Das Ergebnis des BFH entspricht damit obiger Ansicht. Allerdings

---

604 BFH Urt. v. 18.08.2005 – V R 31/04, BFHE 211, 551 (Leitsatz 1)
605 So auch *Schmittmann,* ZIP 2012, 249, 252.
606 BFH Urt. v. 24.11.2011 – V R 13/11, ZIP 2011, 2481.
607 BFH Urt. v. 24.11.2011 – V R 13/11, ZIP 2011, 2481 (Leitsatz 2).
608 Zur Behandlung dieser Rechtsprechung im Rahmen des § 55 Abs. 4 InsO s. *Debus/Schartl,* ZIP 2013, 350, 353.
609 BFH Urt. v. 24.11.2011 – V R 13/11, ZIP 2011, 2481, 2483 Rn 21.
610 BFH Urt. v. 24.11.2011 – V R 13/11, ZIP 2011, 2481, 2483 Rn 26.
611 So auch *Schmittmann,* ZIP 2012, 249, 251.
612 S. schon oben § 8I.3.b).

zeigt sich dadurch ein deutlicher Widerspruch zum Urteil vom 09.12.2010. Dort will der BFH die zweite Berichtigung nach § 17 UStG als Steuerbegründungstatbestand sehen. Hier bezeichnet der BFH selbst § 17 UStG als eine unselbstständige Besteuerungsgrundlage, die kein verfahrensrechtliches Eigenleben aufweist. Eine solche unselbstständige Besteuerungsgrundlage kann aber keinen Tatbestand begründen.[613] Diese Ausführungen des BFH sind daher nicht miteinander zu vereinbaren. Letztlich zeigt dies nochmals die ergebnisorientierte Vorgehensweise des BFH.

Selbiges gilt für die Beschränkung der Anfechtungsregelungen. Auch die Ausführungen dazu scheinen erneut ergebnisorientiert zu sein.[614] Als Begründung wird angeführt, dass die Steuerberechnung gem. § 16 ff. UStG keine gläubigerbenachteiligende Wirkung habe.[615] „*Aufgrund des dem Umsatzsteuerrecht immanenten Neutralitätsgrundsatzes ist die Umsatzsteuer nicht gläubigerbenachteiligend i. S. von § 129 InsO*“[616]. Dies widerspricht nicht nur der Rechtsprechung des BGH, sondern schon § 129 Abs. 1 InsO selbst. Demnach können nur Rechtshandlungen gläubigerbenachteiligend sein und nicht Steuerarten.[617] In seiner Biersteuer-Entscheidung vom 09.07.2009 hat der BGH überzeugend dargelegt, dass das Bierbrauen eine anfechtbare Rechtshandlung darstellt und gläubigerbenachteiligende Wirkung hat.[618] Die dort aufgestellten Grundsätze versucht der BFH zu umgehen: Die Biersteuer wirke anders als die Umsatzsteuer, da die Biersteuer „(...) *einen Steueranspruch unabhängig vom Vorliegen eines korrespondierenden Zahlungsanspruchs des Steuerschuldners gegen Kunden begründet* (...)“[619]. Dieser Unterschied mag zwar richtig sein, kann aber eine unterschiedliche Behandlung der beiden Steuerarten nicht rechtfertigen. Für die Anfechtung kommt es gerade nicht auf die generellen Wirkungen der Steuern an, sondern auf die Rechtshandlung, die die Steuer auslöst.[620]

---

613 S. schon oben § 8I.3.b).

614 So auch *Schmittmann,* ZIP 2012, 249, 251: „*gekünstelt*“, „*kleinteilig*“, „*abenteuerliche Formulierungen*“; *Werres*, NZI 2013, 603, 605: „*unter Verkennung jeglicher zivilrechtlicher Erkenntnisse und der Rechtsprechung des BGH*“, „*Ende des materiellen Insolvenzrechts*“.

615 BFH Urt. v. 24.11.2011 – V R 13/11, ZIP 2011, 2481, 2484 Rn 33.

616 BFH Urt. v. 24.11.2011 – V R 13/11, ZIP 2011, 2481, 2485 Rn 39.

617 So auch *Schmittmann,* ZIP 2012, 249, 251.

618 BGH Urt. v. 09.07.2009 – IX ZR 86/08, DZWIR 2009, 515.

619 BFH Urt. v. 24.11.2011 – V R 13/11, ZIP 2011, 2481, 2484 f Rn 36.

620 *Hirte*, in: Uhlenbruck, InsO, § 129 Rn 15 ff, 62 ff.

3. Zusammenfassende Betrachtung

Alleine diese beiden Urteile zeigen, wie der BFH stetig, die Rechte des Fiskus im Insolvenzrecht ausweitet.[621] Den Begründungen fehlt es überwiegend an Substanz. Die Rechtsprechung des BGH, der originär für das Insolvenzrecht zuständig ist, wird dabei außen vor gelassen bzw. umgangen.

IV. Ergebnis

Der V. Senat des BFH als „*Schöpfer von Fiskus-Vorrechten*"[622], wie *Kahlert* es bezeichnet? Dies kann nach obigen Darstellungen nur bestätigt werden.[623] Im Zusammenspiel mit dem Gesetzgeber ergibt dies für das Insolvenzverfahren nachteilige Veränderungen. Innerhalb von zwei Jahren wurden die Rechte des Fiskus im Insolvenzverfahren so aufgewertet, dass dadurch schon die Rechte des ehemaligen Vorrechts aus § 61 Abs. 1 Nr. 2 KO übertroffen werden. Die vorgebrachten Begründungen können dabei nicht immer überzeugen. Ob der BFH die Rechte des Fiskus noch weiter ausbauen wird, bleibt abzuwarten. Das Fiskusvorrecht ist im deutschen Insolvenzrecht wieder eingeführt. Es gilt daher im Folgenden zu überprüfen, ob dies mit den geltenden Grundsätzen vereinbar ist bzw. gerechtfertigt werden kann.

---

621 Zum aktuellen Stand hinsichtlich Aufrechnung mit Umsatzsteuerforderungen in der Insolvenz s. *Heinze,* DZWIR 2013, 45; *Marchal,* BB 2013, 33; *Debus/Schartl,* ZIP 2013, 350.

622 *Kahlert,* DStR 2011, 921.

623 So auch *Schmittmann,* StuB 2012, 109; a.A. *Widmann,* UR 2011, 555, 556.

Vierter Abschnitt: Rechtmäßigkeit des Fiskusvorrechts

§ 9 Vereinbarkeit des neuen Fiskusvorrechts mit den geltenden Grundsätzen der InsO und dem GG

Es gilt nun zu beurteilen, ob das von Gesetzgeber und BFH geschaffene Fiskusvorrecht gegen wesentliche Grundsätze verstößt. Dabei steht im Vordergrund der Gläubigergleichbehandlungsgrundsatz. Wie bereits dargestellt, ist der Gläubigergleichbehandlungsgrundsatz oberster materieller Verfahrensgrundsatz des Insolvenzrechts, der ein Verteilungsprinzip als besondere Ausprägung des Art. 3 Abs. 1 GG darstellt.[624] Verstößt eine Regelung nun gegen diesen Grundsatz, ist sie nicht mit dem insolvenzrechtliche System vereinbar. Zusätzlich ist das Fiskusvorrecht auch auf seine Vereinbarkeit mit den weiteren Grundlagen der InsO zu überprüfen. Daneben muss sich jede Vorschrift in das Gesamtsystem der deutschen Rechtsordnung einordnen. Sie muss also insbesondere mit dem Grundgesetz vereinbar sein. Zum Folgenden sei noch vorangestellt, dass zunächst untersucht wird, ob ein Eingriff in den jeweiligen Grundsatz vorliegt. Die Rechtfertigung eines etwaigen Eingriffes wird gesondert im nächsten Kapitel behandelt.

I. Unzulässigkeit des Fiskusvorrechts wegen Unvereinbarkeit mit den Grundsätzen des deutschen Insolvenzrechts

Wie bereits dargestellt, ist der Gläubigergleichbehandlungsgrundsatz wesentlicher Grundsatz des deutschen Insolvenzrechts. Es ist deshalb zunächst zu klären, ob § 55 Abs. 4 InsO und die Rechtsprechung des BFH damit vereinbar sind. Der BFH sieht in seiner Rechtsprechung selbst keinen Verstoß gegen den Grundsatz der Gläubigergleichbehandlung.[625]

---

624 S. schon oben § 3; *Stürner*, in: MünchKomm-InsO, Einl Rn 62.
625 BFH Urt. v. 24.11.2011 – V R 13/11, ZIP 2011, 2481, 2487 Rn 54.

1. Verstoß gegen den Gläubigergleichbehandlungsgrundsatz

Wie oben ausführlich behandelt, stellt der Gläubigergleichbehandlungsgrundsatz ein Verteilungsprinzip als Billigkeitsgrundsatz abgeleitet aus Art. 3 Abs. 1 GG dar.[626] Für die weitere Prüfung, insbesondere für den Prüfungsaufbau, wird deshalb auf die zu Art. 3 Abs. 1 GG entwickelte Dogmatik zurückgegriffen. Vor allem die Schicht der materiellen Gleichbehandlung ist daran zu messen, da das Fiskusvorrecht die Rangfolge der Gläubiger verändert. Dabei sind stets die insolvenzrechtlichen Besonderheiten zu beachten und in den Vordergrund zu stellen, was sich insbesondere bei der Rechtfertigung zeigen wird.

a) Eingriff des § 55 Abs. 4 InsO in den Grundsatz der Gläubigergleichbehandlung

Bevor man zu einer Rechtfertigungsprüfung gelangt, muss ein Eingriff in diesen Grundsatz festgestellt werden. Bei Art. 3 Abs. 1 GG wird in der staatsrechtlichen Lehre, um den Besonderheiten des Gleichheitssatzes gerecht zu werden, nicht von einem Eingriff, sondern von der Feststellung einer Ungleichbehandlung gesprochen.[627] Generell gilt für die Prüfung des Art. 3 Abs. 1 GG nach der „neuen Formel“ des BVerfG folgender Maßstab:

> *„Der allgemeine Gleichheitssatz gebietet, alle Menschen vor dem Gesetz gleich zu behandeln. Demgemäß ist dieses Grundrecht vor allem dann verletzt, wenn eine Gruppe von Normadressaten im Vergleich zu anderen Normadressaten anders behandelt wird, obwohl zwischen beiden Gruppen keine Unterschiede von solcher Art und solchem Gewicht bestehen, dass sie die ungleiche Behandlung rechtfertigen könnten“*[628].

Für die Feststellung einer verfassungsrechtlich relevanten Ungleichbehandlung ist somit eine Gruppenbildung vorzunehmen. Innerhalb einer solchen Gruppe gilt es zu beurteilen, ob eine Ungleichbehandlung vorliegt.[629] Dabei sind – wie sich aus dem Satz des BVerfG ergibt – grundsätzlich Differenzierungen zulässig, soweit diese sachlich gerechtfertigt sind (sog. Differenzierungsgebot). Dieses

---

626 S. oben § 3.

627 *Pieroth/Schlink,* Staatsrecht II, Rn 462.

628 BVerfG Beschl. v. 07.10.1980 – 1 BvL 50, 89/79, BVerfGE 55, 72, 88; weitere Fundstellen dazu bei *Starck,* in: Mangoldt/Klein/Starck, GG, Art. 3 Rn 11.

629 So auch *Pluta,* Insolvenzaufrechnung, S. 137.

Differenzierungsgebot wohnt gerade auch dem insolvenzrechtlichen Gleichbehandlungsgrundsatz inne[630], sodass diese Vorgehensweise hierauf ebenfalls anzuwenden ist.[631]

aa) Vergleichsmaßstab

Die hier zu beurteilende Gruppe ist die der Insolvenzgläubiger.[632] Seit Inkrafttreten der InsO war der Fiskus hinsichtlich seiner Steuerforderungen Insolvenzgläubiger i. S. d. § 38 InsO. Zu den übrigen Insolvenzgläubigern bestand rechtliche Gleichheit.[633] Durch § 55 Abs. 4 InsO und durch das BFH-Urteil vom 09.12.2010 wird er nun unter gewissen Voraussetzungen aus dieser Stellung herausgenommen und wird Massegläubiger. Für alle anderen Insolvenzgläubiger gibt es eine solche Möglichkeit nicht. Wesentlichen Vergleichsmaßstab bilden somit diese ebenfalls ungesicherten Gläubiger.

bb) Ungleichbehandlung

Im Vergleich ist dabei eine Ungleichbehandlung zwischen Fiskus (hinsichtlich seiner Steuerforderungen) und den übrigen Insolvenzgläubigern zu bejahen. Diese folgt zunächst daraus, dass der Fiskus bzgl. bestimmter Forderungen nicht mehr als Insolvenzgläubiger behandelt wird und damit eine bessere Stellung erreicht. Zusätzlich ist zu beachten, dass diese Hochstufung des Fiskus zu einer weiteren Verkürzung der für die Insolvenzgläubiger übrig bleibenden Insolvenzmasse führt und damit weniger an Masse zur Verteilung zur Verfügung steht.[634] Die gleichmäßigen Befriedigungschancen für die Gruppe der Insolvenzgläubiger, die durch den Gleichbehandlungsgrundsatz gewahrt werden sollen, werden damit eingeschränkt. Dies stellt eine erhebliche Benachteiligung und damit Ungleichbehandlung innerhalb der Gruppe der Insolvenzgläubiger dar.[635]

---

630 *Pape/Uhlenbruck/Voigt-Salus,* Insolvenzrecht, Kap. 12, Rn 10.

631 So auch *Knospe/Gellrich,* NZS 2006, 303, 310 allerdings ohne weitere Begründungen; *Sämisch,* InVo 2005, 346, 349, der nur auf Art. 3 Abs. 1 GG abstellt.

632 So auch *Hölzle,* BB 2012, 1571, 1577 f.

633 *Smid,* Praxishandbuch Insolvenzrecht, § 2 Rn. 38.

634 *Hölzle,* BB 2012, 1571, 1577; s. dazu schon oben §§ 7I.1.a).

635 So auch *Hölzle,* BB 2012, 1571, 1577.

cc) Ergebnis

Ein Verstoß gegen den Gläubigergleichbehandlungsgrundsatz ist zu bejahen.[636] Es liegt eine Ungleichbehandlung innerhalb einer Gruppe, nämlich der Gruppe der Insolvenzgläubiger, vor. Im Folgenden gilt es daher zu beurteilen, ob ein sachlicher Grund vorliegt, der diese Ungleichbehandlung rechtfertigt.

b) Anforderungen an die Rechtfertigung

Zunächst sind die Anforderungen an die Rechtfertigungsprüfung festzulegen. Auch dazu wird wieder auf die zu Art. 3 Abs. 1 GG entwickelten Grundsätze zurückgegriffen und anschließend beurteilt, ob diese für den Gläubigergleichbehandlungsgrundsatz übernommen werden können.

Ursprünglich wurde der Gleichheitssatz als Willkürverbot verstanden: Danach verbot er nur die willkürliche Ungleichbehandlung von wesentlich Gleichem und die willkürliche Gleichbehandlung von wesentlich Ungleichem.[637] Willkür wurde dabei schon dann verneint, wenn für die relevante Ungleichbehandlung oder Gleichbehandlung ein sachlicher Grund vorlag. Wann nun ein solcher sachlicher Grund vorliegt, ist wenig konturiert – was auch der Behandlung des Gleichbehandlungsgrundsatzes nach Art. 3 Abs. 1 GG vorgeworfen wird.[638] Das BVerfG hat diese Maßstäbe fortentwickelt und ist von der Deutung als schlichtem Willkürverbot abgerückt. Die Anforderungen an die Rechtfertigung von Ungleichbehandlungen wurden angehoben, weshalb die oben dargestellte Kritik nicht mehr vollständig zutrifft. Es sind keine Gründe ersichtlich, die dagegen sprechen, nachfolgende Darstellungen auch auf den insolvenzrechtlichen Gleichbehandlungsgrundsatz anzuwenden, soweit bei der Prüfung die insolvenzrechtlichen Grundsätze und Besonderheiten beachtet werden. Nach der oben dargestellten „neuen Formel“ muss die ungleiche Behandlung gerechtfertigt werden können. Die Ungleichbehandlung und der sie rechtfertigende Grund müssen dazu in ein angemessenes Verhältnis gebracht werden[639]. Die bedeutet, dass eine Prüfung anhand

636 Im Ergebnis so auch *Bauer*, ZInsO 2010, 1917, 1920; *Heinze*, ZInsO 2011, 603, 609; *Smid,* DZWIR 2010, 397, 398; *Fischer,* in: Vallender/Undritz, Praxis InsR, Kap. 14 Rn 40; *Frotscher,* Besteuerung bei Insolvenz, S. 78; a.A. BFH Urt. v. 24.11.2011 – V R 13/11, ZIP 2011, 2481, 2487 Rn 54; *Wäger,* DStR 2011, 1925, 1928.

637 BVerfG Urt. v. 23.10.1951 – 2 BvG 1/51, BVerfGE 1, 14, 52; BVerfG Urt v. 16.03.1955 – 2 BvK 1/54, BVerfGE 4, 144, 155.

638 S. dazu schon oben § 3IV.5.a).

639 BVerfG Beschl. v. 07.10.1980 – 1 BvL 50, 89/79, BVerfGE 55, 72, 88; BVerfG Beschl. v. 04.10.1983 – 1 BvL 2/81, BVerfGE 65, 104, 112 f; BVerfG Beschl. v. 13.05.1986 – 1

der Grundsätze der Verhältnismäßigkeit vorzunehmen ist, was gegenüber der bloßen Willkürkontrolle eine erheblich tiefer gehende Kontrolle ermöglicht.[640] Das BVerfG differenziert dazu zwischen sachlichen/verhaltensbezogenen und personenbezogen Ungleichbehandlungen (bzw. Gleichbehandlungen). In der Regel ist eine Ungleichbehandlung in der ersten Gruppe regelmäßig von geringerer Intensität als in der zweiten. Deshalb bleibt es bei einer sachlichen/verhaltensbezogenen Ungleichbehandlung bei der Willkürkontrolle. Die personenbezogene Ungleichbehandlung hingegen ist nach den Grundsätzen der Verhältnismäßigkeit zu behandeln.[641] Hier liegt eine solche personenbezogene Ungleichbehandlung vor, da ein einzelner Insolvenzgläubiger anders behandelt wird als die anderen. Die Gründe liegen dabei allein in der Person und sind nicht an ein Verhalten geknüpft.

Die Rechtfertigung der Ungleichbehandlung ist damit nach den Grundsätzen der Verhältnismäßigkeit zu beurteilen.[642] Die für die Differenzierung vorgesehenen Gründe müssen von solcher Art und von solchem Gewicht sein, dass sie die ungleichen Rechtsfolgen rechtfertigen können, so das BVerfG.[643] Dabei kommt es vor allem auf die Prüfung der Angemessenheit an. Die Ungleichbehandlung und der sie rechtfertigende Grund müssen in einem angemessenen Verhältnis zueinander stehen. Oder um es mit den Worten von *Pape* zusammenzufassen: „*Nur in einer falschen Gewichtung würde ein Verstoß gegen den Grundsatz gleichmäßiger Befriedigung liegen*“[644]. Wie bereits oben angesprochen, sind entgegen der Ansicht von *Häsemeyer* und *Bauer* nicht ausschließlich privatrechtliche Rechtfertigungsgründe maßgeblich.[645] Auch andere Gründe wie sozial-, wirtschafts- oder finanzpolitische, können grundsätzlich für den Versuch der Rechtfertigung herangezogen werden.[646] Dabei sind im Lichte des Art. 3 Abs. 1 GG aber stets die insolvenzrechtlichen Besonderheiten zu beachten.[647]

BvL 55/83, BVerfGE 72, 141, 150; BVerfG Urt. v. 23.01.1990 – 1 BvL 44/86, BVerfGE 81, 156, 205.

640 *Starck,* in: Mangoldt/Klein/Starck, GG, Art. 3 Rn 11.

641 BVerfG Beschl. v. 26.01.1993 – 1 BvL 38, 40, 43/92, BVerfGE 88, 87, 96 f; BVerfG Beschl. v. 24.06.1993 – 1 BvR 689/92, BVerfGE 89, 69, 89 f; *Pieroth/Schlink,* Staatsrecht II, Rn 470; *Starck,* in: Mangoldt/Klein/Starck, GG, Art. 3 Rn 11.

642 a.A. allerdings bzgl. § 61 KO FG Hamburg Urt. v. 03.10.1979 – II 199/78, ZIP 1980, 474, das lediglich im Rahmen des Willkürverbotes prüft.

643 BVerfG Beschl. v. 26.01.1993 – 1 BvL 38, 40, 43/92, BVerfGE 88, 87, 97.

644 *Pape/Uhlenbruck/Voigt-Salus,* Insolvenzrecht, Kap. 12, Rn 10.

645 S. oben § 3IV.5.d).

646 So auch FG Hamburg Urt. v. 03.10.1979 – II 199/78, ZIP 1980, 474.

647 S. dazu schon oben § 3IV.6.

c) Ergebnis

Da der Gläubigergleichbehandlungsgrundsatz eine spezielle insolvenzrechtliche Ausprägung des Art. 3 Abs. 1 GG ist, werden dessen Maßstäbe werden für die Prüfung der Vereinbarkeit des Fiskusvorrechts mit dem Gleichbehandlungsgrundsatz herangezogen. Dabei sind stets die insolvenzrechtlichen Besonderheiten zu beachten. Durch das neu geschaffene Fiskusvorrecht wird dieser insolvenzrechtliche Grundsatz verletzt. Der Gesetzgeber hat in seiner Gesetzesbegründung Versuche unternommen, die Einführung des § 55 Abs. 4 InsO zu rechtfertigen. Diese Rechtfertigungsgründe gilt es deshalb zu untersuchen. Aufgrund des Umfangs der dazu nötigen Ausführungen und wegen der zunächst ebenfalls noch zu beurteilenden Schutzbereichseröffnungen weiterer Grundrechte und verfassungsrechtlich garantierter Prinzipien, was letztendlich dieselbe Rechtfertigungsprüfung zur Folge haben wird, wird die Prüfung der Rechtfertigungsgründe (wie bereits zu Beginn angesprochen) im folgenden Kapitel gesondert behandelt.

2. Unvereinbarkeit des Fiskusvorrechts mit den weiteren Grundgedanken der InsO

Oben wurden die Folgen des § 55 Abs. 4 InsO bereits festgestellt.[648] Die Massebelastung nimmt erheblich zu, es wird vermehrt zur Anzeige von Masseunzulänglichkeit kommen und die Durchführung von Insolvenzplanverfahren wird beeinträchtigt. Diese Situation wird durch das BFH-Urteil vom 09.12.2010 nochmals verschärft.[649] All das geht zu Lasten eines weiteren wesentlichen Grundgedankens der InsO, der in der Einleitung bereits angesprochen wurde[650], nämlich des Sanierungsgedankens. Die Sanierung wurde bei Schaffung der InsO als gleichwertiges Ziel neben die Liquidation gesetzt, was eine wesentliche Neuerung im Vergleich zur KO darstellte. Seit Inkrafttreten hat der Gesetzgeber versucht, den Sanierungsgedanken weiterhin zu stärken. Letzter wesentlicher Schritt war dabei das Gesetz zur weiteren Erleichterung der Sanierung von Unternehmen (ESUG), wodurch die Eigenverwaltung und das Insolvenzplanverfahren erheblich aufgewertet wurden.[651] Das Fiskusvorrecht widerstrebt diesem Gedanken aber gerade. Die Sanierung von insolventen Schuldnern wird wesentlich erschwert und teilweise sogar unmöglich gemacht. Das Fiskusvorrecht ist letztlich sanierungsfeindlich.

648 S. oben § 7I.1.a).

649 So wohl auch *Schmittmann,* ZIP 2011, 1125.

650 S. oben § 2.

651 S. oben § 2.

Grundlegende Wertungen werden dadurch zunichte gemacht. Das Fiskusvorrecht passt folglich nicht in das System der InsO.[652] Es bedarf daher der Rechtfertigung eines solchen Eingriff in die Systematik und Grundidee der InsO. Wie bereits angesprochen, wird dies im folgenden Kapitel gesondert behandelt.

II. Verstoß gegen das Grundgesetz

Gem. Art. 20 Abs. 3 GG ist die Gesetzgebung an die verfassungsmäßige Ordnung gebunden. Die Gesetzgebung hat die verfassungsmäßigen Rechte und dabei vor allem die Grundrechte zu beachten.[653] Aufgrund der Höherrangigkeit des GG gegenüber sonstigem Recht darf kein staatlicher Akt dazu in Widerspruch stehen.[654] Es gilt daher, auch § 55 Abs. 4 InsO auf die Vereinbarkeit mit dem GG und dabei insbesondere mit den Grundrechten zu überprüfen. Es kommt hier ein Verstoß gegen die Grundrechte aus Art. 14 GG und Art. 3 Abs. 1 GG in Betracht. Da Art. 3 Abs. 1 GG schon mit Blick auf den insolvenzrechtlichen Gläubigergleichbehandlungsgrundsatz geprüft wurde, wird dieser nicht nochmals gesondert als allgemeiner Grundsatz behandelt. Daneben könnte § 55 Abs. 4 InsO noch mit dem allgemeinen verfassungsrechtlichen Grundsatz des Rechtsstaatsprinzips unvereinbar sein, der aus Art. 20 Abs. 3 GG gefolgert wird.

1. Rechtsstaatsprinzip (Art. 20 Abs. 3 GG)

Rechtsstaatliche Bedenken ergeben sich aus zwei Ansätzen: Die InsO wurde bewusst ohne ein Fiskusvorrecht ausgestattet, was für die Insolvenzgläubiger Vertrauen dahingehend hervorrief, dass sie höhere Insolvenzquoten erhalten werden und auch dass dieser Zustand so bestehen bleibt. Nun wird es aber dennoch, wenn auch in anderer Form, wieder eingeführt. Darin könnte ein Verstoß gegen den Vertrauensschutz als Ausprägung des Rechtsstaatsprinzips liegen. Zweiter Ansatzpunkt ist die Verringerung der Masse zugunsten des Staates. Das Insolvenzrecht selbst greift erheblich in die Rechte der Insolvenzgläubiger ein. Nun wird dieser Eingriff nochmals verstärkt, indem den Insolvenzgläubigern weiter an Masse genommen wird. Daraus zieht nur der Staat (geldwerte) Vorteile. Dieses Vorgehen scheint es wert zu sein, es anhand des allgemeinen Rechtsstaatsprinzips zu beurteilen.

---

652 So auch *Heinze*, ZInsO 2011, 603.
653 *Degenhart,* Staatsrecht I, Rn 11.
654 *Degenhart,* Staatsrecht I, Rn 15.

a) Verstoß gegen das Rechtsstaatsprinzip in Form des Vertrauensschutzes

Der Vertrauensschutz ist wesentliches Merkmal der Rechtssicherheit und damit des Rechtsstaatsprinzips.[655] Seine bekannteste Ausprägung findet er im Rückwirkungsverbot. Dieses ist hier nicht tangiert, da § 55 Abs. 4 InsO nicht in Tatbestände eingreift, die in der Vergangenheit abgeschlossen (echte Rückwirkung) oder dort begonnen wurden, aber noch andauern (unechte Rückwirkung).[656] Über diese Rückwirkungsfälle hinaus besteht aber auch ein weiterer Vertrauensschutz, gefolgert aus dem Rechtsstaatsprinzip, wobei die genauen Grenzen in Literatur und Rechtsprechung nicht abschließend geklärt sind.[657] In der Abschaffung des Fiskusvorrechts durch die InsO und der nun wieder erfolgten Einführung könnte ein Verstoß gegen diesen Vertrauensschutz gesehen werden, wenn man die Erfahrungen der KO heranzieht und der Ansicht ist, dass der Gesetzgeber alles dafür tun muss, den erneuten Eintritt einer solcher Situation, nämlich die Funktionsunfähigkeit des Konkurssystems, zu vermeiden. Für einen solchen Vertrauensschutz müsste jedoch zunächst ein Vertrauenstatbestand geschaffen worden sein. Dieser wird regelmäßig angenommen, wenn die Betroffenen auf den Fortbestand der Regelung (bzw. hier das Unterlassen einer solchen Regelung) vertrauten, aufgrund dieses Vertrauens Dispositionen getroffen haben und das Vertrauen schutzwürdig ist.[658] Dies ist hier nicht der Fall. Durch die Beseitigung des Fiskusvorrechts der KO wurde keine Aussage darüber getroffen, dass dieses nicht doch zu einem späteren Zeitpunkt wieder eingeführt werde. Da die Diskussionen um die Wiedereinführung schon sehr früh begonnen, konnte sich ein etwaiges Vertrauen nicht ausreichend verfestigen. Zusätzlich ist zu berücksichtigen, dass das Fiskusvorrecht nur ein Faktor von vielen war, der zur Funktionsunfähigkeit der KO führte[659], weshalb daraus ebenfalls kein Vertrauen gefolgert werden kann. Auch die nötigen Dispositionen sind kaum begründbar. Im Ergebnis ist deshalb Vertrauensschutz auf die Nicht-Wiedereinführung nicht gegeben. Der Vertrauensschutz schützt im Ergebnis gerade nicht „*(...) vor jeglicher Enttäuschung (...) betreffend die Dauerhaftigkeit der bestehenden Rechtslage (...)*“[660].

---

655 *Degenhart,* Staatsrecht I, Rn 375; *Sommermann,* in: Dreier, GG, Art. 20 Abs. 3 Rn 292.

656 *Sommermann,* in: Dreier, GG, Art. 20 Abs. 3 Rn 294; *Degenhart,* Staatsrecht I, Rn 375 ff.

657 *Degenhart,* Staatsrecht I, Rn 385.

658 *Sommermann,* in: Dreier, GG, Art. 20 Abs. 3 Rn 297.

659 S. dazu oben § 4II f.

660 BVerfG Beschl. v. 30.09.1987 – 2 BvR 933/82, BVerfGE 76, 256, 350.

b) Verstoß gegen das allgemeine Rechtsstaatsprinzip

Das Insolvenzrecht stellt einen wesentlichen Eingriff des Staates in die Privatautonomie dar. Der Schuldner kann über sein Vermögen nicht mehr verfügen, die Gläubiger können ihre Forderungen weder verfahrensrechtlich unbeschränkt noch materiell umfassend durchsetzen. Das Insolvenzrecht überlagert damit sowohl das Privat- als auch das Zivilverfahrensrecht.[661] Auf die Verfassungsmäßigkeit der InsO selbst soll hier nicht eingegangen werden, da dies den Rahmen der Arbeit übersteigen würde.[662] Zur Hinführung auf den nächsten Gedanken seien zwei zentrale Verfahrensziele und damit Rechtfertigungsmerkmale für die Geltung des Insolvenzrechts wiederholt: Zunächst sichert es den sozialen Frieden dadurch, dass ein einheitliches Verfahren für alle Gläubiger geschaffen wird und nicht mehr der zuerst vollstreckende Gläubiger alles für sich sichern kann; zum Anderen stabilisiert es das Wirtschaftsleben, indem „kranke" Schuldner aus dem Wirtschaftskreislauf herausgezogen werden, bevor diese weiteren Schaden verursachen.[663] Es besteht damit grundsätzlich ein öffentliches Interesse an der Durchführung des Insolvenzverfahrens, wenn ein Schuldner zahlungsunfähig ist.[664] Um dieses öffentliche Interesse zu gewährleisten, greift der Staat in die Rechte der Beteiligten ein. Deshalb trägt er auch die Verantwortung für eine geregelte Insolvenz und für ein funktionierendes Insolvenzsystem.[665] Dieses wiederum ist Ausfluss des Rechtsstaatsprinzips, da dadurch der Rechtsfriede gesichert werden soll. Wie ist es aber zu beurteilen, dass der Staat durch § 55 Abs. 4 InsO nun nochmals stärker in die Rechte – konkret gesagt in die Befriedigungschancen – der Gläubiger eingreift, nur um für sich Masse abzuziehen und die Insolvenz als Einnahmequelle zu nutzen? Ist dies ebenfalls noch von der Friedensfunktion und damit vom Rechtsstaatsprinzip gedeckt?

Das Rechtsstaatsprinzip dient zunächst einmal dem Allgemeinwohl und nicht dem Einzelnen, da es sich hierbei um ein allgemeines Prinzip des GG handelt.[666]

---

661 *Häsemeyer,* Insolvenzrecht, Rn 1.05; differenzierend hinsichtlich materiell-rechtlichen und verfahrensrechtlichen Regelungen *Lepa:* InsO und Verfassungsrecht, S. 26 ff.

662 S. dazu *Lepa:* InsO und Verfassungsrecht.

663 *Häsemeyer,* Insolvenzrecht, Rn 2.01; *Reischl,* Insolvenzrecht, Rn 5; *Weiland,* Par conditio creditorum, S. 19 ff; s. dazu auch schon oben § 3III.3.b).

664 *Reischl,* Insolvenzrecht, Rn 5.

665 So wohl auch *Reischl,* Insolvenzrecht, Rn 5 f.

666 *Jarass/Pieroth*: GG, Art. 20 Rn 28 f; dies folgt auch schon aus der Stellung im GG gerade hinter den Grundrechten.

Hier werden einzelne Gläubiger belastet. Das Allgemeinwohl wird hingegen gestärkt, da dem Staat und damit der Allgemeinheit durch diese Vorschrift – vermeintlich – höhere Einnahmen zufließen. Dass die Vorschrift das Insolvenzsystem derart ins Wanken bringen wird wie das Vorrecht der KO, ist derzeit nicht absehbar, was ebenfalls gegen einen Verstoß gegen das Rechtsstaatsprinzip spricht. Auch werden die wesentlichen Rechtfertigungsmerkmale des Insolvenzrechts, die Sicherung des sozialen Friedens und die Stabilisierung des Wirtschaftslebens, nicht beeinträchtigt. Wie sich bereits bei der Prüfung des Gläubigergleichbehandlungsgrundsatzes gezeigt hat, handelt es sich bei § 55 Abs. 4 InsO um eine systemwidrige Vorschrift. Dadurch einen Verstoß gegen das Rechtsstaatsprinzip zu begründen, dürfte allerdings zu weitgehend sein, insbesondere da der Blick auf die Allgemeinheit zu richten ist und nicht auf den einzelnen Gläubiger. Ein Verstoß gegen das GG kann sich damit nur bei einem ungerechtfertigten Eingriff in die Rechte der einzelnen Insolvenzgläubiger, konkret in deren Grundrecht aus Art. 14 GG, ergeben. In diesem Rahmen sind anschließend aber die soeben aufgeworfenen Punkte vollumfänglich zu berücksichtigen.

c) Zusammenfassende Betrachtung

Auch wenn die Vorgehensweise des Gesetzgebers und die nochmals steigende Belastung der Insolvenzgläubiger zugunsten des Staates Bedenken hervorrufen, kann darin kein Eingriff in das Rechtsstaatsprinzip gesehen werden.

2. Art. 14 GG

> *„Der Gesetzgeber hat mit der Schaffung des Insolvenzverfahrens in Wahrnehmung seiner Verpflichtung gehandelt, auch bei der Ausgestaltung des Verfahrensrechts die grundrechtliche Gewährleistung des Eigentums zu beachten“*[667].

Es ist somit zu überprüfen, ob mit der Ausgestaltung der InsO durch § 55 Abs. 4 InsO in die Eigentumsgarantie des Art. 14 GG eingegriffen wird.[668] Zum Gläubigergleichbehandlungsgrundsatz besteht dabei aufgrund der unterschiedlichen Schutzrichtungen kein Konkurrenzverhältnis, das die Anwendbarkeit ausschließen würde.[669]

667 BVerfG Beschl. v. 23.05.2006 – 1 BvR 2530/04, BVerfGE 116, 1, 13.

668 *Sämisch*, InVo 2005, 346, 347; *Bauer*, ZInsO 2010, 1917, 1920; so auch für andere Fiskusvorrechte FG Hamburg Urt. v. 03.10.1979 – II 199/78, ZIP 1980, 474.

669 Angedeutet bei *Jarass/Pieroth*: GG, Art. 3 Rn 3, Art. 14 Rn 5.

a) Prüfungsmaßstab

Zunächst ist der Prüfungsmaßstab zu klären. Das (materielle) Insolvenzrecht ist ein Teilsystem des Privatrechts. Es überlagert und modifiziert bei Eintritt der Zahlungsunfähigkeit des Schuldners das allgemeine Privatrecht.[670] Der Prüfungsmaßstab bei privatrechtlichen Vorschriften ist jedoch umstritten. Auch wenn § 55 Abs. 4 InsO mehr als eine öffentlich-rechtliche Norm erscheint, da zugunsten des Fiskus Änderungen im Verteilungssystem vorgenommen werden, ist diese Vorschrift dennoch dem Privatrecht zuzurechnen, da sie als Rechtsfolge das „Wie" der Verteilung der Masse an die Gläubiger durch den Insolvenzverwalter regelt, was aber ein privatrechtliches Handeln darstellt.[671] Da die Grundrechte in ihrer ursprünglichen Konzeption Abwehrrechte gegen den Staat sind, ist deren grundsätzliche Anwendbarkeit zunächst gegenüber allen öffentlich-rechtlichen Vorschriften wohl unumstritten gegeben, da sich dabei das klassische Über – Unterordnungsverhältnis von Staat zum Bürger widerspiegelt.[672] Bei privatrechtlichen Vorschriften ist dies anders: Im Privatrecht herrscht der Grundsatz der Privatautonomie. Die Bürger stehen sich gleichwertig und selbstbestimmt gegenüber, weshalb die eigentliche Abwehrfunktion der Grundrechte nicht einschlägig ist.[673] Deshalb wird teilweise vertreten, dass für den Gesetzgeber im privatrechtlichen Bereich Besonderheiten gelten und die Grundrechte nicht in vollem Umfang wie bei öffentlich-rechtlichen Vorschriften wirken, also nur ein eingeschränkter Prüfungsmaßstab anzuwenden sei.[674] Darüber, welcher Prüfungsmaßstab dabei heranzuziehen ist, bestehen wiederum unterschiedliche Auffassungen.[675] Auch die Rechtsprechung des BVerfG bringt hier keine abschließend klärende Behandlung der Frage.[676] Die soeben dargestellte Ansicht ist allerdings nicht überzeugend, weshalb darauf nicht mehr näher eingegangen wird. Art. 1 Abs. 3 GG legt fest, dass die Grundrechte die Gesetzgebung binden. Damit ist die gesamte

---

670 S. oben § 9II.1.b).

671 *Häsemeyer,* Insolvenzrecht, Rn 1.05; *Lepa:* InsO und Verfassungsrecht, S. 29 f mit weiteren Nachweisen.

672 So auch *Lepa:* InsO und Verfassungsrecht, S. 35; *Pieroth/Schlink,* Staatsrecht II, Rn 180.

673 *Dreier*, in: Dreier, GG, Vorb. Rn 96.

674 S. nur *Jarass/Pieroth*: GG, Art. 1 Rn 52 f; Zusammenfassung bei *Lepa:* InsO und Verfassungsrecht, S. 43 ff.

675 Zusammenfassung bei *Lepa:* InsO und Verfassungsrecht, S. 43 ff bzgl. Ansichten zum engen und S. 46 ff bzgl. Ansichten zum weiten Spielraum des Prüfungsmaßstabes der Grundrechtsbindung.

676 S. dazu *Lepa:* InsO und Verfassungsrecht, S. 49 ff.

Gesetzgebung gemeint. Nichts anderes kann für den Privatrechtsgesetzgeber gelten. Deshalb muss jede privatrechtliche Norm anhand der Grundrechte überprüft werden, soweit sie einen Eingriff enthält und nicht bloß dispositiven Charakter hat.[677] Das Problem der mittelbaren Drittwirkung, das sich in den anderen Ansichten teilweise zeigt, stellt sich erst auf der Ebene der Anwendung von privatrechtlichen Normen zwischen Privaten und nicht schon auf der Ebene des Erlasses solcher.[678] Es wird daher im Folgenden eine vollumfängliche Grundrechtsprüfung vorgenommen, wobei auf das einschlägige Prüfungsschema (Schutzbereich – Eingriff – Rechtfertigung) zurückgegriffen wird.

b) Schutzbereich

Art. 14 GG schützt das Eigentum. Der Begriff des Eigentums umfasst

> *„alle vermögenswerten Rechte (...), die dem Berechtigten von der Rechtsordnung in der Weise zugeordnet sind, daß er die damit verbundenen Befugnisse nach eigenverantwortlicher Entscheidung zu seinem privaten Nutzen ausüben [kann]“*[679].

Damit werden auch Forderungen und sonstige Rechte und nicht nur das Eigentum i. S. d. bürgerlichen Rechts (§ 903 BGB) geschützt. Das Vermögen als Ganzes unterfällt hingegen nicht dem Schutzbereich.[680] Im Rahmen eines Insolvenzverfahrens geht es für die Gläubiger des Insolvenzschuldners um konkrete (i. d. R. privatrechtlichen) Forderungen gegen selbigen und damit um deren Eigentum. Dies sieht auch das BVerfG so:

> *„Vorrangiger Zweck des Insolvenzverfahrens ist (...) die bestmögliche Befriedigung der Forderungen der Gläubiger, die auch im Rahmen der Zwangsvollstreckung als private vermögenswerte Rechte von Art. 14 Abs. 1 GG geschützt sind“*[681].

Der Schutzbereich des Art. 14 GG ist damit eröffnet.

---

677 Wohl h.M.; *Pieroth/Schlink,* Staatsrecht II, Rn 193 ff; *Dreier*, in: Dreier, GG, Vorb. Rn 97; so auch *Klinck,* Grundlagen der Insolvenzanfechtung, S. 107 zu den Regelungen der Insolvenzanfechtung.

678 *Dreier*, in: Dreier, GG, Vorb. Rn 98.

679 BVerfG Beschl. v. 09.01.1991 – 1 BvR 929/89, BVerfGE 83, 201, 209; BVerfG Beschl. v. 26.05.1993 – 1 BvR 208/93, BVerfGE 89, 1, 6.

680 *Pieroth/Schlink,* Staatsrecht II, Rn 981 ff; BVerfG Urt. v. 20.07.1954 – 1 BvR 459/52, BVerfGE 4, 7, 17; 95, 267, 300 (st. Rspr.).

681 BVerfG Beschl. v. 23.05.2006 – 1 BvR 2530/04, BVerfGE 116, 1, 13.

c) Eingriffsrelevante Maßnahme

Jeder Entzug einer Eigentumsposition oder die Beschränkung einer geschützten Nutzung, Verfügung oder Verwertung kann einen Eingriff in Art. 14 GG darstellen.[682] Dabei reichen auch mittelbare Einwirkungen aus, wenn dadurch die Nutzung, Verfügung oder Verwertung erheblich beeinträchtigt werden.[683]

Das gesamte Regelungswerk der InsO stellt dabei grundsätzlich – ohne auf die Rechtfertigung dafür eingehen zu wollen – einen Eingriff in Art. 14 GG dar. Vor allem die Rechte/Forderungen und damit das Eigentum der Insolvenzgläubiger werden nach Insolvenzeröffnung wesentlich beschnitten, indem sie diese nicht mehr nach den Regelungen der ZPO durchsetzen und nur noch quotenmäßige Befriedigung verlangen können. Das beinhaltet einen unmittelbaren Eingriff. § 55 Abs. 4 InsO stellt demgegenüber einen mittelbaren Eingriff dar. Die Rechte der (privatrechtlichen) Insolvenzgläubiger mit Blick auf deren Befriedigung werden gerade nicht unmittelbar verkürzt, da nicht gegen ihre Rechte selbst vorgegangen wird. Dadurch dass gewisse Steuerforderungen des Fiskus zu Masseverbindlichkeiten werden, sind sie aber insofern beeinträchtigt, als weniger an Masse zur Verteilung vorhanden ist.[684] Diese Masseverkürzung ist damit eine mittelbare Einwirkung.[685] Wie oben bereits dargestellt, ist diese auf die Rechtsposition der übrigen Insolvenzgläubiger auch erheblich.[686]

Art. 14 GG kennt dabei zwei Eingriffsarten, nämlich die Inhalts- und Schrankenbestimmung sowie die Enteignung, und enthält dafür jeweils unterschiedliche Rechtfertigungsanforderungen in Art. 14 Abs. 1 S. 2 GG und in Art. 14 Abs. 3 GG. Bei § 55 Abs. 4 GG handelt es sich um eine Inhalts- und Schrankenbestimmung i. S. d. Art. 14 Abs. 1 S. 2 GG, da die Rechte der Eigentümer, hier also der Insolvenzgläubiger, neu definiert und gerade nicht entzogen werden, was Merkmal der Enteignung ist.[687] Danach haben sich im Folgenden die Anforderungen an die Rechtfertigung zu richten.

682 *Jarass/Pieroth*: GG, Art. 14 Rn 29.
683 *Jarass/Pieroth*: GG, Art. 14 Rn 30.
684 S. dazu schon oben § 7I.1.a)aa).
685 Nicht weiter differenzierend *Sämisch*, InVo 2005, 346, 347.
686 S. dazu schon oben § 7I.1.a)aa).
687 *Depenheuer*, in: Mangoldt/Klein/Starck, GG, Art. 14 Rn 401.

d) Anforderungen an die verfassungsrechtliche Rechtfertigung

§ 55 Abs. 4 InsO muss als Inhalts- und Schrankenbestimmung den Grundsatz der Verhältnismäßigkeit wahren, also insbesondere angemessen sein.[688] Gem. Art. 14 Abs. 2 GG ist dabei der Sozialbindung des Eigentums besonderes Augenmerk zu schenken und mit der Eigentumsgarantie in einen gerechten Ausgleich zu bringen.[689] Zusätzlich sind nach der Rechtsprechung folgende Aspekte als besondere Ausprägungen des Verhältnismäßigkeitsgrundsatzes in die Abwägung einzustellen: die Eigenart des vermögenswerten Guts, die Bedeutung desselben für den Eigentümer, die Möglichkeit von finanziellen Entschädigungen und das Vorhandensein von Härteklauseln und Übergangsregelungen.[690] Da die beiden letzten Punkte bei § 55 Abs. 4 InsO nicht enthalten bzw. betroffen sind, sind maßgeblich die beiden erstgenannten einzubeziehen.

Unter dem Punkt der Eigenart des vermögenswerten Guts wird vor allem die Sozialbindung des Eigentums betrachtet. Dabei werden Inhalts- und Schrankenbestimmungen insbesondere dadurch gerechtfertigt, dass sie aufgrund der Sozialbindung des Eigentums nötig sind.[691] Es kommt auf den sozialen Bezug des vermögenswerten Guts, hier also der Forderungen der Insolvenzgläubiger, an. Um einen Ausgleich zwischen Sozialbindung und Eigentumsgarantie zu schaffen, ist weiter die Bedeutung des vermögenswerten Guts für den Eigentümer zu betrachten. Es ist also auch die personale Funktion des Eigentums entscheidend.[692] Dabei ist nicht erheblich, dass der Eigentümer möglicherweise die Belastung aufgrund seiner wirtschaftlichen Leistungsfähigkeit ohne Weiteres tragen kann.[693] Zusammengefasst ist der Gestaltungsspielraum des Gesetzgebers für Inhalts- und Schrankenbestimmung *„umso größer, je stärker der soziale Bezug des Eigentumsobjekts ist; hierfür sind dessen Eigenart und Funktion von entscheidender Bedeutung“*[694].

Bei Anwendung dieser Grundsätze auf § 55 Abs. 4 InsO bedeutet das Folgendes: Betroffenes Eigentum sind die Forderungen der Insolvenzgläubiger. Es wird

688 *Pieroth/Schlink,* Staatsrecht II, Rn 1007; *Jarass/Pieroth*: GG, Art. 14 Rn 39.

689 *Jarass/Pieroth*: GG, Art. 14 Rn 35, 39; *Depenheuer,* in: Mangoldt/Klein/Starck, GG, Art. 14 Rn 203.

690 *Pieroth/Schlink,* Staatsrecht II, Rn 1007 ff.

691 *Depenheuer,* in: Mangoldt/Klein/Starck, GG, Art. 14 Rn 277.

692 *Pieroth/Schlink,* Staatsrecht II, Rn 1010.

693 BVerfG Beschl. v. 16.02.2000 – 1 BvR 242/91, BVerfGE 102, 1, 23.

694 BVerfG Beschl. v. 16.02.2000 – 1 BvR 242/91, BVerfGE 102, 1, 17; *Jarass/Pieroth*: GG, Art. 14 Rn 42.

für die weitere Beurteilung nun nur auf die privatrechtlichen Gläubiger abgestellt, hinsichtlich derer auch der Eingriff festgestellt wurde. Ein sozialer Bezug ihrer Forderungen ist dabei kaum ersichtlich. Es handelt sich um rein privatrechtliche Forderungen. Solche haben die Insolvenzgläubiger unter unterschiedlichen Umständen gegen den Schuldner erworben, z. B. aus Leistungen, Lieferungen bzw. generell gesprochen aus Rechtsgeschäften, aber auch aufgrund von bereicherungs- oder deliktischen Ansprüchen. Dritte Personen werden von diesem Rechtsverhältnis regelmäßig nicht betroffen, was ebenfalls auf einen geringen Allgemeinbezug schließen lässt. Die persönliche Komponente ist demgegenüber ausgeprägter. Es handelt sich um eigene und persönliche Forderungen der Insolvenzgläubiger, die sie i. d. R. durch eigene Leistungen erlangt haben. Auf die übrige wirtschaftliche Leistungsfähigkeit der Insolvenzgläubiger ist, wie oben angesprochen, nicht abzustellen. Ihre Forderungen werden durch das Insolvenzrecht schon in erheblichem Umfang beschnitten. Das folgt natürlich wesentlich aus der (sozialen) Friedensfunktion des Insolvenzrechts.[695] Durch § 55 Abs. 4 InsO erfolgt nun aber eine weitere Einschränkung dieser Rechte im Rahmen der Befriedigung. Die Gläubiger müssen weitere Verluste hinnehmen, was sich auf den persönlichen Bereich auswirkt. Die Überschuldung von privatem Eigentum kann es nicht rechtfertigen, diese fehlende soziale Bindung anders und damit zu Lasten der nicht verschuldeten Eigentümer zu bestimmen.[696]

Zusammengefasst betrachtet überwiegt hier die Bedeutung des Eigentums für den Eigentümer im Vergleich zur Sozialbindung. Für die weitere Prüfung der Rechtfertigung hat dies zur Folge, dass dem Gesetzgeber nur ein eingeschränkter Gestaltungsspielraum zur Verfügung steht, da der soziale Bezug des Eigentumsobjekts gerade nicht so hoch ist.

e) Ergebnis

§ 55 Abs. 4 InsO greift in die Eigentumsrechte der Insolvenzgläubiger aus Art. 14 Abs. 1 GG ein. Dieser Eingriff bedarf der Rechtfertigung nach gerade dargestellten Maßstäben. Wie bereits oben angesprochen, werden alle vorgebrachten Rechtfertigungsgründe gesammelt im nächsten Kapitel genauer dahingehend untersucht.

---

695 S. dazu oben § 9II.1.b); *Häsemeyer,* Insolvenzrecht, Rn 2.01.

696 *Häsemeyer,* Insolvenzrecht, Rn 2.19; *Uhlenbruck,* ZInsO 2005, 505, 510.

III. Zusammenfassende Betrachtung

Zusammengefasst ist festzustellen, dass § 55 Abs. 4 InsO gegen den Gläubigergleichbehandlungsgrundsatz verstößt und in Bezug auf die Insolvenzgläubiger in deren Rechte aus Art. 14 Abs. 1 GG eingreift. Ein Verstoß bzw. Eingriff kann aber stets gerechtfertigt sein. Deshalb sind im Folgenden – wie bereits mehrfach gesagt – die Rechtfertigungsgründe zu überprüfen. Dies erfolgt im Rahmen einer Verhältnismäßigkeitsprüfung, die für beide verletzten Rechtsgrundsätze heranzuziehen ist. Da bei Art. 14 GG ein enger Gestaltungsspielraum des Gesetzgebers festgestellt wurde, kann auch die Angemessenheitsprüfung der beiden verletzten Rechtsgrundsätze parallel erfolgen. Zusätzlich sind mit obigen Ausführungen noch folgende Anforderungen zu beachten: Es können Gründe aus allen Bereichen zur Rechtfertigung herangezogen werden und es sind die insolvenzrechtlichen Besonderheiten in die Beurteilung mit einzubeziehen.

§ 10 Verfassungsrechtliche Rechtfertigung der Wiedereinführung des Fiskusvorrechts durch die vorgebrachten Gründe?

Die eben festgestellten Unvereinbarkeiten des Fiskusvorrechts, vor allem in Form des § 55 Abs. 4 InsO, gegen das GG und auch gegen die InsO gilt es nun daraufhin zu überprüfen, ob sie gerechtfertigt werden können. Dabei sind im Wesentlichen die für die Wiedereinführung angeführten Argumente relevant. Wie bereits des Öfteren angesprochen, dauert die Diskussion über die Einführung bzw. Wiedereinführung des Fiskusvorrechts schon seit der Ausarbeitung der KO an. Bei genauer Nachverfolgung der Entwicklung des Konkurs-/Insolvenzrechts und der Fiskusvorrechte ist festzustellen, dass sich die Argumentationen hinsichtlich des Pro und Contra der Fiskusvorrechte im Laufe der Zeit bezüglich der wesentlichsten Argumente kaum verändert haben. Im Folgenden werden daher zunächst die „aktuellen" Begründungen des Gesetzgebers für die Einführung des § 55 Abs. 4 InsO genauer betrachtet und dahingehend bewertet, ob diese die Wiedereinführung des Fiskusvorrechts ausreichend begründen können. Aus der Gesetzesbegründung zu § 55 Abs. 4 InsO ergeben sich dabei im Rahmen einer Gesamtbetrachtung drei Argumenten, auf die der Gesetzgeber die Einführung des Fiskusprivileg stützt: die erheblichen finanziellen Einbußen, die Stellung des Fiskus als „Zwangsgläubiger" und die Rolle des

Insolvenzverwalters.[697] Neben der Behandlung dieser angeführten Begründungen wird auch auf weitere Argumente eingegangen, die im Rahmen der Diskussion um die Wiedereinführung vorgebracht wurden, aber in dieser Gesetzesbegründung nicht enthalten waren, wie z. B. die angeblich nötige Gleichstellung zu anderen Gläubigern. Letztlich soll hier versucht werden, alle vorgebrachten Argumente für die Geltung des Fiskusvorrechts zu behandeln und dahingehend zu untersuchen, ob dadurch die oben festgestellten Verstöße gegen den Gläubigergleichbehandlungsgrundsatz und gegen Art. 14 GG gerechtfertigt werden können. Eine Rechtfertigung ist zu bejahen, wenn der Eingriff und der rechtfertigende Grund in einem angemessenen Verhältnis zueinander stehen.[698] Dabei kommt es insbesondere darauf an, ob die vorgebrachten Argumente schon dem Grunde nach richtig sind.

I. Das „Hauptargument": Die finanziellen Einbußen des Staates

Dass das wesentlichste Argument für die Aufnahme von Fiskusvorrechten in das Insolvenzrechtssystem die Hoffnung auf erhöhte Einnahmen bzw. der Schutz vor Ausfall von Steuerforderungen aufgrund des Insolvenzverfahrens ist, überrascht nicht. Dies ist seit der Aufnahme der Fiskusvorrechte in die KO unverändert geblieben und immer wieder von Neuem diskutiert worden. Bereits bei Einführung der KO wurde diesbezüglich ausgeführt, dass *„die Hülfsquellen [des Staates] (...) sichergestellt werden müssen"*[699]. Dieses Argument zieht der jetzige Gesetzgeber bei § 55 Abs. 4 InsO ebenfalls wieder heran.[700] Demgegenüber wurde vor Einführung der InsO noch ausgeführt, dass sich die Beseitigung des Fiskusvorrechts wegen der Anreicherung der Insolvenzmasse, wegen der größeren Zahl der eröffneten Verfahren und wegen der Sanierungsmöglichkeiten nicht zum Nachteil des Fiskus auswirken werde.[701]

---

697 Gesetzesentwurf v. 27.09.2010, BT-Drucks. 17/3030, S. 42 ff.

698 S. zu den Anforderungen an die Rechtfertigungsprüfung schon § 9I.1.b).

699 *Hahn,* Materialen zur KO, S. 239.

700 Gesetzesentwurf v. 27.09.2010, BT-Drucks. 17/3030, S. 42: *„(...), dass der Fiskus im Insolvenzverfahren zahlreiche finanzielle Einbußen hinnehmen muss, was mit den Zielen einer Haushaltskonsolidierung nicht zu vereinbaren ist".*

701 Begr. zu DiskE A 55; s. schon oben § 5III.2; RegE zur InsO v. 15.04.1992, BT-Drucks. 12/2443, S. 106 f.

Es kursieren dabei viele Zahlen zu den geltend gemachten Steuerausfällen und Steuermehreinnahmen. Der Bundesrechnungshof stellte für das Jahr 2001 Umsatzsteuerrückstände in Höhe von 3,4 Mrd. Euro in den Raum.[702] Dabei wurde aber nur „*der größte Teil*“ davon auf die Zahlungsunfähigkeit und folgende Insolvenz zurückgeführt.[703] Eine konkrete Zahl gab der Bundesrechnungshof nicht an. Ebenso hat er nicht bewertet, wie hoch die Ausfälle nur aufgrund der Abschaffung des Fiskusvorrechts waren. Das bereits öfter erwähnte „No-Name-Paper“[704] enthielt dann für das Jahr 2003 angebliche Ausfälle in Höhe von 42 Mio. Euro alleine aufgrund von Insolvenzanfechtungen.[705] Im *Entwurf eines Gesetzes zum Pfändungsschutz der Altersvorsorge und zur Anpassung des Rechts der Insolvenzanfechtung* von 2005[706] wies der Gesetzgeber lediglich auf die Ausfälle der Sozialversicherungsträger hin, welche sich angeblich auf 800 Mio. Euro beliefen.[707] Eine Angabe für die Steuerausfälle des Fiskus erfolgte nicht. Vielmehr wurde in diesem Entwurf hauptsächlich auf etwaigen Vor- und Nachteile der Sozialversicherungsträger eingegangen, obwohl der Fiskus von der Einschränkung der Anfechtungsregelungen ebenfalls im selben Umfang profitiert hätte.[708] Festzustellen ist also, dass bis zu diesem Zeitpunkt keine konkreten Zahlen für die Steuerausfälle nur bezogen auf den Wegfall des Fiskusvorrechts der KO vorgebracht wurden. Im Entwurf zum *Jahressteuergesetz 2007* machte der Gesetzgeber jährliche Steuerausfälle in Höhe von 177 Mio. Euro geltend, wobei er sich dabei auf Schätzungen des BMF berief.[709] Bei der Ankündigung des Haushaltsentwurfes für 2011 erhoffte sich die Bundesregierung durch die Wiedereinführung der Vorrechte 500 Mio. Euro Mehreinnahmen pro Jahr.[710] In der Begründung des Gesetzesentwurfs ist dann aber nur von Mehreinnahmen in Höhe von 390 Mio. Euro die Rede.[711] Eine konkrete Zahl

---

702 Bericht des Bundesrechnungshofes v. 03.09.2003, BT-Drucks. 15/1495, S. 18.

703 Bericht des Bundesrechnungshofes v. 03.09.2003, BT-Drucks. 15/1495, S. 18.

704 S. schon oben § 6II.1.

705 *Pape/Uhlenbruck*, ZIP 2005, 417.

706 S. dazu oben § 6II.

707 BR-Drucks. 618/05 v. 12.08.2005, S. 1.

708 BR-Drucks. 618/05 v. 12.08.2005, S. 8 ff.

709 BT-Drucks. 16/2712 v. 25.09.2006, S. 81.

710 Stellungnahme des DAV Nr. 34/2010 v. Juli 2010 S. 3, anwaltverein.de/downloads/stellungnahmen/SN-10/SN34-2010.pdf (Stand: 21.10.2013).

711 BT-Drucks. 17/3030, S. 26; BR-Drucks. 532/10, S. 31.

hinsichtlich der Steuerausfälle wurde nicht mehr angegeben.[712] Der Gesetzgeber verwies lediglich auf „*zahlreiche finanzielle Einbußen*“[713].

Auffällig bei all den angegebenen Zahlen ist, dass diese teilweise erheblich voneinander abweichen und nun in der Gesetzesbegründung sogar nur noch pauschal auf zahlreiche finanzielle Einbußen hingewiesen wird ohne eine verifizierbare Zahl anzugeben. Auch ist völlig unklar, woher diese Zahlen stammen oder wie sie berechnet wurden. Ein fundierter Nachweis, ob diese Zahlen stimmen, ist nicht vorhanden.[714]

Bereits anhand dieser Aufstellung der angegeben Zahlen zeigen sich Unstimmigkeiten. Bevor näher untersucht wird, ob es sich wie nach Ansicht des Gesetzgebers auch um erhebliche Steuerausfälle handelt bzw. ob diese Steuerausfälle anderweitig kompensiert wurden, wie bereits im Diskussionsentwurf angedeutet ist, soll zunächst kurz auf die Gründe eingegangen werden, die nach Einführung der Insolvenzrechtsordnung zu Steuerausfällen führten. Dass wegen dieser Entwicklung grundsätzlich Steuerausfälle zu bejahen sind, ist dabei nicht zu bestreiten.

1. Die Gründe für die Steuerausfälle

Im Wesentlichen sind drei Gründe für die Steuerausfälle nach der Einführung der InsO anzuführen:

a) Der Wegfall des § 61 Abs. 1 Nr. 2 KO

Der erste Grund für die Steuerausfälle liegt in der Einführung der InsO selbst, genauer gesagt im daraus resultierenden Wegfall des Fiskusvorrechts des § 61 Abs. 1 Nr. 2 KO. Dadurch konnte der Fiskus keine Vorabbefriedigung mehr verlangen und wurde den übrigen Insolvenzgläubigern gleichgestellt. Dass die Steuerforderungen folglich in geringerem Ausmaß befriedigt wurden, ist letztlich Konsequenz der Beseitigung des Fiskusvorrechts.

---

712 Laut *Trottner*, NWB 2011, 309, 311, entstehen jährlich Steuerausfälle im Rahmen der Insolvenz im dreistelligen Millionenbereich. Woher diese Zahl stammt, ist nicht ersichtlich.

713 S. oben § 10.

714 So auch Stellungnahme des DAV Nr. 34/2010 v. Juli 2010 S. 5, anwaltverein.de/downloads/stellungnahmen/ SN-10/SN34-2010.pdf (Stand: 21.10.2013); bzgl. der angeblichen Ausfälle der Sozialversicherungsträger s. *Schneider/Hörmann*, ZInsO 2005, 133, 137 (dort Fn. 27) und *Blank*, ZInsO 2008, 1, 4.

b) Die regelmäßige Einsetzung von schwachen vorläufigen Insolvenzverwaltern

Nach Ansicht des jetzigen Gesetzgebers ging man bei Einführung der InsO davon aus, dass regelmäßig starke vorläufige Insolvenzverwalter eingesetzt werden.[715] Dies hätte gem. § 55 Abs. 2 InsO zur Folge gehabt, dass insbesondere Steuerverbindlichkeiten während der vorläufigen Insolvenzverwaltung zu Masseverbindlichkeiten geworden wären.[716] In der Praxis hat sich diese Vorstellung jedoch in eine andere Richtung entwickelt. Es werden von den Insolvenzgerichten überwiegend schwache vorläufige Insolvenzverwalter eingesetzt. Der starke vorläufige Insolvenzverwalter ist die Ausnahme.[717] Zumindest für die Zeit der vorläufigen Insolvenzverwaltung können daher aus dieser Entwicklung Steuerausfälle gefolgert werden.

c) Die Rechtsprechung des BGH zur Anfechtung

Oben wurde die anfechtungsfreundliche Rechtsprechung des BGH bereits dargestellt.[718] In der Begründung zum HBeglG 2011 wird nicht mehr ausdrücklich auf diese Entwicklung hingewiesen, allerdings war diese in den bisherigen Versuchen der Einführung von Fiskusvorrechten und in der dazu geführten Diskussion ein wesentlicher Punkt, mit dem die Steuerausfälle begründet wurden, weshalb auch in diesem Rahmen darauf einzugehen ist.[719] Wie bereits festgestellt, wurde die Anfechtung gegenüber dem Fiskus tatsächlich im Vergleich zu anderen Gläubigern erleichtert bzw. die Anfechtungsmöglichkeiten gegenüber dem Fiskus erhöht.[720] Aufgrund der daraus folgenden häufigen Anfechtung gegenüber den Finanzbehörden durch die Insolvenzverwalter mussten auch erhebliche Summen an die Insolvenzmasse zurückbezahlt werden. Wie schon oben dargelegt, ist

---

715 Gesetzesentwurf v. 27.09.2010, BT-Drucks. 17/3030, S. 42 mit Verweis auf den RegE zur InsO BT-Drucks. 12/2443 v. 15.04.1992, S. 126; so aber auch schon im *Entwurf eines Gesetzes zum Pfändungsschutz der Altersvorsorge und zur Anpassung des Rechts der Insolvenzanfechtung*, BR-Drucks. 618/05 v. 12.08.2005, S. 16 sowie im Entwurf zum JStG 2007, BT-Drucks. 16/2712 v. 25.09.2006, S. 81.

716 Dies wird auch in BT-Drucks. 12/2443, S. 126 dargelegt. Ob man daraus eine Erwartungshaltung des Gesetzgebers hinsichtlich der regelmäßigen Bestellung von starken vorläufigen Insolvenzverwaltern folgern kann, ist allerdings eher fraglich. Es werden dort lediglich der Zweck und die Folgen des § 55 Abs. 2 InsO näher erläutert.

717 *Onusseit*, ZInsO 2011, 641, 643; *Depré/Lambert*, KSI 2012, 114.

718 S. oben § 6III.

719 S. nur BR-Drucks. 618/05 v. 12.08.2005 S. 1 und 10.

720 S. dazu oben § 6III.

deshalb die Geltendmachung von Steuerausfällen durch den Fiskus aufgrund dieser Rechtsprechung grundsätzlich gerechtfertigt.

2. Erheblichkeit der Steuerausfälle?

Dass Steuerausfälle und damit eine finanzielle Belastung des Staatshaushalts durch die Einführung der InsO vorliegen, wird nicht bestritten. Ein Rechtfertigungsgrund für die Wiedereinführung des Fiskusvorrechts kann darin aber nur dann gesehen werden, wenn diese Steuerausfälle auch erheblich sind bzw. nicht kompensiert werden.

Schon in den Gesetzesmaterialen zur KO wurde ausgeführt, dass *„bei einer geordneten Staatsverwaltung der Ausfall, welchen der Staat in Konkursen erleidet, für den Staatshaushalt kaum ins Gewicht fallen möchte (...)"*[721]. Ob sich diese Aussage heutzutage aufgrund der bestehenden Steuerlast und der hohen Staatsverschuldung aufrechterhalten lässt, ist fraglich. Allerdings verdeutlicht diese Aussage, dass nicht nur der finanzielle Forderungsausfall zu betrachten ist, sondern dass es auch eine Kehrseite zu den Ausfällen gibt. Vom Gesetzgeber wurde bei der Diskussion über die Wiedereinführung des Fiskusvorrechts nur die Seite des finanziellen Ausfalls betrachtet und geltend gemacht – einmal abgesehen davon, dass die vorgebrachten Zahlen nicht fundiert bewiesen wurden.[722] Die andere Seite in Form von finanziellen Vorteilen durch die Abschaffung bzw. Schäden aufgrund der erneuten Einführung und die Bedeutung für die anderen Gläubiger wurde hingegen nicht weiter in die Erwägung einbezogen. Erst nach Beurteilung auch solcher Punkte kann ein Schluss gezogen werden, ob die Steuerausfälle erheblich sind und als Rechtfertigungsgrund herangezogen werden können.

a) Erhöhter Verwaltungsaufwand

Sowohl für die Finanzbehörden als auch für die Insolvenzverwalter hat sich durch das Fiskusvorrecht der Verwaltungsaufwand wesentlich erhöht. Dies liegt vor allem daran, dass es wegen § 55 Abs. 4 InsO nach der Antragsstellung nun zwei Arten von Steuerforderungen gibt: die Insolvenzforderungen und die (fiktiven) späteren Masseverbindlichkeiten, die zunächst aber nicht gesondert behandelt werden können. Die Fiktion tritt erst mit Insolvenzeröffnung ein. Nach Eröffnung des Verfahrens sind die fingierten Masseverbindlichkeiten zu berichtigen. Deshalb sollten schwache vorläufige Insolvenzverwalter mit Zustimmungsvorbehalt dafür

721 *Hahn,* Materialen zur KO, S. 239.
722 S. dazu schon oben § 10I.

Sorge tragen, dass die späteren Masseverbindlichkeiten von den Insolvenzforderungen getrennt werden können, damit nach Eröffnung des Verfahrens die abgegebenen Steuererklärungen berichtigt werden können. Das wird zusätzlich dadurch erschwert, dass dem schwachen vorläufigen Insolvenzverwalter die steuerlichen Pflichten, insbesondere die Steuererklärungs- und die Abführungspflichten, nicht obliegen, da er gerade nicht die Verwaltungs- und Verfügungsbefugnis inne hat.[723] Dafür ist weiterhin der Insolvenzschuldner zuständig, was die Behandlung weiter erschwert. Sowohl vor als auch nach Eröffnung des Verfahrens nimmt dadurch der Aufwand hinsichtlich der Steuerforderungen für den Insolvenzverwalter und dessen Personal wesentlich zu.[724] Folge daraus ist die Erhöhung der Verfahrenskosten. Dies wirkt sich negativ auf die Masse und damit auch auf die Masseverbindlichkeiten aus, da die Verfahrenskosten gem. § 53 InsO vorab zu berichtigen sind.

Der erhöhte Verwaltungsaufwand ergibt sich aber nicht nur für die Insolvenzverwalter, sondern ebenso für die Finanzbehörden. Die nach Insolvenzeröffnung vorzunehmenden Berichtigungen und Neuanmeldungen führen auch dort zu Mehraufwand. Dadurch werden die Finanzämter weiter belastet, was im Ergebnis zu zusätzlichen Ausgaben des Staates führt.[725]

b) Geringere Insolvenzquoten für die Insolvenzgläubiger

aa) Für den Staat als Insolvenzgläubiger

Der Staat wird nicht bzgl. aller seiner Forderungen Massegläubiger. Dies gilt nur für die Steuerforderungen, die nach Insolvenzantragsstellung begründet wurden. Für die zuvor begründeten Forderungen bleibt er Insolvenzgläubiger.[726] Da sich aber nun wegen des höheren Ausmaßes an Masseverbindlichkeiten die Masse verringern oder sogar Masseunzulänglichkeit eintreten wird[727], werden die Insolvenzquoten für die Insolvenzgläubiger und damit auch für den Staat geringer ausfallen als zuvor. Bzgl. dieser Steuerforderungen wird der Staat also einen weit höheren Ausfall zu tragen haben als vor Einführung des § 55 Abs. 4 InsO.[728]

---

723 *Rennert-Bergenthal/Dähling,* ZInsO 2010, 1922, 1924 ff; *Sinz/Oppermann*, DB 2011, 2185, 2192 ff.

724 *Sinz/Oppermann*, DB 2011, 2185, 2192.

725 *Sinz/Oppermann*, DB 2011, 2185, 2192, die von einem völligem Chaos und großer Verwirrung bei den Finanzämtern sprechen; ArGe Insolvenzrecht und Sanierung DAV, ZInsO 2011, 1449, 1450.

726 S. dazu schon oben § 7I.1.b)cc)(4).

727 S. dazu schon oben § 7I.1.a).

728 *Sinz/Oppermann*, DB 2011, 2185, 2193.

bb) Auswirkungen der geringeren Quote für die übrigen Insolvenzgläubiger

Weiter ist nicht berücksichtigt worden, dass durch eine erhöhte Insolvenzquote an die übrigen Insolvenzgläubiger dem Staat ebenfalls mehr Steuern zufließen würden. Wird den Gläubigern die Quote ausgezahlt, müssen sie dieses Geld als Ertrag versteuern. Wäre die Quote höher, müssten die Gläubiger mehr versteuern. Dem Staat fehlt es also schon dadurch an Steuereinnahmen. Vielmehr tritt das Gegenteil durch die geringere Quote ein, weil die Gläubiger ihre Verluste zuvor ausbuchen können und dadurch ihre Steuerlast reduzieren. Diese bleibt dann aber geringer.

Die geringere Quote hat zusätzlich Auswirkung auf das Wirtschaften der Insolvenzgläubiger. Erhalten sie eine höhere Quote, können sie mit diesem Geld mehr Umsätze tätigen. Diese würden für den Staat erhöhte Einnahmen im Rahmen der Umsatzsteuer bedeuten.

c) Schlechtere Sanierungsmöglichkeiten und fehlende Steuereinnahmen

Aufgrund der nun höheren Steuerbelastung kann der Insolvenzverwalter nicht mehr in demselben Umfang wie vor Einführung des § 55 Abs. 4 InsO wirtschaften. Insbesondere kann er die Masse nicht mehr in gleichem Maße generieren, da ihm als bedeutender Faktor die Umsatzsteuer fehlt.[729] Dadurch verringern sich nicht nur die wirtschaftlichen Tätigkeiten des Insolvenzverwalters im Insolvenzverfahren, sondern auch die Fortführungs- bzw. Sanierungschancen eines Unternehmens.[730] Folge daraus ist, dass dem Staat Steuereinnahmen fehlen, die ihm durch das Wirtschaften des Insolvenzverwalters nach Insolvenzeröffnung zugeflossen wären.[731] Aber auch an der Sanierung hätte der Fiskus profitiert. Die verbesserten Sanierungschancen, die durch die InsO geschaffen wurden und an denen der Staat ein Interesse haben müsste, nutzt er aber nicht für sich, sondern zerschlägt sie vielmehr.[732] *Weiland* weist sogar darauf hin, dass aufgrund von erfolgreichen Sanierungen und der daraus folgenden Steuerrückflüsse keine nennenswerten insolvenzbedingten Verluste bei den öffentlichen-rechtlichen Gläubigern zu beklagen seien.[733]

---

729 So auch *Reischl,* Insolvenzrecht, Rn 41; *Stapper,* ZInsO 2010, 1880 f.

730 S. dazu schon oben § 7I.1.a) ff.

731 *Onusseit*, ZInsO 2011, 641, 643; *Sämisch*, InVo 2005, 346, 348; *Smid,* DZWIR 2011, 133, 134.

732 S. dazu schon Begr. zu DiskE A 55, wo auf den Ausgleich der Steuerausfälle durch die verbesserten Sanierungschancen hingewiesen wird; *Reischl,* Insolvenzrecht, Rn 41; *Schmidt,* Gutachten für den 54. DJT, D 53.

733 *Weiland*, DZWIR 2011, 224, 226; *Weiland,* Par conditio creditorum, S. 292 ff.

Besonders deutlich zeigen sich die Steuerausfälle dabei im Masseunzulänglichkeitsverfahren. Wie bereits oben dargestellt, wird es zu einer vermehrten Anzahl von solchen kommen, da die zur Verfahrenseröffnung nötige Masse fehlt, wenn die Steuerverbindlichkeiten als Masseverbindlichkeiten vorab zu befriedigen sind.[734] Folge dieses Verfahrens ist aber regelmäßig, dass das Unternehmen liquidiert wird. Eine Sanierung ist nur noch selten möglich. Damit fehlt dem Staat ein Steuerschuldner. Wäre das Unternehmen hingegen saniert worden, hätte es zumindest in kleinerem Maße weiter wirtschaften können, was für den Staat Einnahmen von Steuern bedeutet hätte. Sanierte Betrieben wollen gerade Umsätze tätigen, damit die Sanierung auch gelingt. Dies hätte aber wiederum die Einnahme von Umsatzsteuer zur Folge. Das erneute Wachstum eines Unternehmens nach erfolgreicher Sanierung ist gerade nicht ausgeschlossen, sondern ist regelmäßig Ziel eines sanierten Unternehmens. Auch daraus hätten sich für den Staat weitere Steuereinnahmen ergeben können. Der Staat beeinträchtigt letztlich selbst seine Einnahmequellen für im Gegenzug kurzfristig erhöhter Liquidität.[735]

d) Erhöhte Ausgaben im Sozialbereich

Weitere Folge aus den fehlenden Fortführungsmöglichkeiten ist der Verlust von Arbeitsplätzen. Auch dies fällt zunächst auf den Staat zurück, da i. d. R. nicht alle Arbeitnehmer sofort Neuanstellungen finden und damit auf die finanzielle Unterstützung des Staates angewiesen sind.[736] Insolvenzen erhöhen regelmäßig die Arbeitslosenquote und damit die Ausgaben des Staates.

e) Die Bedeutung der finanziellen Einbußen im Vergleich zu anderen Gläubigergruppen

Für die Beurteilung, ob erhebliche finanzielle Einbußen vorliegen, ist immer auch ein Vergleich zu anderen Gläubigergruppen anzustellen, um die angebliche Erheblichkeit besser beurteilen zu können. Die Formulierungen des Gesetzgebers erwecken den Eindruck, als sei nur der Fiskus von finanziellen Einbußen betroffen. Es hat jeder Gläubiger Einbußen hinzunehmen.[737] Letztlich ist dies gerade

---

734 S. oben § 7I.1.a)bb).

735 So auch Stellungnahme des DAV Nr. 34/2010 v. Juli 2010 S. 5, anwaltverein.de/downloads/stellungnahmen/SN-10/SN34-2010.pdf (Stand: 21.10.2013).

736 *Sämisch*, InVo 2005, 346, 346; angedeutet in Stellungnahme des DAV Nr. 34/2010 v. Juli 2010 S.5, anwaltverein.de/downloads/stellungnahmen/SN-10/SN34-2010.pdf (Stand: 21.10.2013).

737 *Onusseit*, ZInsO 2011, 641, 643.

auch das zwingende Ergebnis eines Insolvenzverfahrens. Dabei ist nun aber festzustellen, dass den Fiskus die finanziellen Einbußen durch ein Insolvenzverfahren weit weniger treffen als die anderen Gläubiger, insbesondere die Privatgläubiger. Dies liegt vor allem daran, dass vom Ausfall von Steuerforderungen aufgrund von Insolvenzverfahren die Allgemeinheit der Steuerzahler betroffen ist, da die Ausfälle durch den Fiskus auf alle Steuerzahler umgelegt werden.[738] Bei den „normalen" Gläubigern hingegen hat der jeweilige Gläubiger den Ausfall seiner Forderung selbst und in voller Höhe zu tragen. Im schlimmsten Falle kann das sogar zur Insolvenz dieses Gläubigers führen. Der Fiskus kann die Ausfälle wesentlich leichter tragen als die übrigen Gläubiger. Wird nun durch § 55 Abs. 4 InsO die Masse geschmälert, trifft das diese Gläubiger zusätzlich, da sie mit noch geringeren Insolvenzquoten und damit mit weiteren Einbußen zu rechnen haben.[739] Letztlich findet hier eine Haushaltskonsolidierung zu Lasten der Insolvenzgläubiger statt.[740] Im Vergleich zu den übrigen Gläubigern ist die Bedeutung der finanziellen Einbußen und die daraus folgende Belastung für den Fiskus wesentlich geringer. Diese Ausführungen lassen sich abschließend mit den überaus treffenden Worten des Gesetzgebers der KO kurz zusammenfassen:

> *„(...) daß es wirthschaftlich richtiger sei, wenn der Verlust sich auf die Gesammheit aller Steuerpflichtigen vertheilt, als wenn die wenigen, durch den Konkurs ohnehin beschädigten Gläubiger den Ausfall des Staates zusammensteuern"*[741].

f) Zusammenfassende Betrachtung

Den Steuermehreinnahmen stehen aufgrund der Änderung des § 55 Abs. 4 InsO erhebliche Nachteile gegenüber. Auch wenn diese ebenfalls nicht konkret beziffert werden können, zeigt sich schon durch deren bloßes Vorhandensein, dass die Einschätzung des Gesetzgebers, er müsse erhebliche finanzielle Einbußen erleiden, nicht abschließend richtig ist. Er verursacht durch diese Gesetzesänderung selbst weitere Einbußen, die die angeblichen Steuermehreinnahmen fast aufwiegen

---

738 *Pape/Uhlenbruck*, ZIP 2005, 417, 418; *Sämisch*, InVo 2005, 346, 349; so auch schon die Gemeinschuldordnung, S. 331: „(...) *die Gesammtheit aller Tausende und Millionen von Steuerpflichtigen den Verlust trägt*".

739 *Marotzke*, ZInsO 2010, 2163, 2180; *Fischer*, in: Vallender/Undritz, Praxis InsR, Kap. 14 Rn 41.

740 *Marotzke*, ZInsO 2010, 2163, 2180; *Weiland*, DZWIR 2011, 224, 226; *Stapper*, ZInsO 2010, 1880, 1881.

741 *Hahn*, Materialen zur KO, S. 239.

dürften. Daneben geht diese Änderung auch zu Lasten der anderen Gläubiger. Diese erleiden noch weiter gehende finanzielle Einschnitte.

3. Ergebnis

Der pauschale Hinweis des Gesetzgebers auf erhebliche finanzielle Einbußen geht in einer Gesamtbetrachtung aller Umstände fehl. Die Denkweise des Gesetzgebers ist hier zu kurzsichtig. Zwar sind dem Grunde nach Steuerausfälle gegeben, allerdings wird bei dem bloßen Abstellen auf diese Ausfälle außer Acht gelassen, dass sie (1) aufgewogen werden, (2) den Einnahmen weitere Ausfälle gegenüberstehen und (3) die übrigen Gläubiger ebenfalls geschädigt werden. Der Gesetzgeber hat bei diesem Ansatzpunkt nur seinen eigenen finanziellen Vorteil im Blick. Dieser ist allerdings nur von kurzfristiger Dauer. Der Gesetzgeber schafft sich nur vorübergehend Liquidität. Eine langsichtige Betrachtung wird nicht vorgenommen, insbesondere auf die Nachteile oder Folgen wird nicht geachtet oder eingegangen. Im Ergebnis verschließt sich der Staat selbst Einnahmequellen und dies nur um kurzfristig vom Insolvenzverfahren zu profitieren. Vor allem wiegt schwer, dass die finanziellen Nachteile der anderen Gläubiger nicht berücksichtigt werden, sondern der Gesetzgeber vielmehr versucht, den Haushalt auf deren Kosten zu konsolidieren.[742] Im Ergebnis können die Verweise auf die erheblichen Steuerausfälle die Wiedereinführung des Fiskusvorrechts dem Grunde nach nicht rechtfertigen.[743]

II. Die Stellung des Fiskus als „Zwangsgläubiger“

Neben den finanziellen Einbußen dient als weiteres Argument zur Rechtfertigung der Wiedereinführung der Fiskusvorrechte regelmäßig der Verweis auf die Stellung des Fiskus als „*Zwangsgläubiger*“[744]. Nach Ansicht des Gesetzgebers ergibt sich diese Zwangsgläubigerschaft im Vergleich zu anderen Gläubigergruppen daraus, dass der Fiskus sich seine (Steuer-) Schuldner nicht selbst aussuchen

742 So auch *Frotscher,* Besteuerung bei Insolvenz, S. 78.

743 So auch *Uhlenbruck*, ZInsO 2005, 505, 516; *Marotzke*, ZInsO 2010, 2163, 2180; wohl auch *Bauer*, ZInsO 2010, 1432, 1436.

744 BT-Drucks. 17/3030, S. 42; enthalten auch schon im *Entwurf eines Gesetzes zum Pfändungsschutz der Altersvorsorge und zur Anpassung des Rechts der Insolvenzanfechtung*, BR-Drucks. 618/05 v. 12.08.2005, S. 9 und im Entwurf zum JStG 2007, BT-Drucks. 16/2712 v. 25.09.2006, S. 81; 1. Ber InsRKomm, S. 346.

kann und dass er zusätzlich keine Möglichkeiten hat, seine Ansprüche durch Sicherheiten vor Verlusten in der Insolvenz zu schützen.[745]

Der Gesetzgeber vergleicht hier die Stellung des Fiskus hinsichtlich der Steuerforderungen letztlich mit allen anderen Gläubigern, insbesondere aber auch mit vertraglichen Privatgläubigern. Dass dies keinen tauglichen Ansatzpunkt zu einem Vergleich darstellt, ist offensichtlich.[746] Der Fiskus ist kein „normaler" Gläubiger, den man mit anderen Gläubigergruppen ohne Weiteres gleichsetzen könnte. Das übersieht der Gesetzgeber bei seinen Ausführungen.

1. Keine vergleichbare Stellung zu den anderen Gläubigern

Jeder (zumindest erwerbstätige) deutsche Staatsbürger und jedes deutsche Unternehmen ist letztlich Schuldner des Fiskus, sodass es eine pauschalierte Aussage darstellt, der Fiskus könne sich seine Schuldner nicht aussuchen. Wenn jeder automatisch Schuldner ist, ist es Konsequenz, dass man sich den Schuldner nicht aussuchen kann, da dazu schon gar keine Notwendigkeit besteht. In diesem Zusammenhang ist zusätzlich auf die gerade gemachten Ausführungen zu verweisen, wonach die Ausfälle des Fiskus eben durch die Allgemeinheit aufgefangen werden und ihn solche Ausfälle nicht so schwer beeinträchtigen wie anderen Gläubiger.[747] Schon dadurch zeigt sich die besondere Stellung des Fiskus. Es wird also außer Acht gelassen, dass auch der Schuldner „Zwangsschuldner" ist und es für das Entstehen der Gläubigerschaft gerade nicht auf dessen Mitwirkung ankommt.[748]

Weiter ist der Fiskus kein zu den anderen vergleichbarer Gläubiger, insbesondere kann er sich nicht mit einem vertraglichen Gläubiger vergleichen. Der Fiskus ist ein Gläubiger ohne konkrete Gegenleistung. Der Leistung der Steuern durch den (Insolvenz-) Schuldner steht keine bare Gegenleistung gegenüber. Ein privater Gläubiger hingegen muss stets eine Leistung in das Vermögen des Schuldners erbringen, um dafür eine Gegenleistung des Schuldners zu erlangen. Eine einseitige Verpflichtung des Schuldners ist nur in Ausnahmefällen denkbar.[749]

---

745 BT-Drucks. 17/3030, S. 42.

746 Es handelt sich hier eher um den (umgangssprachlichen) Vergleich von Äpfeln mit Birnen.

747 S. oben § 10I.2.e).

748 *Marotzke*, ZInsO 2010, 2163, 2178; *Sämisch*, InVo 2005, 346, 350; *Bäuerle/Schneider*, in: Braun, InsO, § 55 Rn 69.

749 *Fischer*, in: Vallender/Undritz, Praxis InsR, Kap. 14 Rn 41; *Marotzke*, ZInsO 2010, 2163, 2178; *Sämisch*, InVo 2005, 346, 350; *Bäuerle/Schneider*, in: Braun, InsO, § 55 Rn 69.

In diesem Rahmen ist die Bedeutung der privaten Gläubiger für einen Schuldner im Vergleich zum Fiskus als Steuergläubiger interessant: Von privaten Gläubigern ist die gesamte Existenz eines Schuldners abhängig. Nur durch die Leistungen eines privaten Gläubigers kann ein Unternehmen wirtschaften und Erlöse erzielen.[750] Ohne Gläubiger ist dies hingegen nicht möglich, da es an den nötigen Waren bzw. Dienstleistungen fehlt, die verwendet werden können oder durch die der Betrieb aufrecht erhalten wird. Von den Steuerforderungen des Staates ist ein Schuldner aus wirtschaftlicher Sicht gerade unabhängig, ja im Gegenteil, er würde ohne diese besser stehen.[751]

Auch hinsichtlich der Eintreibung von Forderungen steht dem Fiskus ein erheblicher Vorteil gegenüber den vertraglichen Gläubigern zu. Die Finanzbehörden können sich ihre Titel selbst titulieren und unmittelbar vollstrecken. Dies stellt einen deutlichen Wettbewerbsvorteil dar, da sie im Rahmen der Zwangsvollstreckung bedeutend schneller auf das Vermögen des Schuldners zugreifen können.[752]

Schon aufgrund dieser herausragenden Stellung als Gläubiger kann sich der Fiskus nicht mit anderen vergleichen. Er ist in einer vorteilhafteren Lage als die anderen Gläubiger, insbesondere ist er vom Ausfall von Steuerforderungen nicht im selben Umfang betroffen wie einen Privatgläubiger.[753]

2. Die Wahllosigkeit des Fiskus

Grundsätzlich ist der Aussage des Fiskus zuzustimmen, dass er sich seine Schuldner nicht aussuchen kann. Allerdings wird dabei übersehen, dass er nicht der einzige Gläubiger ist, der davon betroffen ist. Neben den vertraglichen gibt es auch die gesetzlichen Gläubiger. Diese gesetzlichen Gläubiger, denen Ansprüche z. B. aus Delikt oder ungerechtfertigter Bereicherung zustehen, haben sich ihren Schuldner ebenfalls (regelmäßig) nicht ausgesucht. Ihnen steht im Insolvenzverfahren aber

---

750 *Reischl,* Insolvenzrecht, Rn 41.

751 Angedeutet bei *Sämisch,* InVo 2005, 346, 350 und bei *Onusseit,* ZInsO 2011, 641, 643.

752 *Marotzke,* ZInsO 2010, 2163, 2178; *Hölzle,* BB 2012, 1571, 1578; *Werres,* ZInsO 2010, 2055, 2056; 1. Ber InsRKomm, S. 346; *Frotscher,* Besteuerung bei Insolvenz, S. 78; so auch schon Gemeinschuldordnung S. 332: „*sofortigen (...) Zwangsvollstreckung ein außergewöhnliches Hülfsmittel*“.

753 A. A. in Bezug auf die Sozialversicherungsträger *Knospe/Gellrich,* NZS 2006, 303, 308 f, wobei für diese Selbiges gilt.

kein Vorrecht zu, obwohl es hier in der Regel um tatsächliche Schäden oder sonstige Vermögensnachteile geht, die ihnen vom Schuldner zugefügt wurden.[754]

3. Die fehlenden Sicherungsmöglichkeiten

Die Aussage, dass der Fiskus keine Sicherheiten verlangen und seine Steuerforderungen nicht absichern könne, erweckt (wie auch bei den anderen Ausführungen) den Eindruck, als ob der Fiskus der einzige Gläubiger sei, dem diese Möglichkeit nicht zustehe. Daneben bleibt zusätzlich unklar, welche Sicherheiten der Gesetzgeber meint. Mit Blick auf den Diskussionsentwurf zur InsO kann dies nur die rechtsgeschäftlich vereinbarten Sicherheiten, wie z. B. den Eigentumsvorbehalt und die Sicherungsübereignung betreffen.[755] Zunächst ist der Aussage entgegenzutreten, dass die Finanzbehörden ihre Forderungen nicht in dieser Art und Weise absichern können. Diesen steht ebenfalls die Möglichkeit offen, z. B. eine Sicherungsübereignung mit einem Schuldner zu vereinbaren. Wenn sie davon keinen Gebrauch machen, weil dies regelmäßig umständlicher ist als die Durchführung der sofortige Vollstreckung, ist dies Sache der Finanzbehörden und sollte nicht als deren Nachteil ausgelegt werden. Natürlich wird dabei auch gesehen, dass den Finanzbehörden nicht alle derartigen Sicherungsmöglichkeiten zur Verfügung stehen. Die überwiegende Zahl der Gläubiger kann ihre Forderungen aber ebenfalls nicht durch solche rechtsgeschäftliche Vereinbarungen absichern.[756] Ein Eigentumsvorbehalt ist z. B. nur bei nicht verbrauchbaren Gegenständen möglich. Ebenso scheidet eine derartige Sicherheit bei der Erbringung von Dienstleistungen aus. Daneben ist auch die Stellung des Gläubigers zu berücksichtigen, nämlich ob er aufgrund seines Verhandlungsgeschickes und seiner Marktmacht in der Lage ist, gegenüber seinem Geschäftspartner eine Sicherheit durchzusetzen.[757] Schon daran zeigt sich, dass viele Gläubiger ihre Forderungen ebenfalls nicht absichern können.

An dieser Stelle ist außerdem die Lage der Vermieter und Verpächter zu nennen. Gem. § 112 InsO besteht für diese eine Kündigungssperre, wenn der Schuldner

---

754 *Marotzke*, ZInsO 2010, 2163, 2178; 1. Ber InsRKomm, S. 345 ff; *Bauer*, ZInsO 2010, 1917, 1921; BFH Urt. v. 24.2.2011 – VI R 21/10, DStR 2011, 804, 805 Rn 18.

755 Begr zu DiskE A 54; so auch angedeutet bei *Bäuerle/Schneider,* in: Braun, InsO, § 55 Rn 69.

756 *Sinz/Oppermann*, DB 2011, 2185, 2186; *Onusseit*, ZInsO 2011, 641, 643; *Frotscher,* Besteuerung bei Insolvenz, S. 78.

757 Begr zu DiskE A 54 f; *Onusseit*, ZInsO 2011, 641, 643; *Hölzle,* BB 2012, 1571, 1577 f.

vor Antragsstellung mit seinen Zahlungen in Verzug ist.[758] Diesen Gläubigern wird ihr Schutzrecht der Kündigung für einen bestimmten Zeitraum genommen. Auch für andere Gläubiger, die eigentlich aufgrund ihrer Eigentümerstellung und dem daraus folgenden Absonderungsrecht abgesichert sind (insbesondere Leasinggeber), besteht wegen der Anordnung eines Verwertungs- und Einziehungsverbotes gem. § 21 Abs. 2 Nr. 5 InsO die Gefahr, dass sie ihr Eigentum zur unentgeltlichen Nutzung zur Verfügung stellen müssen.[759]

Der Fiskus ist somit nicht der einzige Gläubiger im Insolvenzverfahren, dem Sicherheiten nur eingeschränkt oder nicht zur Verfügung stehen. Vielmehr trifft dies wohl sogar die überwiegende Zahl der Gläubiger. Daneben gibt es auch noch solche Gläubiger, die eigentlich abgesichert sind, deren Sicherheiten aber zugunsten des Insolvenzverfahrens eingeschränkt werden. Zusätzlich ist zu berücksichtigen, dass schon gar kein wirtschaftliches Interesse an einer Sicherung einer Steuerschuld besteht. Der Staat erbringt gerade keine Leistung in das Vermögen des Schuldners, die abgesichert werden müsste.[760] Auf diese Punkte wird bei der Aussage, dass dem Fiskus keinerlei Sicherheiten zur Verfügung stehen, nicht eingegangen.

4. Ergebnis

Wie bereits oben im Rahmen der angeblichen finanziellen Einbußen angesprochen, handelt es sich auch hier um eine einseitige Betrachtungs- und Begründungsweise des Gesetzgebers. Natürlich ist der Fiskus eine Art Zwangsgläubiger dadurch, dass er sich seine Schuldner nicht aussuchen und keine Sicherheiten verlangen kann. Allerdings trifft ihn dieses Schicksal nicht alleine, sondern auch eine Vielzahl von anderen Gläubigern. Das wird bei der Begründung des Gesetzgebers nicht angeführt. Auch die besondere Gläubigerstellung im Vergleich zu Anderen wird dabei nicht beachtet. Um es mit den überaus treffenden Worten von *Marotzke* zusammenzufassen:

> *„Soll der Fiskus, den vielen anderen Gläubigern, die sich ihren Schuldner ebenfalls nicht frei auswählen konnten, vielleicht deshalb im Range vorgehen, weil er im Gegensatz zu diesen weder einen Schaden noch einen sonstigen Vermögensnachteil erlitten und auch nichts in das Vermögen des jetzt insolventen Schuldners hineingegeben und auch keine belohnenswerten Aufwendungen zugunsten der Gläubigergemeinschaft getätigt hat?"*[761]

---

758 *Sinz/Oppermann*, DB 2011, 2185, 2186.
759 *Sinz/Oppermann*, DB 2011, 2185, 2186.
760 *Bäuerle/Schneider*, in: Braun, InsO, § 55 Rn 69.
761 *Marotzke*, ZInsO 2010, 2163, 2178.

Darauf gibt es nur eine Antwort: Nein. Im Ergebnis kann auch die „Zwangsgläubigerschaft“ den Eingriff nicht rechtfertigen.[762]

III. Die Rolle des Insolvenzverwalters

> *„Zudem ist zu beobachten, dass manche schwache Insolvenzverwalter ihre Rechtsstellung gezielt ausnutzen, um die Masse durch aktive Gestaltungen zulasten des Fiskus weiter anzureichern“*[763].

Diese Aussage ist erst seit Geltung der InsO angeführt worden.[764] Dass nun die gesetzlich vorgesehenen Aufgaben des Insolvenzverwalters dazu verwendet werden, die Wiedereinführung der Fiskusvorrechte zu begründen, geht fehl.[765] Die Insolvenzverwalter nutzen ihre Stellung nicht aus, um dem Fiskus zu schaden. Sie kommen ihren gesetzlichen Aufgaben nach, die Masse zu sichern und anzureichern. Dass sich dies auch gegen den Fiskus richtet, ist Folge der Gläubigerstellung des Fiskus. Alle anderen Gläubiger sind von diesen Handlungen aber ebenso betroffen. Auch für den Fall, dass einige schwache Insolvenzverwalter das Eröffnungsverfahren tatsächlich unnötig hinauszögern, um die Entstehung von Masseverbindlichkeiten zu verhindern, gilt nichts Anderes.[766] Die „aktiven Gestaltungen“ sind nur im Rahmen der gesetzlichen Vorschriften und der Anordnungen des Insolvenzgerichts möglich.[767] Die Insolvenzverwalter geben sich ihre Befugnisse gerade nicht selbst.[768] Der Gesetzgeber legt den Insolvenzverwaltern also zur Last, was er ihnen bzw. den Gerichten durch Gesetz ermöglicht, um das Verfahren zielgerichtet gem. § 1 InsO steuern zu können. Dies ist ein Widerspruch in sich.

---

762 So auch *Marotzke*, ZInsO 2010, 2163, 2178; *Hölzle*, BB 2012, 1571, 1577; *Sinz/Oppermann*, DB 2011, 2185, 2186; *Onusseit*, ZInsO 2011, 641, 643; *Bäuerle/Schneider*, in: Braun, InsO, § 55 Rn 69; *Smid*, DZWIR 2011, 133, 134; BFH Urt. v. 24.2.2011 – VI R 21/10, DStR 2011, 804, 805 Rn 18; *Fischer*, in: Vallender/Undritz, Praxis InsR, Kap. 14 Rn 40; a.A. bzgl. der fehlenden Sicherungsmöglichkeit *Wäger*, DStR 2011, 1925, 1928; a.A. wohl auch *Trottner*, NWB 2011, 309, 311.

763 BT-Drucks. 17/3030, S. 43.

764 Zum ersten Mal taucht dieses „Argument“ ca. 2005 auf, s. *Uhlenbruck*, ZInsO 2005, 505, 511.

765 So auch *Onusseit*, ZInsO 2011, 641, 644; *Sinz/Oppermann*, DB 2011, 2185; a.A. wohl *Heinze*, ZInsO 2011, 603; *Trottner*, NWB 2011, 309, 311.

766 *Marotzke*, ZInsO 2010, 2163, 2175.

767 *Onusseit*, ZInsO 2011, 641, 644.

768 *Sinz/Oppermann*, DB 2011, 2185.

Jedenfalls kann es die Wiedereinführung der Privilegien nicht rechtfertigen, da diese Aussage im Ergebnis nicht richtig erscheint.[769]

IV. Gleichstellung zu anderen bevorzugten Gläubigern

Im Haushaltsentwurf für 2011 hat die Bundesregierung als Argument für die Notwendigkeit der Wiedereinführung der Vorrechte angeführt, dass die öffentliche Hand den anderen Gläubigern wirtschaftlich wieder gleich gestellt werden müsse, vor allem weil die Banken durch die InsO in erheblichem Umfang privilegiert werden.[770] In der Begründung zum HBeglG 2011 findet sich dazu keine weitere Aussage. Das könnte daran liegen, dass diese pauschale Aussage über die Banken nicht zutrifft und auch ein genereller Vergleich zu anderen privilegierten Gläubigergruppen nicht geführt werden kann.

In der InsO gibt es weiterhin Privilegien für verschiedene Gläubiger.[771] Hier sind insbesondere das Arbeitnehmerprivileg in Form der Zahlung von Insolvenzgeld gem. § 165 SGB III und das Sozialkassenprivileg für die Zahlung der Sozialversicherungsbeiträge im Falle von Insolvenzgeld gem. § 175 SGB III zu nennen. Dabei kommt es aber für die angebliche wirtschaftliche Gleichstellung des Fiskus gegenüber diesen Gläubigern schon gar nicht darauf an, ob diese Privilegien gerechtfertigt sind. Durch die genannten Vorschriften wird die Masse nicht belastet und damit der Fiskus nicht benachteiligt. Diese Privilegien werden durch Umlage gem. § 358 SGB III von den Arbeitgebern aufgebracht und somit gerade nicht aus der Masse.[772] Eine wirtschaftliche Gleichstellung des Fiskus ist daher nicht möglich, da solche Gläubiger nichts auf Kosten der Masse erhalten und damit keine vergleichbaren Sachverhalte vorliegen.

Auch eine erhebliche Privilegierung der Banken ist nicht gegeben. Den Banken steht kein gesetzliches Privileg zu. Sie können lediglich wie alle anderen Gläubiger mit dem Schuldner rechtsgeschäftliche Sicherheiten vereinbaren, die ihre Forderungen für den Fall der Insolvenz absichern. Dabei unterliegen sie aber

---

769 So auch *Sinz/Oppermann*, DB 2011, 2185; *Marotzke*, ZInsO 2010, 2163, 2175; wohl ebenso *Onusseit*, ZInsO 2011, 641, 644.

770 Haushaltsentwurf 2011 der Bundesregierung aus Juni 2010, S. 7 (s. dazu § 6VI).

771 S. dazu die Auflistung bei *Bauer*, DZWIR 2007, 188, 189.

772 *Sinz/Oppermann*, DB 2011, 2185, 2186; *Onusseit*, ZInsO 2011, 641, 643; *Werres*, ZInsO 2010, 2055, 2057.

ebenso wie alle anderen Gläubigern der Überprüfung im Rahmen der Anfechtung, weshalb auch deren Position dem Grunde nach stets angreifbar ist.[773]

Die oftmals vom Gesetzgeber vorgebrachte Schlechterstellung gegenüber anderen Gläubigergruppen ist daher nicht gegeben und kann die Wiedereinführung des Fiskusvorrechts nicht rechtfertigen.

V. Weitere Argumente

Abschließend sollen zur Vervollständigung noch weitere Argumente dargelegt werden, die ebenfalls zur Rechtfertigung des Fiskusvorrechts herangezogen wurden.

1. Die anfechtungsfreundliche Rechtsprechung des BGH

Erstes, bereits kurze Zeit nach Inkrafttreten der InsO vorgebrachtes Argument, ist dabei die anfechtungsfreundliche Rechtsprechung des BGH.[774] Auch wenn tatsächlich aufgrund der Rechtsprechung des BGH zum insolvenzrechtlichen Anfechtungsrecht Steuerausfälle zu beklagen sind[775], ist es mehr als fraglich, ob man dabei von einer anfechtungsfreundlichen Rechtsprechung zu Lasten der öffentlich-rechtlichen Gläubiger sprechen kann, wodurch in gewissem Sinne auch eine absichtliche Schlechterstellung ausgedrückt wird. Die Grundsätze der Rechtsprechung sind auf alle Insolvenzanfechtungen, gerade auch gegenüber Privatgläubigern, anwendbar. Der IX. Senat des BGH zielt mit seiner Rechtsprechung nicht allein auf die öffentlich-rechtlichen Gläubiger ab, um diesen gegenüber die Anfechtung zu erleichtern. Vielmehr konkretisiert der BGH das Anfechtungssystem der InsO.[776] Der BGH bringt den grundlegenden insolvenzrechtlichen Grundsatz der Gläubigergleichbehandlung zur Geltung. Dass in der Praxis überwiegend die öffentlich-rechtlichen Gläubiger betroffen sind, folgt aus zwei wesentlichen Gedanken, die diesen Urteilen zu Grunde liegen, soweit sie ausdrücklich gegen einen öffentlich-rechtlichen Gläubiger erlassen wurden.[777] Der erste Gedanke

---

773 Stellungnahme des DAV Nr. 34/2010 v. Juli 2010 S. 4, anwaltverein.de/downloads/stellungnahmen/SN-10/SN34-2010.pdf (Stand: 21.10.2013); s. dazu auch schon oben § 6VI.

774 S. dazu schon oben § 4 III.

775 S. oben § 10I.1.c) und § 6III.

776 Ob dies in unzulässiger oder in zulässiger Weise erfolgt, soll hier nicht näher behandelt werden; s. dazu *Uhlenbruck*, ZInsO 2005, 505, 513 ff.

777 *Meier*, Privilegien des Fiskus, S. 32; s. dazu auch schon oben § 6III.

dabei ist, dass die Finanzbehörden Einblicke in die wirtschaftlichen Verhältnisse des Insolvenzschuldners haben. Bei Steuerforderungen handelt es sich gerade nicht um Einzelforderungen, sondern diese fallen über die gesamte Bestandsdauer eines Unternehmens immer wieder an. Vor allem durch (Lohnsteuer-) Außenprüfungen und durch Umsatzsteuervoranmeldungen können die Finanzbehörden von außen die Leistungsstärke eines Unternehmens beurteilen.[778] Der zweite entscheidende Gedanke betrifft die erleichterte Vollstreckbarkeit. Gem. §§ 249, 328, 336 AO können sich die Finanzbehörden ihre Titel selbst schaffen und damit vollstrecken, weshalb sie nicht auf das länger dauernde gerichtliche Verfahren zur Titelerlangung angewiesen sind.[779] Die erleichterte Anfechtung ist daher nur die aus der besonderen Stellung und Arbeitsweise der öffentlich-rechtlichen Gläubiger gezogene Konsequenz und kann dem BGH nicht als anfechtungsfreundlich vorgeworfen werden.

Daneben ist auch entscheidend, dass der Gesetzgeber sich bei Einführung der InsO gerade für das Institut der Anfechtung entschieden hat. Die Anfechtung vor allem gegenüber den öffentlich-rechtlichen Gläubigern ermöglicht die Mehrung und Sicherung der Insolvenzmasse. Wie oben bereits angesprochen, versucht der Schuldner gerade in der Krise noch die Verbindlichkeiten der öffentlich-rechtlichen Gläubiger zu begleichen; tut er dies nicht, haftet er entweder persönlich oder kann strafrechtlich dafür belangt werden.[780] Der größte Masseabfluss erfolgt damit regelmäßig an die öffentlich-rechtlichen Gläubiger. Diese sichern im Ergebnis aber die Masse, allerdings mit der Folge, dass die Zahlungen wieder an die Insolvenzmasse zurückfließen müssen. Dies ermöglicht die Anfechtung gegenüber diesen Gläubigern. Die Anfechtung sichert damit auch die Durchführung des Verfahrens, da die Verfahrenskosten regelmäßig mit diesen zurückgeholten Zahlungen beglichen werden können. Der Gesetzgeber widerspricht sich, wenn er zunächst das Institut der Anfechtung als notwendigen Bestandteil zur Durchführung des Verfahrens schafft und nun über einen anderen Weg die Durchführung behindert und sich dabei auf die angeblich schädigende Wirkung der Anfechtung beruft.

2. Die Stundungspraxis der Finanzämter

Bei der Einführung der InsO wurde vorgebracht, dass sich bei einer Abschaffung des Fiskusvorrechts die Stundungspraxis der Finanzämter wesentlich verschärfen

778 *Pape/Uhlenbruck*, ZIP 2005, 417, 422; *Meier*, Privilegien des Fiskus, S. 30 f.
779 *Meier*, Privilegien des Fiskus, S. 30 f.
780 S. dazu oben § 6II.2.

würde, was sich auch außerhalb der Insolvenz nachteilig auf alle Betriebe auswirken würde.[781] Die Insolvenzrechtskommission sah darin keine Gefahr, sondern vielmehr eine Chance auf Einschränkung der Stundungspraxis und einer daraus folgenden früheren Stellung der Insolvenzanträge verbunden mit besseren Sanierungschancen.[782] Zusätzlich hat die Finanzverwaltung die Möglichkeit, für das Gewähren einer Stundung Sicherheitsleistungen zu verlangen, was diese Gefahr ebenfalls wieder erheblich abschwächt.[783] Letztlich ist zu diesem Argument festzustellen, dass die erhebliche Verschärfung der Stundungspraxis nicht eingetreten ist. Es sind seit Inkrafttreten der InsO – soweit ersichtlich – keine Stimmen laut geworden, die sich über die erschwerte Möglichkeit von Stundungen beschweren. Schon allein deshalb kann dieses Argument die Wiedereinführung nicht rechtfertigen.[784]

3. Gewährung von Schutz für Eigentum, Wirtschafts- und Rechtsverkehr als „Gegenleistung"

> *„(...) daß Vorbedingung jeder Sicherheit des Eigenthums und des Verkehrs der Schutz sei, den der Staat gewährt, und daß deshalb die Hülfsquellen, deren der Staat zur Gewährung solchen Schutzes bedarf, vorzugsweise sichergestellt werden müssen"*[785].

Dass der Staat grundlegende Einrichtungen wie Eigentum, Wirtschafts- und Rechtsverkehr garantiert, soll rechtfertigen, dass er vorzugsweise befriedigt wird, da dieser Schutz finanziert werden muss und ansonsten nicht gewährt werden kann. Letztlich handelt es sich hierbei um ein Argument, das über die Jahrhunderte zu jedem Zeitpunkt vorgebracht werden konnte, da es seine Gültigkeit letztlich nicht verliert. Nach Ansicht von *Weiland* ist dies der *„Ausgangspunkt der Diskussion um die Rechtfertigung der Privilegierung öffentlich-rechtlicher Gläubiger"*[786]. Dem ist zuzustimmen, da sich über diese Argumentation in einer Gesamtbetrachtung alles begründen lässt. Es verwundert daher, dass sich der Gesetzgeber des § 55 Abs. 4 InsO nicht darauf berufen hat.

---

781 1. Ber InsRKomm, S. 346.

782 1. Ber InsRKomm, S. 347.

783 *Weiland,* Par conditio creditorum, S. 310, mit weiteren Argumenten gegen eine befürchtete Verschärfung der Stundungspraxis; zu den (vermeintlichen) Bedenken der Finanzverwaltung hinsichtlich der Anfechtung bei Stundungen s. *Schneider/Hörmann,* ZInsO 2005, 133, 135.

784 A. A. angedeutet bei *Stürner*, in: MünchKomm-InsO, Einl Rn 63.

785 *Hahn,* Materialen zur KO, S. 239.

786 *Weiland,* Par conditio creditorum, S. 310 f.

Weiland ist aber ebenfalls zuzustimmen, wenn er davon ausgeht, dass diese Argumentation nur unter der Voraussetzung herangezogen werden kann, dass die Finanzierung von Eigentum, Wirtschafts- und Rechtsverkehr durch den Staat ohne diese Privilegierung gefährdet oder ausgeschlossen ist.[787] Es ist Aufgabe des Staates diesen Schutz zu leisten. Dazu werden Steuern erhoben. Weitergehende Finanzierungsquellen sind deshalb solange nicht nötig, bis dieser Schutz nicht mehr gewährleistet werden kann. Dass eine solche Gefährdung aber nicht vorliegt, zeigt alleine schon die „fiskus-vorrechtsfreie" Zeit nach Inkrafttreten der InsO. Trotz Abschaffung des Fiskusvorrechts hat der Staat keinen Schaden dadurch genommen.

Will man dennoch dieses Argument als Ausgangspunkt heranziehen, sind auch alle Umstände, die sich im Rahmen von Insolvenzverfahren auf die Einnahmen des Staates auswirken, in die weitere Betrachtung aufzunehmen, wie z. B. die Auswirkungen des Fiskusvorrechts auf die anderen Gläubiger, auf die Sanierungschancen und die daraus folgenden Steuerforderungen. Eine andere Vorgehensweise, also das bloße Abstellen auf dieses Argument ohne Beachtung der Konsequenzen, würde die Sicht verkehren und wäre zu einseitig.[788] Diese Punkte, die dabei in die Betrachtung mit einzubeziehen sind, wurden oben bereits behandelt.[789] Eine solche Gesamtbetrachtung ergibt aber ebenfalls kein anderes Ergebnis als bereits oben dargestellt. Die nachteiligen Folgen des Fiskusvorrechts überwiegen. Deshalb rechtfertigt auch der gewährleistete Schutz für Eigentum, Wirtschafts- und Rechtsverkehr eine bevorrechtigte Befriedigung nicht.

4. Ergebnis

Die eben dargestellten weiteren möglichen Argumente können die Wiedereinführung des Fiskusvorrechts ebenfalls dem Grunde nach nicht rechtfertigen.

VI. Zusammenfassende Betrachtung der vorgebrachten Gründe

Der Gesetzgeber bringt für die Einführung des § 55 Abs. 4 InsO pauschale Begründungen vor. Im Rahmen dieser Aussagen wird einseitig argumentiert, in dem stets

787 *Weiland,* Par conditio creditorum, S. 311.
788 Im Ergebnis so auch *Weiland,* Par conditio creditorum, S. 311.
789 S. insbesondere ab § 10I.2.

nur die Seite des Fiskus betrachtet wird. Eine Abwägung der durch die Gesetzesänderung ebenfalls betroffenen Interessen und Grundsätze der InsO erfolgt dabei nicht.[790] Teilweise sind die vorgebrachte Argumente nicht einmal richtig. Auch die schon im Vorfeld erfolgten Kritiken, vor allem aus der Literatur, und die bisherige Diskussion und Entwicklung zu diesem bereits fast zehn Jahre aktuellen Thema werden außer Acht gelassen.[791] Schon alleine die Anzahl der gescheiterten Versuche zur Wiedereinführung eines Fiskusvorrechts sprechen dabei für sich. Zusätzlich scheinen auch die Erfahrungen aus der Zeit der KO, wo das Fiskusvorrecht einen nicht unerheblichen Beitrag zur Funktionsunfähigkeit derselben leistete, vergessen. Alleine diese Arbeitsweise eines Gesetzgebers scheint bedenklich. Wesentlich ist aber, dass keines der in der Gesetzesbegründung vorgebrachten Argumente als ausreichender Rechtfertigungsgrund erscheint.

Es gibt aber auch sonst keine Argumente neben denen vom Gesetzgeber vorgebrachten, die zum jetzigen Zeitpunkt eine Wiedereinführung des Fiskusvorrechts dem Grunde nach rechtfertigen können.

Im Ergebnis ist es so, dass der Gesetzgeber ohne Beachtung anderer Interessen und zu Lasten der anderen Gläubiger seine Maßnahmen zur Haushaltskonsolidierung durchgesetzt hat.[792] Dies ergibt sich aus der Gesetzesbegründung und auch aus der Vielzahl der bisher dazu gescheiterten Versuche. Die angeblichen finanziellen Einbußen sind letztlich wohl der einzige Beweggrund. Damit wird nicht nur erheblicher Schaden zu Lasten der Gläubiger verursacht, sondern auch die Funktionsfähigkeit der InsO beeinträchtigt.[793] Der Staat nutzt hier die Insolvenz als neue – wenn auch nur kurzfristige – Einnahmequelle. Um in diesem Zusammenhang zur Verhältnismäßigkeitsprüfung zurückzukehren, ist deshalb zweifelhaft, ob überhaupt ein legitimes Ziel durch diese Gesetzgebung verfolgt wird.

Jedenfalls ist festzuhalten, dass die vorgebrachten Begründungen die Eingriffe in den Gläubigergleichbehandlungsgrundsatz und in Art. 14 Abs. 1 GG nicht rechtfertigen können und damit die Eingriffe nicht angemessen sind. Keines der

---

790 Im Vergleich dazu erfolgte im *Entwurf eines Gesetzes zum Pfändungsschutz der Altersvorsorge und zur Anpassung des Rechts der Insolvenzanfechtung* von 2005, BR-Drucks. 618/05 v. 12.08.2005 auf S. 9 eine Abwägung mit dem betroffenem Gläubigergleichbehandlungsgrundsatz.

791 S. nur die unmittelbar auf die Ankündigung erfolgten Reaktionen: Stellungnahme des DAV Nr. 34/2010 v. Juli 2010, anwaltverein.de/downloads/stellungnahmen/SN-10/SN34-2010.pdf (Stand: 21.10.2013); Protest in ZIP 2010, 1317; *Bauer*, ZInsO 2010, 1432; *Kahlert*, ZIP 2010, 1274.

792 So auch *Frotscher*, Besteuerung bei Insolvenz, S. 78.

793 *Marotzke*, ZInsO 2010, 2163, 2180.

in der Gesetzesbegründung vorgebrachten und auch keines der im Laufe der zehnjährigen Diskussion aufgetauchten Argumente überwiegt im Hinblick auf die dazu bestehenden Gegenargumente. Es liegt eine falsche Gewichtung der tragenden Argumente vor. Die Denkweise des Gesetzgebers ist zu kurzsichtig und nicht auf die zukünftige Entwicklung gerichtet.

VII. Das Grundproblem: Selbstverständnis zur Privilegierung

Letztlich liegt dieser Problematik und dem gesamten Vorgehen des Gesetzgebers ein Problem zu Grunde: Der Gesetzgeber hält es anscheinend für selbstverständlich, dass er im Insolvenzverfahren zu privilegieren ist. Er will sich nicht den Insolvenzgläubigern gleichstellen, sondern bedarf seiner Ansicht nach einer herausgehobenen Stellung. Dies verdeutlichen bereits die mehr als vagen, nicht weiter überprüften und teilweise fragwürdigen Begründungen. In einer solchen Art und Weise wird regelmäßig nur vorgegangen, wenn die feste Überzeugung besteht, dass einem die dadurch geschaffenen Rechte zustehen. Dem Vorgehen liegt wohl gerade dieses Selbstverständnis zu Grunde, sodass es möglicherweise nicht für erforderlich gehalten wurde, sich ausführlich mit den Gegenargumenten auseinanderzusetzen. Es stellt sich daher die Frage, woher der Staat dieses Selbstverständnis zur Privilegierung nimmt.

Natürlich stand dem Staat dieses Fiskusvorrecht über einen langen Zeitraum zu. Möglicherweise leitet der Gesetzgeber daraus ab, dass es ihm auch jetzt wieder zustehen müsse. Allein das kann dieses Selbstverständnis jedoch nicht rechtfertigen, da er sich ebenso bewusst für das neue Insolvenzverfahren und dabei gegen das Fiskusvorrecht entschieden hat. Wie oben bereits dargestellt, war auch für den Gesetzgeber der KO die Aufnahme des Fiskusvorrechts keine zwingende Notwendigkeit; vielmehr war dieser selbst nicht völlig von der Aufnahme überzeugt, sodass sich trotz des langen Geltungszeitraumes daraus keine Rechtfertigung für die Aufnahme ergeben kann.[794]

Dem Staat steht die Steuerhoheit zu (Art. 105 GG). Aus den Steuern hat der Staat sich und seine öffentlichen Aufgaben zu finanzieren (Prinzip des Steuerstaats); die Erhebung nichtsteuerlicher Abgaben ist nur insoweit möglich, als dafür besondere Rechtfertigungsgründe bestehen.[795] Der Staat darf nur in diesen Grenzen

---

794 S. dazu oben § 4IV.5.

795 *Jachmann,* in: Mangoldt/Klein/Starck, GG, Art. 105 Rn 2.

Einnahmen generieren; durch andere staatliche Einnahmen darf das Prinzip des Steuerstaats nicht umgangen werden.[796] Dem Gesetzgeber ist also die Art und Weise der Erzielung seiner Einnahmen durch das Grundgesetz vorgegeben. Auch das Grundgesetz enthält damit keine generelle Rechtfertigung, dass der Fiskus privilegiert werden muss, um höhere Einnahmen zu erzielen. Vielmehr wird ihm dadurch gerade vorgegeben, sich an das Recht zu halten und dass es für jeden Eingriff einer Rechtfertigung bedarf. Daran fehlt es hier gerade.

Zusammengefasst lässt sich festhalten, dass der Gesetzgeber aufgrund der Vorgehensweise möglicherweise davon ausgeht, dass ihm die Privilegierung zusteht. Eine Grundlage für dieses Selbstverständnis lässt sich jedoch nicht finden.

VIII. Ergebnis

Insgesamt ist festzustellen, dass die Verstöße im Rahmen der Verhältnismäßigkeitsprüfung betrachtet nicht angemessen sind. Eine ausreichende Rechtfertigung dieser Privilegierung ist nicht möglich.[797] § 55 Abs. 4 InsO bzw. das neu geschaffene Fiskusvorrecht auch im Zusammenhang mit der BFH-Rechtsprechung ist mit dem Gläubigergleichbehandlungsgrundsatz und mit Art. 14 GG nicht vereinbar.

Obermüller folgend könnte § 1 InsO demnach wie folgt geändert werden: *„Das Insolvenzverfahren dient dazu, den Fiskus auf Kosten der Gläubiger zu befriedigen.“*[798] Dies wäre konsequent, würde die derzeitige Rechtslage und neue Zielsetzung des Gesetzgebers ausdrücklich klarstellen und damit das Vorspiegeln, dass in der InsO der Gläubigergleichbehandlungsgrundsatz bestmöglich umgesetzt wird, beseitigen.

---

796 *Jarass/Pieroth*: GG, Art. 105 Rn 2.

797 So auch *Hölzle,* BB 2012, 1571, 1579; *Marotzke*, ZInsO 2010, 2163, 2180; *Onusseit*, ZInsO 2011, 641, 643 f; *Sinz/Oppermann*, DB 2011, 2185, 2186; ebenfalls verfassungsrechtliche Bedenken sehen *Werres,* ZInsO 2010, 2055, 2058; *Bauer*, ZInsO 2010, 1917, 1919 ff; *Smid,* DZWIR 2010, 397, 398; *Pape,* ZInsO 2010, 2155, 2156.

798 *Obermüller,* ZInsO 2011, 1809, 1821.

Fünfter Abschnitt: Abschließende Beurteilung

I. Zusammenfassung der bisherigen Ergebnisse

Die wesentlichen Punkte dieser Arbeit lassen sich wie folgt zusammenfassen:

- Der Gesetzgeber hat das Fiskusvorrecht zu Zwecken der Haushaltskonsolidierung wiedereingeführt.
- Dabei hatte schon das Fiskusvorrecht der KO keine zwingende Grundlage im deutschen Konkursrecht.
- Der BFH hat die Vorrechte des Fiskus nochmals weiter ausgebaut und die Vorrechtssituation zu Lasten der Insolvenzgläubiger weiter verschärft.
- Das aktuelle Fiskusvorrecht verstößt gegen den Gläubigergleichbehandlungsgrundsatz, gegen die weiteren wesentlichen Grundgedanken der InsO und gegen Art. 14 GG. Rechtfertigungsgründe sind nicht gegeben.
- Dieses neue Fiskusvorrecht ist weder systemkonform noch rechtspolitisch sinnvoll.

Ergebnis ist folglich, dass § 55 Abs. 4 InsO aus der InsO gestrichen werden sollte. Der BFH hingegen sollte seine Rechtsprechung ebenfalls überdenken und im Rahmen einer Rechtsprechungsänderung wieder zur ursprünglichen Rechtsprechung zurückkehren. Er sollte die Rechte des Fiskus nicht noch weiter stärken. Begrüßenswert wäre es zudem, wenn der BFH den Gemeinsamen Senat der obersten Gerichtshöfe anrufen würde, um dieses wichtige insolvenzrechtliche Thema in Abstimmung vor allem mit dem BGH zu klären und wieder zu einer einheitlichen Linie zurückzukehren.

II. Ausblick

Der große Erfolg der Insolvenzrechtsreform, die Abschaffung der Vorrechte und insbesondere des Fiskusvorrechts, ist derzeit dahin. Neben Großbritannien, Schweden und Österreich war Deutschland eines der wenigen Länder in Europa, die das Fiskusvorrecht vollkommen abgeschafft hatten.[799] Nun ist das Fiskusvorrecht auch im deutschen Insolvenzrecht wieder da und dies sogar noch umfassender

799 *Wiórek*, Gleichbehandlung im europ. Insolvenzrecht, S. 131, 173.

und mit tiefer greifenden Wirkungen als zur Zeit der KO. Daran haben sowohl Gesetzgeber als auch BFH mitgewirkt.

Schon die derzeitigen Auswirkungen des Fiskusvorrechts auf die InsO schaden dabei nicht nur dem deutschen Insolvenzrecht und damit allen Gläubigern, sondern auch dem Fiskus selbst. Durch die kurzsichtige Denkweise verschließt er sich selbst langfristige Einnahmen. Dass sich dies wie in der KO bis zur völligen Funktionsunfähigkeit des Gesetzes entwickeln wird, ist nicht zu erwarten. Die InsO ist auf die aktuelle Wirtschaftslage eingestellt und wird dieser auch regelmäßig angepasst.[800] Dies war bei der KO nicht der Fall. Ihr lag ein veraltetes wirtschaftliches System zu Grunde, das den Entwicklungen nicht Stand hielt. Die Änderungen gehen überwiegend „nur“ zu Lasten der Insolvenzgläubiger. Das gesamte Insolvenzsystem wird wohl weiterhin funktionieren, auch wenn es nun nicht mehr stimmig ist und vermehrt Masseunzulänglichkeit auftreten wird.

Nicht vergessen werden sollte an dieser Stelle der weitere große öffentlichrechtliche Gläubiger, die Sozialversicherungsträger. Bisher wurden die Sozialversicherungsträger immer zusammen mit dem Fiskus privilegiert bzw. die Gesetzesvorhaben sahen dies zumindest vor. Dies war nun bei § 55 Abs. 4 InsO anders. Die Privilegierung der Sozialversicherungsträger wurde dabei – soweit ersichtlich – zu keinem Zeitpunkt erwähnt oder diskutiert. Deshalb liegt die Vermutung nahe, dass dies noch nicht der endgültige Stand sein wird, sondern dass auch für die Sozialversicherungsträger ein solches Vorrecht geschaffen werden könnte. Ebenso ist nicht ausgeschlossen, dass der Gesetzgeber versuchen wird, den gescheiterten § 96 Abs. 3 InsO einzuführen. Die Folgen für die InsO wurden bereits oben dargestellt.[801]

Nur durch Streichung des § 55 Abs. 4 InsO und Änderung der fiskusfreundlichen Rechtsprechung kann die einst vorrechtsfrei gedachte InsO zumindest wieder vom Fiskusvorrecht befreit werden. Dem Fiskusvorrecht fehlt die Existenzberechtigung in der InsO.

Daran schließt sich neben der Streichung des § 55 Abs. 4 InsO eine weitere Forderung an den Gesetzgeber an: Es muss ein taugliches Insolvenzsteuerrecht geschaffen werden. Die fehlende Verzahnung dieser beiden Rechtsgebiete stellt ein erhebliches gesetzliches Defizit dar. Es sollte nicht sein, dass dieses Rechtsgebiet über die Rechtsprechung unterschiedlicher Gerichtsbarkeiten geprägt wird, wo sich wiederum gegenläufige Interessen gegenüberstehen. Da die

---

800 S. nur die Entwicklung des Überschuldungsbegriffes, der aufgrund der Finanzmarktkrise geändert wurde.

801 S. oben § 7III ff.

Steuerforderungen regelmäßig einen großen Teil der Insolvenzmasse ausmachen, beeinträchtigen die derzeitigen Unklarheiten auch die anderen Gläubiger. Im Ergebnis fehlt hier die nötige Rechtssicherheit. Der Gesetzgeber hätte längst tätig werden müssen. Die Betonung ist dabei auf die „Insolvenz" und nicht auf das „Steuerrecht" zu legen. Die Wertungen der InsO müssen in den Vordergrund gerückt werden. Aufgrund der Intention des Gesetzgebers bei der Schaffung von § 55 Abs. 4 InsO kann damit aber kaum gerechnet werden.